U0068396

作者

李 偉

折戟沉沙

——英雄無淚

目次

代序

荊宏歌

每一場戰爭都會有戰爭的遺留物，殘垣頹壁、白骨屍骸、廢槍舊炮、孤兒寡婦……古今中外概莫能外。

漢獻帝建安十三年（西元二〇八年）十月，魏吳蜀三國發生了赤壁大戰（今湖北武昌西南赤磯山），處於弱勢的吳蜀盟軍與強大的魏軍對決。吳將周瑜在赤壁大破魏號稱八十萬眾的水陸大軍。此戰對三國鼎立的形勢起了決定性作用。

春去秋來，日月更易，時隔六百餘年，唐代詩人杜牧來到當年赤壁古戰場。從當地鄉民手中，看到一支折斷的鐵戟，鄉民稱殘戟從江中撈得。雖沉於江底六百餘年，仍未被時光消蝕，經一番磨洗鑒定它確是赤壁戰役的遺物。從這小小遺物，詩人不禁浮想連翩，想到漢末分裂動亂的時代，想到決定三國命運的戰役，想到運籌帷幄、決勝疆場的雙方主要人物，從而興發無盡感慨。他賦詩一首：「折戟沉沙鐵未消，自將磨洗認前朝。東風不與周郎便，銅雀春深鎖二喬」。

往事又越千年，西元一九四六至一九四九年，在神州大地，國共兩黨在東北、在中原、在淮海……又掀起一場場生死大決戰。近代戰爭更為殘酷，血流成河、白骨蔽野，遠不足以說明。

上世紀八十年代，筆者曾去徐州某高校開會。會後得知距徐州不遠處，就是當年國共一百四十萬大軍鏖戰的淮海戰場。我特往訪，先到碾莊，這是揭開淮海戰役序幕的首戰之地，國民黨第七兵團十二餘萬人全軍覆滅於此，中將司令官黃百韜戰死。

　　據碾莊鄉民稱，一九四九年以來，他們農耕，在淺表的地層，鏵犁到處，總能撿到槍炮彈殼與累累白骨。碾莊莊外的壕溝邊，殷紅的血跡至今依稀可辨。當年戰爭的慘烈於此可見。

　　鄉民還說，這些年他們所用菜刀、鏵犁都是用炮彈殼製造的，是上好的鋼鋒利無比，算是戰爭遺留物的利用。我問：「那些累累白骨呢？」「撿得多了，聚在一起，挖個坑，埋掉。」「這種萬人坑，我們這裏很多。」鄉民們說。

　　同樣的故事，東北也曾流傳。原長春市長尚傳道稱，上世紀五十年代，長春市政建設——修馬路，挖開路面就見一層層白骨。長春圍城甚久，路屍大都是百姓。圍城中軍人吃馬料，百姓什麼都吃不上。城中放出饑民，被圍城共軍所阻，又要百姓回城。回城不得，羈留在中間地帶，夾縫中的百姓成為餓莩。

　　沉痛反思中國內戰時間之長、地域之廣、損失之大，實世所罕見。無論國共哪一方的勝利，給人民都是巨大的災難。正如元張養浩散曲《山坡羊·潼關懷古》云：「傷心秦漢經行處，宮闕萬間都做了土。興，百姓苦；亡，百姓苦。」

　　祛除「成王敗寇」的陳腐觀念，客觀探討國共雙方勝敗之由本為歷史所需求，然而多年來雙方都諱言甚或篡改真相，甚至希望全民失憶。中華民族的特色就在於強勁的歷史記憶。綿亙兩千多年，歷朝歷代，官私雙方修史就足以說明。要使全民失憶恐無濟於事

　　一位百歲老人（周有光）說得好，言論可以控制，歷史記憶無法禁止。我想，本書作者的寫作動機即在此。

　　當時國民黨的「走麥城」、失江山有所來由。

　　八年抗戰，實事求是說，抵禦日寇打大仗（淞滬戰役、台兒莊之戰、武漢會戰、長沙之戰、遠征印緬等）的是國民政府一方，耗盡了國方的兵力與財力。中共從未正面作戰，以抗日為名而擴軍。紅軍長征結束到延安之際，僅留萬餘人，竟像獅子滾雪球，抗戰勝利，共軍已達百餘萬人。此後共軍徒手士兵去東北，從日本關東軍倉庫取得武器而武裝，搶佔東北大片土地，強弱之勢已易主。

　　國民黨一方，抗戰勝利，忙於接收，「五子登科」，聲色犬馬，「軍魂消盡」。加上派系紛爭，相互傾軋。嫡系桀驁不馴，雜牌擁兵自重，抗命不戰。和中共鐵的組織和紀律恰恰相反。加上共方潛入滲透，國方軍事中樞竟由劉斐、郭汝瑰等共諜所把持，這邊作戰計畫剛訂，就到共方手中。真所謂「一諜臥底弄乾坤，兩軍勝負已先分。」

　　正面戰場兩軍廝殺，中共又在國方後方開闢「第二條戰線」，策動工潮、學潮、攤販風潮……亂成一團。文人、學者、名流，又在爭民主、自由的蠱惑下，對國方發起輿論攻勢。只有儲安平還保持清醒頭腦，他說：「在今天，還是民主與自由的多與少，將來（指中共天下）就是民主與自由的有與無」。後來一九四九年後，中國文人的慘痛遭遇完全印證儲安平的預言。而在當時學者名流的鼓動，使國方失去群眾、失去民心。

　　還有國府中樞，決策游移不定。當東北鏖戰，國軍得手於四平街之役，中共林彪大軍敗退北滿，孫立人正揮軍窮追，前鋒已及哈爾濱，共方將無退路正可一鼓作氣殲滅之際，美方馬歇爾軍事調處，停戰令下，蔣介石要孫立人嚴格執行，給共方以喘息以捲土重來。時兮，時兮不再來！

　　更有國軍將領、政府高官，大半貪生畏死，在中共起義、投誠的策動下，降將如潮、降官如毛……終致一敗塗地，海隅安身。

當然，國民黨中也有忠貞之士。本書記述黃百韜、黃維事蹟。第七兵團司令黃百韜，本為雜牌出身，倒也一片忠心。淮海大戰，被共方圍於碾莊，他堅兵死守，有「國事千鈞重，頭顱一擲輕」的壯言，此後戰死疆場，踐其諾言。

第十二兵團司令黃維，黃埔出身。軍事學科造詣極深，抗戰中在九江至南昌一線，率十八軍與日寇岡村寧次部血戰三晝夜，大獲全勝撤出戰場。一九四八年十一月，國共淮海決戰。黃維的第十二兵團被圍於雙堆集。共軍司令劉伯承、政委鄧小平送來招降書，黃維撕得粉碎。那知內部早有共謀──一一〇師師長廖運周潛伏，突圍之際，廖部充作先鋒，放開缺口，是以大軍糜爛、無法收拾。逃生途中，黃維把生的機會讓給副司令胡璉，自己不幸被俘。「三軍可奪帥，匹夫不可奪志」。黃維被囚二十餘年，在獄中拒讀《人民公敵蔣介石》，在筆記上寫下于謙詩句「粉身碎骨渾不顧，長留清白在人間。」對自己的失敗仍耿耿不平。他理直氣壯說：「要是內部沒有間諜，拉開陣勢再打一仗，勝家是誰還難說呢。」這位身軀矮小，卻志高氣雄的將軍，雖敗猶雄。

還有，邱清泉個性高傲，甚至飛揚跋扈，但不作降將，最後暴屍沙場。

「千古艱難唯一死，傷心豈獨息夫人。」長春被圍日久。國方士兵彈盡糧絕，雖嫡系新七軍誓死守城，無奈滇系的六十軍開門迎降。新七軍軍長李鴻，因病纏綿床榻，被迫投誠。嗣後堅拒共方留用，自願解甲歸田。當故主（孫立人，原新一軍軍長，李鴻係孫的部下）派人到大陸召李到台北，欣然從命，仍見一片忠心。詎料老蔣竟將失江山之罪遷怒學生（李鴻），投之以獄，如此無情，誰能料及。

狐死狗烹，鳥盡功藏，敵國破謀臣亡，本古今一例。然潛藏國民黨最高軍事指揮中樞，挖心戰立有大功的共諜郭汝瑰、劉斐，在

大陸仍難免被批鬥、抄家。即使如「和平老人」邵力子，他曾親口對人言及，大陸文革中幸得周恩來保護才得過關。

兄弟鬩牆，同室操戈，是非之間，本難定論。內戰之一方給對方軍政要員冠以戰犯。戰犯惡諡，本人人避讓，可大千世界，光怪陸離，大陸竟有冒充戰犯，自願失去自由，為得一啖飯之所。〈戰犯所的假戰犯〉即記其事，使人啼笑皆非。

俄羅斯文學大師果戈里有《欽差大臣》之作，諷刺威權體制下，官吏既貪且愚的醜態，令人絕倒。〈「調查網」與假欽差〉有異曲同工之妙。官吏平日作威作福，儼然不可侵犯，實質外強中乾，有軟肋可抓。於是宵小之徒，冒充欽差大臣，撈得財色，揚長而去。迨真相揭穿，受騙官吏噤不敢言，實罪有應得。

兩位外籍軍人史迪威、李範奭都為「中國通」。平心而論，史迪威這位美國將軍對中國抗戰功不可沒。他受命於危難之際，到任之初即逢盟軍潰敗於緬北，他率殘軍退入印度，以後重建新軍於印度藍姆伽，率中國新建之精銳之師反攻緬北，節節勝利大功告成前夕，竟被召回美國，後抑鬱以終。究其因實係與蔣介石爭奪指揮權。軍權為蔣的一生性命所繫，豈能讓別人染指，史的如此結局實不為怪。韓國軍人李範奭，同樣對中國抗日有功，雖其宗旨為復國，但日本為中韓兩國共同敵人。李範奭行事最使人感動是愛國之忱。這自然是由於身經亡國之痛後益感祖國之可愛。

人們常說歷史是面鏡子，可以知興替、明得失。但要使歷史真正起到觀照、借鑒作用，鏡子本身應該不變形——以理性和客觀的態度，照出歷史的真面目。深願傳記文學作者都作這樣的努力。

勿忘過去、警惕未來，歷史才能正道前進。

是為序。

隨蔣介石遊太湖

一

這是塵封的往事，回憶依然清晰。

一九四八年，我在無錫《人報》工作。這是一份民間報，最早由王昆侖創辦，當時的社長是孫翔風。報紙的中間偏左立場，受到讀者歡迎。當時無錫的報業非常興旺，城區有六家日報和一家晚報，因此新聞競爭十分激烈，作為記者都想採到獨家新聞，我自不例外。

這年深秋的一天，深夜，忽接一位同業的電話，他和我的友誼甚深。

電話中他故作神秘輕聲説：「有一位重要人物，夫婦倆到了無錫，宿於蠡園。你想去採訪嗎？」

「這人是誰？」我忙問。

他沉默片刻，説：「蔣介石與宋美齡。這可是難得的機會。明天清晨，我來接你，驅車前去。」

我忙問：「這消息可靠嗎？是否還有別家報紙知道？」

「提供消息的人就在蠡園工作，是他親眼目睹，這怎會不可靠，別家報紙是否知道，這就很難説，我是要他不要告訴別家報紙的。」

蠡園是私家園囿，園主王姓，無錫有名的景點，在蠡湖之側。蠡湖與太湖相通，煙波浩淼，風景絕佳。相傳吳為越所破，范蠡攜西施由蠡湖入太湖，「小舟從此逝，江海寄餘生。」後人紀念范蠡，故名蠡湖，又稱五里湖。蠡園因而取名。黨國要人來無錫，常下榻於此。

當時國民黨政權的命運已如遊絲，真像「燕居危巢，魚游沸鼎」，淮海戰役已顯敗象，不知怎麼蔣氏夫婦竟有心情來遊覽太湖，我困惑。

為弄清楚蔣氏夫婦此行目的，我立即接通無錫參議會議長李惕平的電話。他本是《人報》舊人，又是孫社長的妹夫，我常得到他的幫助。他說：「這次老蔣輕車簡從來無錫，什麼目的，侍從室秘而不宣，據說他為避壽而來，誰也說不清。」

雖說蔣介石我已見過多次，四月間他當選總統的場面我也目睹，但沒有近距離接觸，更不用說採訪了，明天是否會封鎖或戒嚴，能否讓我們進園採訪？採訪能否順利？我帶著諸多困惑，進入夢鄉。

一宿無話。清晨，剛盥洗罷，老友記驅車趕到，匆忙間即登車向西門外疾馳而去。臨近蠡園，路上行人如常，車輛依然通行，說明並未清道或戒嚴，所擔心的只是能否入園。

園門口，擔任警衛的是憲兵和侍從室的警衛，問清來意和檢查我們證件，並未搜身就讓入園。原有的顧慮又少了一項。

入得園來，未見重重設崗，戒備並不森嚴。剛進第二道門，瞥見已有兩報的記者先我們而到，身後也有記者接踵而來。「八仙過海，各顯神通」，原來各報都有取得消息的渠道。大家相視而笑。

迎面走來侍從室的工作人員，同業圍上去，紛紛問總統此行目的，可否接受採訪，侍從笑而未答，只是說等一會各位可問俞主任。他看到我們都背著照相機，示意要我們交出照相機。他說：「由我們統一發照片，無需各位動手」。我們只好從命。

　　歲序已是深秋，園中依然蒼翠欲滴，不見紅衰翠減的颯敗現象。這時朝陽剛升，晨露未晞，我們和幾位先到的記者，一起穿過花木叢，走了幾道曲曲彎彎的小徑，來到一幢西式建築的外面。

　　侍從室主任俞濟時趕來。

　　「總統此行目的？」「是否可請總統回答我們問題？」記者們紛紛提問。

　　俞濟時回答：「總統是來度假的，不接受採訪。」他的話無商量餘地。

　　「等會總統與夫人就要出來散步，要睹總統儀容，大家可在這裏等著。採訪嘛，就謝了。消息我們可發統稿。」俞濟時又說。

　　這是一條水泥鋪的小徑，俞濟時指了指：「就請大家站在這裏。總統來時，請大家不要隨便走動，以免發生誤會。」口吻嚴厲，說話時面帶笑容。

　　這時七家報紙的記者全到了，哪一家都沒有少。

二

　　園內異常靜謐，只有枝頭小鳥的啁啾聲、風吹樹木的颯颯聲、湖水拍岸聲，記者和侍從全都站在水泥小徑的一邊。

　　不一會，有人輕聲說：「來了，來了！」

　　轉身望去，果然不遠處，只見「第一夫人」挽著蔣介石走過來。

　　近了，近了，距我們只有數步之遙。

　　蔣介石穿著絳色的中式長袍，著黑皮鞋，頭上光光的，與他的臉色一樣白裏泛紅，似乎冒著熱氣，臉帶微笑；宋美齡著黑絲絨夾大衣，戴軟邊帽，梳橫S髻，同樣帶著笑容慢慢地走過來。

蔣氏夫婦已走在我們面前，侍從並未給我們作介紹，靜聲，大家只是目視著，蔣向我們招手，嘴裏說：「好，好！」走過去幾步，又回過頭來，招了招手，這才向前走去。

路的那邊，迎面有三個人快步走過來。我定睛細看。為首的是江蘇省長王懋功，依次是無錫縣長徐淵若，還有昨晚與他通話的參議會議長李惕平。蔣介石夫婦和他們一一握手，略事寒暄。這三人又隨著蔣氏夫婦向前面的一幢房子走去。

三

「看來今天的採訪就此結束了。」《錫報》記者低聲和我說。

我還未回答，就看到俞濟時又跑來了，帶著笑說：「各位請不要走，等會總統和夫人要遊太湖，你們可以隨行，請稍等，聽候安排。」

這自然是意外。這樣的機會當然不願放過。我們被引到傍湖（蠡湖）的一個西式小廳去等待。從小廳的窗戶遠眺，湖邊停泊著兩艘遊艇，煙囪中突突冒煙，正升火待發。

「莫非是去梅園？」「可能是去黿頭渚。」大家紛紛議論。

大約半小時，蔣氏夫婦出來了。後面跟著一位矮而胖的中年婦女，衣著極為平常，後來知道她是宋美齡的貼身女傭蔡媽。還有一位是江蘇省長王懋功。看來縣長徐淵若、議長李惕平已經告辭。一排憲兵與侍從，分列兩行，在簇擁下，蔣氏夫婦與王懋功，登上前面的一艘遊艇。七家報紙的記者按俞濟時的安排上了後一艘遊艇。兩艇一前一後向太湖駛去。

這種遊艇非常豪華，本為達官貴人遊湖而設。這兩艘更是此中翹楚。平日從不動用。艙裏與甲板上都鋪著地毯，全是紅木傢俱，陳設著古玩。還有煙蓬（艙頂）上也擺有藤製的憩具（躺椅），供

遊客休憩與觀賞湖景。這遊艇還有高級廚師，向例準備著有太湖風味的菜肴（剛從湖中打來的魚蝦），一快貴賓朵頤。

船向湖中駛去。這時旭日臨空，陽光灑在湖面，像無數銀鱗在跳動。顯然並沒有清湖，不時見到張帆的航船疾駛而過，也有在湖中撒網打魚的漁船。漁夫們當然不知道遊艇上有蔣介石夫婦。

湖上空氣異常清新，湖風拂面，也不感涼意。大概受湖上美景的感染，在艙頂的蔣介石，四顧左右，狀極歡愜，不時與宋美齡笑語，或與王懋功談著。他們的說話聲隨風飄來，只是因輪機聲的干擾，聽不真切。

船行途中，宋美齡的女傭蔡媽，大概看到湖上風大，怕夫人受涼，送上一條長長的圍巾，披在宋美齡身上。第一夫人頷首表示謝意。

兩艘遊船相距甚近，各報記者都站在後一艘遊艇的船頭上，被前面遊艇激起的浪花濺了一身。

四

遊艇只在湖上打圈，顯是讓貴賓們遊覽湖景。大約一小時左右，遊艇撥正航向，向岸邊駛去。

前面不遠處是小箕山。

遊艇靠岸，一行人捨舟登山。岸邊早準備了抬轎。蔣氏夫婦與王懋功換乘三架抬轎，蔣居先，次宋與王。未見女傭蔡媽，大致她留在遊艇上。警衛與侍從前導，俞濟時和各報記者一起徒步跟在轎後向山上走去。

走到半山時，路旁有一丐婦，她見有宋美齡的轎子，揣度定是官家貴婦人，快步迎上來乞討。警衛上前阻攔，宋美齡搖手止住，邊叫轎夫暫停，她對跑上來的俞濟時說了幾句。當下俞濟時從他的

皮包裹，拿出幾張金圓券，就手賞給丐婦。當時金圓券尚未完全貶值，該是一筆不小的錢。

小箕山並不高，一會兒就到了山頂。山頂上有一尼庵，掩映在竹樹叢中，頗為幽靜。蔣介石夫婦進去小憩。庵主是一位老尼，她見過世面，看這幾位貴客前呼後擁，自然非同小可。她親自出來殷勤接待。獻上本山採摘的碧螺春香茗，幾盤時新的水果與糕點。在侍從試嚐後，蔣氏夫婦也親嚐了一點。老尼乘機送上緣簿，宋美齡親自揮毫，寫下一筆善緣。我遠看她的字跡非常清秀。外界一向說，宋美齡只擅長英文，漢字一般，其實那行書寫得很不錯。王懋功也不敢落後，捐了一筆。當庵主看到宋美齡簽名後，方知是「第一夫人」蒞臨，喜得意外之財的庵主，幾番合掌俯首口唸佛號致謝。

在庵內休息片刻後，蔣氏夫婦步登小箕山最高處。縱目遠眺，波光瀲灩，水天相接處，群峰若隱若現，宛如一幅水墨畫。這時蔣介石面有喜色，和宋美齡低低地說話。陪著的王懋功也湊上去說著。我們雖相隔不遠，但聽不清。

大約四、五十分鐘後，宋美齡已有倦意。眾尼出庵相送。一行人從小箕山循原路下來，重新登上遊艇。泛舟湖上，進午餐。遙見船艙內，蔣氏夫婦與王懋功、俞濟時四人一席。這邊船上，七位記者一席，全是無錫名菜加上新鮮魚蝦，一盤醉蝦那活蝦跳動鮮美可口。上等的太湖席，只是並不備酒，以茶代替。餐畢，船已重回蠡湖碼頭。

登岸後，記者們奉命稍待，後侍從室給我們發了一則數百字的統稿與幾幅照片，規定照此刊載。記者們各就眼中所見寫了些花絮，以補新聞之不足。

下午，蔣氏夫婦一行乘藍鋼皮專列（編者按：蔣介石專用列車，外殼鋼甲為藍色，故稱「藍鋼皮」）回南京。

　　當年蔣介石夫婦這次太湖之行，統稿是說度假。以我看來，蔣那天心情不錯，自始至終面帶笑容。

　　還有，處於江南一隅無錫的幾家地方報紙記者，居然能隨「最高」遊覽太湖，是否僅有，當時未做研究。這也許他是體現與民同樂，我曾這樣想。

《西城柳》的故事

依稀記得是一九四六年的春天，我隨一位連姓的親戚去南京小遊，下榻在古林寺國立中央音樂學院儲師竹教授的寓所。

儲師竹教授是江蘇宜興人，夫人史雪妍是這位連姓親戚的乾媽，受到熱情的招待自不必説。

當年的古林寺，現已邈不可尋（有人説即今中共江蘇省委所在）。只記得庭園森森，小橋流水，曲徑通幽，是風景絕佳處。

儲教授的寓所在一座小丘的向陽處。離住家數步之遙，是儲先生的工作室。一間西式平房，幾乎周圍都是窗戶，採光很好，牆上掛著幾架二胡。

對音樂我是門外漢，儲先生我卻早就聞名，他是二胡名家，曾師從中國現代音樂史上專業二胡學派奠基人劉天華，是劉的及門四弟子（蔣鳳之、劉北茂、曹安和）中盡得真傳之一。當年他有許多軼聞佳話。抗戰時期，在重慶山城樂器極為缺乏，儲先生看到四川到處產竹。他把竹子製成一種簡易二胡，以牛皮紙代替蟒皮，用竹筒代琴筒。這種二胡音色柔和，別具一格，很快得到推廣。當時喜愛二胡的，幾乎人手一把。還有「瞎子阿炳」（即華彥鈞）開始時默默無聞，後來名聞天下，即是儲先生這伯樂發現並識拔這個二胡高手。所以對儲先生，我耳熟能詳。不過，其時儲先生整天忙於工作，授課之餘，弦歌不斷。我們不便去打擾，只在用餐時相敘，也僅寒暄而已。

一天清晨，我起床後即去園林中散步。忽聽到遠處傳來一陣陣非常動聽，但也淒涼的二胡聲。我凝神細聽，這曲譜我非常熟悉，接著又有和唱：「西城柳，弄輕柔，思良友，淚凝眸。記自離亭分手，忽忽春將歸。空有青山如繡，空有清溪如酒。我這漠漠的心波呀！幾曾被春風吹些兒皺！」

　　歌聲暫停，和歌也止。啊！我想起來了，這不是我在中學音樂課上曾學唱過的一首名為《西城柳》的歌嘛！這還沒有完，應該有下闋。

　　果然，歌聲又起：「春將歸，君知否？碧野朱橋當日事，夢一般的不堪回首，只雲樹悠悠。春將歸，君知否？韶華不為少年留，努力吧好友，莫等閒白了少年頭！」

　　隨著歌聲我也唱了起來。

　　「喔！你也會唱這歌。」儲夫人史雪妍走到我身後，我全然不知道。

　　「這歌哀怨悱惻好聽極了，是儲先生唱的吧？」

　　儲夫人點點頭，她說：「這歌是儲先生早期的作品，他很喜歡。」

　　「我覺得這首歌，儲先生似有寄託。」我說。

　　「你說得不錯，這裏還有一段故事呢。」儲夫人正準備講，她忽然想起：「我正在燒著咖啡呢。」她匆匆走了。

　　幾天中，我一直想得到儲夫人的解答，但總是沒有機會。再過兩天，我們就要離開南京。那天晚餐後，我又提出這個問題。

　　儲先生那天精神很好，靠在沙發上，抽著香煙說：「你知道，一九二七年在宜興發生的農民暴動嗎？」

　　「這，我知道。我是一九二五年生，當時只兩歲，本來全然不知。恰好我的二家舅范迪齋也參加這次暴動，他和我詳細講過。」我說。

「這好！説到范先生，我們還是同事呢。」他示意，要我坐得靠近些。

「這是中共發動的江南農民秋收暴動，暴動的總指揮是萬益。萬益就是你們宜興城裏人。當時他在宜興中學當圖畫與體育教師，我教音樂，我們是知交、好友。暴動前，萬益和我商量，萬一失敗，個人生死姑不足論，敵人還必然株連家屬。為此，他把妻子和兒子委託我，先在我家暫住，以後由他們自己處置。」

「我知道，開始是勝利的。三把手槍，浩浩蕩蕩的兩千多人，一舉攻克縣城，縣長聞風而逃。」我把二舅對我説的説了一遍。

「你説得對。這年十一月一日，萬益指揮的農民隊伍攻下縣城後，宣佈廢除舊政權，提出六條新政綱，他自任縣蘇維埃主席，後來國民黨從無錫調來駐軍反撲，萬益率隊退出城外，隊伍潰散了，因人告密他不幸在長興縣訪賢村被捕。後來，萬益與陳伯麟、蔣三大三個人，在宜興體育場英勇就義，臨刑前高呼革命口號，表現了崇高的革命氣節！」儲先生接著説：「為著紀念亡友，我寫了這首《西城柳》。」

説到此，儲先生面顯悲容。他又説：「抗戰發生後，我們去了重慶，沒有想到事隔十餘年，這首歌還在四川流傳。」

「這説明烈士英靈不朽。不知萬烈士的家屬後來怎樣？」我問道。

雪妍夫人插説道：「萬益的妻子胡企文是我蘇州女中的同學，母子倆先在我家住了幾天，後來風聲日緊，我雇船把她們送到蘇州，此後失去聯繫，不知音信。」

這個優美動聽的抒情歌，想不到還有這樣一個悲壯的故事。

六十多年過去了，儲先生也已於一九五五年去世。每當我重新吟唱《西城柳》時，儲先生的那次談話，仍歷歷如昨。只是當年的懸疑：萬烈士家屬後來怎樣，至今沒有得到解答。

邵力子先生二三事

上世紀六十年代，邵力子偕夫人傅學文南來，我與邵夫人有鄉誼（同為江蘇宜興）且是晚輩，曾往訪兩老於南京旅次。這就有了親聆邵先生謦欬的機會。

記得兩老下榻之地是南京有名的AB大樓（今華東飯店），因先生尊貴的身分門禁盤查甚嚴，等待頗久才能入見。

邵先生我是先聞其名，後見其人。邵力子先生，原名聞泰，字仲輝，一八八二年出生在浙江紹興陶堰鄉邵家樓。早年在私塾攻讀。二十一歲（一九○三年）考中前清舉人，後兩年在震旦公學、復旦公學求學。他是新聞界前輩。一九○七年負笈日本學新聞，加入同盟會。歸國後與葉楚傖等共辦《民國日報》，任主筆十年，名副刊《覺悟》也是他主持，成為宣傳馬克思主義的重要陣地，他也是「五四」新文化運動的主將。

曾記得我登報壇不久，一位老報人就和我講到邵先生在「西安事變」時的驚險故事。其時蔣介石與張學良的矛盾已激化，張學良與楊虎城正醞釀對蔣進行兵諫。正進行著準備工作，起事日期尚未確定。邵

邵力子（右起第三人）

力子是陝西省主席，楊虎城與邵力子之間，一個是駐軍首腦（楊），一個是封疆大吏（邵），一文一武之間關係不錯。事變前四天，即十二月八日，楊虎城和邵作了一試探性的談話。楊問邵對當前時局的看法，邵的回答，使楊驚心動魄。邵說：「我擔心可能發生類似日本的『二二六事變』的事情。」楊大吃一驚，夾在手指中的香煙隨之落地。楊虎城想，難道我和張的密謀暴露了，自問安排很周密，連中共也不知道（中共是十二月十三日接到劉鼎電報才知道，事變已在十二日發生），應該不會有問題，然而邵力子當時也看到了楊的色變，但並未作他想。這邊楊心中忐忑不安。第二天發生了一個小誤會。楊虎城錯認為東北軍已先動手。命令他的警衛營，把中央要員在裡面看戲的劇院團團包圍，連張學良也在內。幸誤會立即搞清，楊自己也去看戲以補救。散場後，要員們還以為西北軍警戒有方，紛紛誇讚。至於邵力子事先是否知道張、楊將要「兵諫」，其實並不知道。他只是察覺東北軍的下層不滿蔣的「攘外必先安內」政策，張學良對部下的統馭又不可靠，隨時都會鬧出事來。邵是無心插柳，幾乎把楊虎城嚇壞。這一故事使我對邵先生留了極深的印象。

　　一九四九年前，赴南京採訪新聞之便，我曾在公眾場合幾度見過邵先生，但從未近距離接觸。這次來到邵先生尊前，第一印象是：他個子不高，已滿頭銀髮，剪得很短，面帶笑容，走路慢騰地，衣著非常樸素，言談幽默，真是長者風範。

　　兩老同時接待我。面對邵先生，開初我有些拘謹，談開後也就放鬆了。話題也極廣泛。

　　當時人口問題已很嚴重，但計劃生育推行不力，邵先生引以為憂。他早於馬寅初提出「計劃生育」。邵先生談起，他曾聽人說，吞食蝌蚪可以避孕，他曾在某次人代會的發言中介紹過。這個偏方是否有效需要驗證，但邵先生關心計劃生育，卻不能不說是有先見之明。後來曹聚仁的四弟曹藝也說到這事。曹聚仁是名報人。當年

他從杭州浙江一師畢業，到上海謀生，一時間無立足之地。後經邵力子援手，終在上海立足，當上教授，躋身報壇。曹聚仁因而師事邵力子，兩家有通家之好。當邵力子聽到曹聚仁的四弟曹藝因子女眾多為累，就要曹聚仁轉告曹藝妻，讓她食蝌蚪以避孕。哪知她見到蝌蚪就噁心，沒有試驗。後來有了十一個孩子。曹藝妻後來談及此事大有悔意。

邵先生為人正直，對人對事嚴肅認真，一絲不苟。傅先生談到這樣幾件事。

每逢「十‧一」國慶，通常在街頭懸掛「慶祝國慶」的四字橫幅。邵先生認為「國慶」就已有慶祝的意思。再加上「慶祝」兩字顯然重複了。後來邵先生的意見被接受，街頭的橫幅改為「國慶」。

另一件事是，黨員在成為正式黨員前，有一個「預備期」，通常稱為「候補黨員」。邵先生認為這是用詞不當。因為事實上並不是缺了一個，候補就上一個，候補期是一個考察期，考察合格，到時就成為正式黨員，應該叫「預備黨員」，「候補期」改為「預備期」。

邵先生對事常獨立思考，考慮每一件事的利弊。北京市曾計劃在西單蓋一個大百貨店，那店的面積將要超過王府井百貨大樓的幾倍。邵力子知道此事覺得不妥，這會造成交通擁擠，不如用這資金建十個中型百貨公司分佈在十個地方。他的意見通過有關管道反映到北京市委。北京市委接受他的意見，取消造大型百貨店的計畫。

我問傅先生：「邵先生這樣的性格，為什麼在多次運動中能安然無事呢？」

傅先生笑著回答：「你問得有道理。其實並沒有什麼奧秘，因為他是一九四九年開國前的國共和談代表，和談破裂他又是自願留在北平的。再由於他在國共談判中的貢獻，毛主席稱他為和平老人，所以他是中共中央的保護對象。還有，邵先生為人低調，深居簡出，不惹人注意。」

「不過，反右那陣子也有人提出邵力子是個大右派，應該把他劃為右派。邵先生的許多部下當了右派，紛紛向他訴苦訴冤。邵先生對他們說：『如果不是中央保護我，我也是大右派。』這些部屬成了右派，生活困難，邵先生給他們幫助，每月寄十元二十元不等，因為人數多，要寄掉工資的一半。」傅先生又說。

　　那天，我向傅先生問到邵先生一件生活趣事，這是我從曹聚仁的文章中知道的。曹說，邵先生早年在上海《民國日報》任夜勤，他的睡眠分段應付，隨時隨地可以呼呼入睡，卻也可以隨時醒來工作。有時他在會場上入睡，有人就貼過他的大字報。曹聚仁為他的恩師辯說：「依我所知，他這麼大的年紀，要參加那麼多的會議，精神本來不濟，就因為他能隨時隨地入睡，才有足夠的精神來應付工作的。」傅先生證實有這樣的事，他說曹聚仁說得對。

　　邵力子先生逝世於一九六七年十二月二十五日，享年八十六歲。

　　邵先生在垂暮之年，也遭遇「文革」禍殃，紅衛兵到「民革」中央，要揪鬥邵力子，被有關人員勸阻。紅衛兵又提出條件，一定要邵力子本人到場。邵先生來了，有關人員要紅衛兵搬張椅子讓他坐在台前，面向台下。那次批鬥的是另外一個人。批鬥開始，紅衛兵揮舞寬皮帶抽打這人，要在場的人都鼓掌。邵先生面無表情，自始至終不鼓掌。紅衛兵喊：「邵老頭，你為什麼不鼓掌？」他側著頭問：「你講什麼呀？」紅衛兵又講了一遍，他佯作應付，鼓掌幾下。

　　文革中有人到邵府「外調」（即外單位來人調查）。「外調」人員認為邵先生沒有老實提供情況，拿出小紅書（毛澤東語言摘錄），讀了幾段語錄，邵先生不為所動，鎮靜自若地說：「我從來沒有在毛主席語錄中看見有這麼一句，就是『老年人不准忘記』。」

　　邵先生在「文革」中的事是我後來聽到的。

三遇許聞天

提到許聞天，我就想到印度聖雄甘地的形象。他的個子並不高，清癯可說是乾瘦，深度的近視，說話斯文又慢吞吞地，口音和我的鄉音相似，他出生在江蘇溧陽，正和我的家鄉宜興毗鄰。

許聞天是民革的中央常委，又先後任民革中央副秘書長、組織部副部長、部長，居民主黨派的高層，何況他又年高德劭，是革命資歷極深的重量級人物。

他最初踏進的是藝術殿堂（就讀於上海美專），本當掀起筆底波瀾，點染人間春色，但偏熱衷於政治，追求民主進步。八十年的人生歷程，許聞天雖歷經坎坷，多次入獄並幾乎殞身，但仍矢志不移，居於民主革命的前列。

應該說明，在他面前我只是後生小輩，是不敢高攀的。不過值得一說的是在他傳奇的經歷中，約十年時間（一九四〇至一九四九），我曾三次與他相遇。最富傳奇性的是他以國民政府立法委員之尊，先被國民黨特務秘密逮捕，後因當時（一九四九年四月）正值李宗仁當政，謀求國共和談之際才釋放。然仍在特務秘密監視中。在他東躲西藏、喬裝打扮的流亡途中，在無錫至宜興的一艘航船中，我竟和他意外相逢，在小艙中度過半天。

三次相遇他的官職是：宜興的流亡縣長、江蘇省政府主任秘書與省訓練團教育長、立法委員與我所服務的《民言日報》發行人。

一

要說許聞天的傳奇經歷，必須從他生平說起。

許聞天出生於清末一九○二年一月二十四日，江蘇溧陽縣縣城。這是個沒落的士大夫家庭。祖父是讀書人，應科舉而不第，又英年早逝，家中近乎赤貧，僅有破屋四間。他的父親當了鄉村的小學教員，艱難度日。當孫中山先生發起民主革命時，許父參加同盟會。辛亥革命成功，繼而袁世凱復辟稱帝，他起而反對，被迫逃亡到上海，向同鄉借貸和寫些章回小說賣稿度日。

許聞天幼年就在這樣的家庭中成長。他讀過幾年私塾，打下國學基礎。他又有繪畫的天賦，八、九歲時就能繪巨幅畫。一九一七年到上海，師從國畫家金壽石。近乎舊式學徒，將近三年。一九一九年「五四」運動發生了，他並不在學校讀書，也參加學生們的反帝愛國大遊行。當局出來鎮壓，他被打傷。老師金壽石不喜歡學生參加政治活動，把他逐出師門外。

許聞天有了新機遇。他進上海美專普通師範科，兩年畢業後，在一個小學當教員。教學實踐中，感到學力不逮，決心進一步深造。幾經努力，重回上海美專，半工半讀，學西洋畫，讀書之餘仍未忘情於政治活動。以上海美專學生會會長身份鼓動學潮，領導同學反對軍閥盧永祥的鬥爭，又一次被學校開除。

幸好他這時有了一份工作，在東方藝術研究會當導師，有固定的收入。在積攢到六十餘元後，他又去日本深造。可是行囊太不充裕，到東京後，無多時日，這一點微薄款項，很快用罄。他想到了當時流亡在日本的郭沫若，請他援手。郭沫若介紹他到中國學生留日青年會，有了一份工作後，才進了東京美專，讀了一年餘，還是因經濟周轉不靈，輟學回國。

　　回國後，一度他去瀋陽美專教書，介紹人是上海美專的同學韓東然。韓是朝鮮人。他創辦這所美專其實是為掩護朝鮮獨立黨的抗日地下工作，他也積極參預。旋不久被日本特務發現，日本照會奉系軍閥張作霖派軍警來搜捕，他幸而脫險逃到南京。

　　到南京後，經人介紹到南京美專教書，這時（一九二四年）他參加了國民黨，黨部知道他從東北來，熟悉東北情況，派他去做地下工作。他與人合辦《東亞圖畫週報》作身份掩護，又改名易姓仍回瀋陽美專教書。自然他不甘蟄伏，終因他積極推行孫中山的三大政策與共產黨合作，導致身份暴露，被奉系軍閥逮捕入獄，遭嚴刑拷打。後經同鄉沈叔邃以巨額金錢贖出，後在大連工作。最終還是不能在東北存身，經奉系軍閥通緝後逃到上海。

　　許聞天的一生疊遭牢獄之災。一九二七年，蔣介石發動「四·一二政變，」許聞天又險遭逮捕，回故鄉溧陽潛藏。靜極思動，又在溧陽辦報，並開展一系列反蔣反西山會議派的鬥爭。這觸怒了當局，被捕並判極刑，正待解往南京槍決。在生死懸於俄頃時刻，汪精衛、陳公博等成立國民黨內的反對派別——改組同志會，為加強反蔣力量，網羅優秀人士，許聞天被改組派救出，從此成為改組派一員，入改組同志會江蘇省委工作，在溧陽發起一次暴動，佔領縣城一周。後暴動被鎮壓，他幸而逃出，蔣介石下令通緝他三年餘。

　　一九三七年「八·一三」上海抗戰爆發，南京旋即淪陷。漫長的八年抗戰中，許聞天始終在抗戰的前線（蘇浙皖邊區）堅持抗日。境地極為艱難，日寇與國民黨兩方面的特務，時時刻刻千方百計都在搜捕他。幸而每一次他都化險為夷。一九四五年終於迎來抗戰勝利。抗戰勝利後他先後憑藉江蘇省政府主任秘書與立法委員的政治身份，參與與組建孫文主義革命同盟，直接投身到反對蔣介石政權建立新中國的革命洪流中。

　　這是這位從美術家到政治家的一生行藏。

二

第一次偶遇許聞天，那是一九四〇年。當時我剛從初中畢業。許聞天是宜興的父母官——宜興的縣長。

自一九三七年冬，宜興淪陷後，一度處於無政府狀態。日寇設偽縣政府於宜興城中，城外（城垣外廣大鄉鎮）呈真空狀態。到一九四〇年情況改變了。原躲藏於皖南的宜興流亡政府回來了，設縣政府於宜興南鄉鯨塘鎮附近的青白里。

青白里是馬姓的大村，高廈廣寓，鱗次櫛比，宜興縣政府設在一馬姓的鄉紳家。這位父母官就是許聞天。這樣的縣長，當地人稱「背包縣長」。縣府的大印放在背包裏，一旦有變（日本鬼子出城掃蕩），拎起背包就跑。鬼子一走依然縣長，當然縣衙門的體制俱全，不過具體而微，規模甚小但「麻雀雖小，五臟俱全」。

宜興城淪陷後，我家逃難於鄉間，就住青白里附近。我在數十里外的縣二臨中讀書。一九四〇年夏，初中畢業，暑期回家，準備高中升學考試。

一天，下著雨，我正在村外樹蔭下躲雨，遙見遠處田埂上有三個人走來。走在中間的那人戴著眼鏡，平頂頭，穿著極樸素，捲起了褲腳，撐著一把油紙傘，高一腳低一腳，走在泥濘的路上，還不時和前後的兩個人講著話。

三個人快要進村了，同在樹蔭下躲雨的一位老農說：「中間那個戴眼鏡的就是縣長許聞天」。當時使我大為驚奇。我讀過一些舊小說，知道縣太爺出行都是鳴鑼喝道，行人都要肅靜回避的，雖然已是民國時代，也怎有這樣的赤腳縣長在泥水中跋涉呢。

進村後，許聞天直奔陳鄉長家，縣長不惜紆尊降貴下顧部屬家裏，這又使我一奇。

此後，我在青白里村上或鯨塘鎮上，常常遇到許聞天。每次都看到他平民裝束，布履，身後僅跟一兩個人，一路上都含著笑和路人打招呼。鄉人都誇他是平民縣長。

戰時的流亡縣長是身兼數職的，當時沒有法院的建制，只有一個承審員，管著司法訴訟。那承審員就由許聞天兼著。我親眼看到許聞天審案。

法庭就在縣政府的鄰屋。一戶農家的大廳，廳上還放著水車等農具。中間放一張桌子兩把椅子，許聞天坐正中，側旁是書記員。大門敞開著，雖有警衛並不阻止外人旁聽。我站在旁聽席上。原被告各自坐在兩側。一起民事糾紛。原告的耕牛意外死亡，懷疑鄰居（被告）下毒。許聞天耐心聽完雙方的陳述，和顏悅色提出一個個問題，不到一小時終於弄清，耕牛是吃了不潔的飼料而死與被告完全無關。被告擺脫干係，庭上就高喊「許青天」！第二起審的是一件漢奸案。罪犯是偽宜興縣政府的偵緝隊員，奉命潛入國民黨的控制區刺探軍情，罪證確鑿，這人也供認不諱。許聞天當庭審結，因流亡縣府無關押條件，判決送往山丫橋江南行署審理與關押。許聞天審訊漢奸時，既有怒形於色的訓斥，又有義正辭嚴的開導，這罪犯感動得跪在地下磕頭，嘴裏連連說今後一定改過自新，國軍如果願意收他，一定抗日將功贖罪。

「許青天」的名聲當時就在宜興「國統區」傳了開來，當時在縣政能推行的並不大的範圍裏，確實也政簡民清，賦稅也並不太重。

許聞天屬下的縣武裝力量僅只一個保安團，數百人槍而已。而他抗日意志很堅決，幾次帶著部隊襲擊小股的日寇，有時也有很好的戰績，繳獲過日寇與偽軍的人槍。

當時江南敵後有一支國民黨的遊擊部隊，番號是挺進軍（挺進縱隊）。首腦是顧祝同的堂兄弟。這支部隊到宜興敵後後，紀律蕩然，害民殃民。許聞天極為震怒，多次讓保安團扣押違紀的挺進軍

官兵。那知挺進軍的長官，不整肅自己的部下，反把許聞天抓了起來並嚴刑拷打，放出來後，許聞天到第三戰區第二游擊區總指揮兼江南行署主任冷欣處告狀，無效，他憤極，掛冠而去，回到故鄉溧陽，閉門不出。

儘管許聞天掛冠離開宜興，他的政敵並不因此放開他，敵偽方面也因為他積極抗日，要置他於死地，雙方都派出特務搜捕他。他離開溧陽潛往皖南，不幸在皖南歙縣，落入國民黨特務之手被捕入獄。事被流亡在皖北阜陽的江蘇省政府主席王懋功得知，王出面營救（王懋功原屬國民黨改組派）被釋，從此他跟隨王懋功一直到抗戰勝利。

三

時隔七年，那是一九四七年。抗戰勝利後的第二年。我第二次見到許聞天。

當時許聞天是王懋功身邊的紅人，在江蘇省政府任主任秘書，又兼管著省訓練團。而我那時恰好在許聞天任發行人的宜興《民言日報》任記者。

《民言日報》是宜興一群進步文化人所創辦。他們有個社團組織叫「民社」。想辦一張報紙，一九四六年就籌辦了，費盡周折，國民黨中宣部不給登記，本擱淺了，後來由人介紹找到許聞天，請他擔當發行人。許聞天當時正在發展他的政治力量組建「孫文主義革命同盟」，需要輿論工具因而慨然同意。許聞天本屬改組派，在國民黨內有一定聲望，此時又是王懋功身邊的紅人，中宣部不能不買賬，終於成功創刊。一九四七年春問世。發行人許聞天的大名放在報名下面。社長周觀海，總編輯史惠南。我客串給他們當唯一的一個記者。報紙日出四開一張。因作風正派，言論公正得到好評。

　　正是這年的春末夏初，許聞天親到宜興來了。他競選立法委員，宜興是他的選區，他親來拉票。《民言日報》無疑要為他擂鼓助陣。

　　他到《民言日報》編輯部輕車簡從。那天下午編輯部同人正忙著，門開了，有人走進來。辦公桌對著門的我，第一個看到。「啊，這人似曾相識。」我立刻想到這不就是當年人稱「許青天」的許聞天嘛！我立刻起身招呼：「您是許聞天先生吧？」「是啊，你怎麼知道的？」「好像我們沒有見過？」他感到驚奇。我正待回答。兩位編輯都放下筆，忙過來問候，一邊派人把社長周觀海、副社長蔣挺初與總編史惠南喊來。

　　當晚隆重設宴。與宴者《民言日報》全體同仁還有宜興縣長及參議會長，我也叨陪末座。席上，商議了許競選立委的拉票工作，作了詳細的具體分工。先由縣府下令各區政府積極配合外，並請許聞天親下基層，到各個區和重要鄉鎮與選民見面。報社方面總編史惠南和我全程陪同，並由我擔任報導任務。要事談妥，酒也過了多巡，許聞天笑著對我說：「你這位世兄，說曾見過我，那是什麼時候？」我把一九四〇年在青白里見過他的情景說了一遍，並說當時老百姓都叫你「許青天」，足見民心所向。他忙說：「慚愧，慚愧，其實是過獎了。」

　　翌日，許聞天的助選活動就開始了。先在宜興城區開始，演講會與士紳及一般群眾見面，按部就班有序地進行。接著就是先到南鄉各區（張渚區、丁蜀區等）再到北方各區（徐舍、楊巷、官林等）。各地都搞得有聲有色。印象中搞得最熱鬧的是丁蜀區。區長史耀民，此人反復多變，先在新四軍，又投敵（日本人），再又投到國民黨方面。這時史耀民正要找政治階梯向上爬，許聞天又是省長王懋功身邊的「紅人」，焉有不巴結的道理。當時他為許聞天宣傳、鼓吹用盡招數。以宜興地區來說，許聞天在丁蜀區的得票率為最高。

這屆立法委員許聞天終於當選。消息傳來,《民言日報》擺慶功宴,論功行賞我得到了一支「關勒銘」金筆。

四

第三次遇見許聞天是一九四九年人民解放軍渡江前夕。

那次遇見非常意外而且驚險,在一個事先無法預想的場合。

當時大局糜爛,國民黨已處於燕棲危巢,魚游沸鼎的大崩潰前夕。許聞天陷入一場政治要案。

這得從頭說起 。自打一九四五年抗戰勝利,國人本企望和平民主、休養生息醫治戰爭創傷那知內戰又起。許聞天痛恨蔣介石集團堅持獨裁和內戰的政策,聯絡國民黨內一些民主人士,籌組建立一個秘密的革命組織進行反蔣。這就是一九四五年冬在重慶開始醞釀,經一年多的籌畫,一九四七年春在南京建立的「孫文主義革命同盟」。許聞天和參與創建者認為只有真正貫徹孫中山先生的三大政策,恢復三民主義的本來面目,才能挽救民族危亡,中國才能新生。因此必須建立和共產黨合作從事反蔣的民主政團。「孫盟」的創建宗旨就在此。

「孫盟」初創時的成員來自三個方面。這是以許聞天為代表的「三民主義同志聯合會」的成員;以鄧昊明為代表的「第三黨」(鄧演達領導)的成員;還有以陳惕廬(又名陳治平)為代表的從蔣介石嫡系中分化出來的高級軍政人員。此外還有個別的進步青年知識份子。孫盟成立後,因領導力量的不足,又吸收了部分立法委員和國大代表進入各級領導層。

一九四八年春的「孫盟」成立大會上,通過了《孫文主義革命同盟政治綱領》,核心內容是「反蔣擁共」。同時成立有三十三人的中央委員會,並設常務委員會,許聞天為常委,任常委的還有

劉不同、鄧昊明、陳惕廬、金紹先、賀耀祖、侯桐、高宗禹、諶小岑、楊玉清、韓梅岑等人。許聞天、陳惕廬又兼管組織工作。

「孫盟」成立後，立即在全國範圍內建立支盟組織。如蘇、浙、皖、鄂、湘、桂、粵、黔、川、康、閩、京、滬、平、津、漢等省市都有支盟，並發展成員。不過所有工作的進行都在「地下」狀態，以各成員的職業身份為掩護。同時「孫盟」為壯大自己的力量，成立之始即派成員張達生三次過江去蘇北與新四軍聯繫，主動接受共產黨領導。「孫盟」既是國民黨中分化出來的派別，它也主動派人去香港找國民黨革命委員會的支持，「孫盟」願作「民革」的一部分。民革方面要求取消「孫盟」的組織名稱改用「民革」的名稱，這一點在「孫盟」內部沒有通過，不過他們與「民革」的聯繫和配合並未中止。

「孫盟」成立，許聞天的革命熱情高漲，立即率領成員進行兩方面的反蔣鬥爭：一是憑藉他的立法委員身份在立法院內開展合法鬥爭；另一是進行「軍事策反」瓦解蔣介石的部隊。

在敗象紛呈下，蔣介石自知大陸行將不保，他籌謀以台灣為最後的退卻基地，指令京滬杭警備總司令湯恩伯將中央銀行上海金庫裏的黃金、白銀與外匯悉數運往台灣。許聞天聞訊，立即發動「孫盟」成員聯繫四、五十名立法委員在立法院提交制止黃金運台的提案，獲得通過決議交行政院執行。

不甘心失敗的蔣介石政權，當時不惜採取「民死政策」在民窮財盡狀態下，輪番進行徵兵徵糧、徵實徵購，又頒佈「動員勘亂條例」，鎮壓異己大抓政治犯。針鋒相對許聞天在立法院內成立「二五座談會」（每週二、五集會兩次），座談的內容就是反對徵兵徵糧、徵實徵購與反對「動員戡亂條例」這惡法，提出相應的提案在立法院通過。

如果説許聞天等在立法院的種種鬥爭是紙上談兵的話，進行軍事策反就動搖了蔣介石的根本，使蔣終於下了撒手鐧。許聞天在江蘇策反陶鴻釗的省保安獨立旅尚是疥癬小疾，而動員浙江省主席陳儀起義則是心腹大患。蔣任命陳儀為浙江省主席，陳本不願就任，遲遲不蒞職。許聞天偕陳惕廬、高宗禹兩人，親到上海陳府勸説，為加強反蔣力量這是不可多得的機會。陳儀聽從許的意見去就任，並把「孫盟」成員安排在省府一些重要崗位。如省政府秘書長張賢哲，建設廳長貢沛誠等。嗣後陳儀果付諸行動，相勸由他一手提掖受他恩極深的湯恩伯起義，詎料湯竟告密，陳儀終遭殺身之禍。而在當時導致許聞天大禍臨頭，「孫盟」幾乎覆滅。

　　軍統特務毛森下手了！一九四九年四月十日，立法院正開會期間，一日，許聞天與「孫盟」的另一中委金紹先（他也是立法委員），在南京文風書店（「孫盟」的秘密聯絡點）正處理盟務，早潛伏在店外的幾個特務一擁而上，逮捕了許、金兩人。特務原本只有逮捕許聞天的任務，並不瞭解金紹先的身份。他辯稱是來購書的讀者，特務釋放了他。許聞天則上了腳鐐手銬當夜押送上海。金紹先獲釋，一面向立法院報告，他與許聞天遭捕經過，同時召開記者招待會，公佈事情真相。按法規定立法委員在立法院開會期間不應逮捕。軍統居然違法悍然為之，引起全體立法委員公憤，強烈質詢要行政院出面干預釋放許聞天。消息見報，輿論譁然。當時蔣介石已下野，李宗仁任代總統。李宗仁在副總統競選時，許聞天與「孫盟」曾予助選。李宗仁記住這點，因而迫使行政院長何應欽電令湯恩伯，指定毛森釋放許聞天。毛森這才放了許聞天。

　　許聞天雖倖免，而早在3月間「孫盟」在南京、鎮江、無錫、上海等四處的地方組織遭破壞所逮捕的陳惕廬、張達生、朱大同、方志農、王文中等五人，於一九四九年五月槍殺於上海宋公園。

　　許聞天自知他的獲釋也是暫時倖免，回南京不久立即秘密出走，潛往他的故鄉溧陽山區。也就在這秘密出行途中，我第三次遇見他。

　　當時我在無錫《人報》任記者。無錫是一九四九年四月二十三日解放的。許聞天從南京出走約在四月十五日後。在此期間，盛傳共軍即將渡江，風聲鶴唳，人心惶惶。國民黨那些殘兵敗將封車封船，紛紛作逃跑打算。我在無錫工作，家在宜興。通常回鄉是乘江南汽車公司的錫宜路班車。這天回鄉不知何故（現已無法憶起）改乘無錫至宜興的定期班輪（通常前面是作為動力的拖輪，後面鐵皮木船坐客人）。我在無錫工運橋畔的輪船碼頭上了船。船上的茶房（即服務員）把我引進房艙。普通乘客都坐在前面的統艙裏，而有身份的乘客才能坐進房艙。我既是記者茶房才作這樣安排。房艙很小，設茶几、座椅，大約可坐五六人。我踏進房艙，瞥見迎面坐著一個穿中式長衫似商人模樣的老人。瘦削、高鼻、戴著瓜皮帽、深度近視眼鏡，似曾相識。彼此盯視著，我想起來了，這不就是許聞天嘛，他怎會來坐這輪船？我正待出聲，他用目示意要我禁聲。許聞天的被捕與釋放，輿論早已沸沸揚揚，我知道他這樣的打扮，坐這樣的輪船自有一番蹊蹺，也就相應不語。他的身旁正有一個座位，我坐下，相互默默無言。直到船進入太湖，房艙中另兩位乘客昏昏欲睡，他才輕聲和我說：「快了，相見之期不遠！」船到離溧陽已不遠的一個小鎮靠岸，他離船上岸，匆匆走了。多年後才知道他躲藏在溧陽的山區，直到上海解放後才轉往上海。

　　這次神秘的偶遇我一直三緘其口，從未敢和外人道及。

五

一九四九年後，許聞天進了京，他所領導的「孫盟」據聞在中共中央統戰部勸說和建議下，自行宣告解散，先後存在四年極為短暫。不過它的成員還是對革命作了流血貢獻。「孫盟」成員後來都併入中國國民黨革命委員會。

新政協召開，許聞天與鄧昊明作為特別邀請代表出席會議。新中國成立後，他是中央人民政府政務院參事。此後的政治生活尚算平坦，先後當選為第一、二、三屆全國人大代表，第五屆全國政協委員等榮銜。在民革內部他一直居於高層，擔任中央委員，中央常委委員、副秘書長、組織部副部長、部長。至於十年浩劫的「文革」他未能倖免受到衝擊。

從美術家到政治家的許聞天，於一九八二年六月十七日走完了他坎坷的一生，享年八十歲。

「史迪威事件」始末

　　「史迪威事件」是世界反法西斯戰爭與中國抗日戰爭中的一起重大事件。

　　約瑟夫・沃倫・史迪威（一八八三～一九四六）受美國總統羅斯福派遣，以中國戰區參謀長和中緬印戰區美軍總司令的雙重身份駐節遠東。在不足三年的時間內，在支持中國抗戰與建立中美兩國人民真誠友誼等方面，作出了巨大的貢獻。中共周恩來曾對他這樣讚譽：「在中國人民心目中，他是最優秀的戰士。」

　　但就在史迪威親自組織與指揮密支那之戰取得大捷、羅斯福總統提升他為陸軍四星上將之際，他突然被召回國，黯然離開中國。

　　這是為什麼？本文披露其中內幕。

蔣介石雙喜臨門

　　一九四二年元旦。

　　兩件大喜事來得意外，蔣介石作夢也沒有想到。

　　這天，美、英、蘇、中、澳、比、加拿大等二十六國代表在華盛頓簽署《聯合國宣言》。宣言表明。各國政府和人民以打敗法西斯為共同目標，形成以美、中、蘇、英為核心的反法西斯聯盟。中國躋身強國行列。

羅斯福建議：亞洲太平洋戰場劃分為四個戰區。即：中國戰區、東南亞戰區、太平洋戰區和西南太平洋戰區。戰略地位最重要的中國戰區，由蔣介石擔任司令官。

中國戰區的地域並非僅是中國。而包括中國、緬甸、法屬印度支那（越南）、馬來亞、泰國和印度。

兩件喜事臨頭，蔣介石著實興奮。飲水思源蔣感謝羅斯福。經過一番考慮，想出投桃報李之舉，他電覆羅斯福。願就中國戰區最高統帥，同時深表感謝之情，要羅斯福指派一名能力強的高級軍官來華襄助他的工作，擔任中國戰區參謀長。

羅斯福考慮適當人選。

投桃報李　史迪威來華

一九四二年元旦不久後的一天。

美國加里福尼亞州卡梅爾。擔任加里福尼亞高級戰術司令、指揮第三軍團的史迪威少將在卡梅爾家中度週末。

電話鈴響了，史迪威夫人去接。

這是陸軍部長史汀生打來的，他對史迪威說：「速來華威頓，有重要任命。」

史迪威匆匆就道，一月十四日面晤史汀生於陸軍總部。

「總統任命你擔任中國戰區參謀長。」史汀生告訴他新的任命。

隨即就參謀班子進行研究。決定跟隨史迪威來華的有：副官多恩上校、美國軍事情報處中國站站長弗蘭克‧羅伯茨上校、政治官員約翰‧大衛斯。

一個月後，二月九日，一位身高五點九英尺的清瘦的將軍來到白宮。

他就是史迪威，離國赴任前他來向羅斯福總統告別。

羅斯福為什麼選中史迪威呢？

史迪威於一八八三年出生於美國佛羅里達州，一九〇四年畢業於美國西點軍校。他是美國有名的「中國通」，在中國待過十五年。識華文、通漢語。先後五次來華，徒步到過中國許多地方。

羅斯福深信他的才能。這次來華，讓他身兼六職：美軍駐華軍事代表、中緬印戰區美軍總司令、對華租借物資管理統制人、滇緬公路監督人、在華美國空軍指揮官、中國戰區參謀長。眾多重任，足見羅斯福對他的信任程度。

羅斯福詳細囑咐後，要他轉告蔣介石：「我們永遠支持中國的事業，而且一定堅持到底。直至收復中國全部失地。」

告別羅斯福。史迪威繞道非洲到印度，在印度會見英陸軍元帥韋維爾。然後由加爾各答起飛，一九四二年三月三日，趕到緬甸抗日前線臘戍會見蔣介石。

蔣介石駐節臘戍波特飯店。

客廳裏坐滿了著將軍服佩中正劍的將軍們。有商震、俞飛鵬、林蔚、周至柔、杜聿明、甘麗初、戴安瀾。

應英、美盟邦之請中國派遠征軍入緬抗日。蔣介石宣佈中國遠征軍入緬甸後三路迎敵的作戰方針，同時公佈各個將軍的任命與分工。正説話間，侍從輕輕地在他耳邊説：「美國的貴賓來了！」

聽到貴賓來了，蔣介石中止會議，貴賓就是史迪威。雙方做了一番禮節性的談話。蔣介石表示，進一步的會談，要到重慶去。

史迪威（右一）與蔣介石

史迪威對蔣介石第一印象欠佳，他給蔣介石起了個雅號為「花生米」。

這大概是看到蔣的光禿的腦袋引發的遐想。

對這位美國將軍蔣介石是敬而遠之。

……

緬甸之戰正殷，史迪威受命於危難。從此火線上常看到這位身穿士兵服肩背卡賓槍的史迪威將軍──親愛的「喬」。

從榮譽的頂峰墜入谷底

一九四四年八月四日，錫蘭，美麗的埃麗亞島。

叢林中一幢華麗的建築，四周圍繞著姹紫嫣紅、爭奇鬥豔的各色鮮花。盟軍的東南亞戰區司令部設在這裏。

東南亞戰區司令蒙巴頓勳爵奉召回倫敦，原在緬北前線的史迪威被急電請去暫時代理司令部工作。

四日這天，緬北前線的一份急電送到史迪威手中。

「密支那於三日攻克，斃敵兩千餘。」這是勝利捷報。

史迪威自一九四二年三月來到中國，隨即上了緬北前線。當時中國遠征軍正在緬北作戰。蔣介石雖委派他指揮入緬

史迪威行走在戰地山間小路

部隊，但部隊實際並不聽他指揮。由於英軍背信棄義擅自撤退、中國遠征軍總部指揮失當等種種原因，第一次入緬作戰失敗。中國軍隊大潰決。回國之路被切斷後，杜聿明的第五軍兵敗野人山，損失慘重。在大軍潰敗之際，美軍總部派飛機要接走史迪威，被他堅決拒絕，他率部退入印度。嗣後他以按他命令退入印度保住全師的新三十八師與新二十二師的殘部為基礎，又從「駝峰」空運中國士兵加以補充，在印度蘭姆伽整訓並配備美制武器。編成中國駐印軍，於一九四三年十一月，從印緬邊界小鎮列多出發開始反攻。

正當中國駐印軍緬北反攻正面節節勝利之際，為縮短戰爭進程，史迪成想出高招，派出一支部隊突然襲擊敵人後方的密支那，在敵後開闢第二戰場，經過八十天的苦戰，密支那終於攻克，使緬北的反攻進入一個新階段，全面勝利指日可待。

密支那大捷，世界輿論盛讚史迪威。當時的《新華日報》社論，就稱讚史迪威「膽識過人的戰略，堅強的意志和卓越的指揮。」（一九四四年八月八日）

史迪威沉浸在密支那大捷的歡欣中，急電在倫敦的蒙巴頓速回錫蘭，他要親飛密支那去和中國駐印軍一起去歡慶勝利。

又有一件喜事光臨史迪威。

為表彰和獎勵史迪威為中國抗戰所做的巨大貢獻與成就，美國國會批准，羅斯福提升史迪威為陸軍四星上將。

史迪威一下登上了個人榮譽的頂峰。他在雙重喜慶中回到密支那。

然而政治風雲變幻莫測，時間剛過兩個月。同是這個史迪威，一下從頂峰跌入谷底——在「二戰」的戰鬥行列中除名。結束了如日中天的英雄事業。

一九四四年十月十九日，史迪威在日記中寫道：「斧子砍下來了，喬治・馬歇爾來電，我被『召回』。」

索爾登暫時負責。魏德邁指揮在華美軍。中緬印戰區分開。

這麼說羅斯福認輸了。所有人對華盛頓的態度極為震驚。

史迪威在給夫人的信裏說得更為詳盡，而且沮喪與憤懣之情畢露。信說：

> ……幾天之內我將踏上見你的路程。政治家掌握著全權。因此，這種胡鬧是可以想見的。這裏的一些人曾相信羅斯福會與「花生米」對抗。我從一開始就覺得他可能背叛。戰爭比個人要重要得多」等等。
>
> 那麼，現在我要掛起鐵鍬，愉快地去同一幫歹徒告別了，就像結束了一天漫長的旅行一樣。當然，我得去華盛頓。但我想喬治（筆者注：指馬歇爾）很快會讓我無拘無束地講話的。

指揮權——矛盾的癥結

史迪威與蔣介石一直存在著矛盾，矛盾的癥結在於指揮權。

一九四二年三月三日，蔣介石召見入緬抗日的第五軍軍長杜聿明。

「你歸史迪威指揮，對史迪威你要絕對服從。」蔣介石命令他的愛將杜聿明。

「如果史迪威的命令，不符合您的決策，怎麼辦？」

「你打電報向我請示再說。」

後來杜聿明對史迪威的抗命，即在這裏種因。

同年五月，中國遠征軍首次入緬作戰失敗。十萬大軍傷亡六萬。史迪威從中得出教訓，指揮的混亂和失靈導致失敗，必須有統一的指揮權，同時他也充分認識到中國士兵英勇善戰，只要有充分的先進的裝備和正確的領導完全可以克敵制勝。

　　從印度飛回重慶的史迪威於六月四日在上清寺官邸與蔣介石研究、檢討入緬作戰失敗的原因。

　　蔣介石認為，緬甸的英軍背信棄義，放棄西線，致使我軍右翼受到威脅，因此全線皆潰。

　　「英國人是有責任的，但中國軍隊不聽指揮，你委員長又是什麼事都要插一手，這仗又怎能打好呢？」史迪威直率地說。

　　蔣介石的臉色由紅轉白，從沒有人敢這樣頂撞他。但這是一位握有美援物資分配權的美國將軍，似乎不好發作，他自己轉彎說：「總結緬戰的經驗教訓，有的是日子，以後再說吧。」

　　史迪威得理不讓人。十天後，六月十五日，在黃山別墅，蔣介石再次接見史迪威。開始，氣氛很好，蔣介石主動提出，第五軍留在印度安頓（當時正在野人山撤退途中），由美方負責統轄。史迪威立即表示，根據在印度訓練十萬中國軍隊的原議，美方願承擔訓練的全責，並裝備這支軍隊。雙方都極滿意。

　　異軍突起，史迪威突然提出改革中國軍隊的建議。他說：「依我看來，中國軍隊要提高戰鬥力，要取得抗日勝利，就要力加整頓和改革。」

　　「請說。」蔣介石看著他。

　　「最少有三點：一、合併部隊，使每個師都滿員。據我所知，目前中國三百個師，一般都缺額百分之四十以上，而當官的卻按全員領餉，大發其財。二、清除那些無能的高級司令官，特別是師和軍一級的。」

　　說到這裏，史迪威看蔣似乎沒有什麼不好的反應，坦率地提出要槍斃首次入緬作戰中昏庸無能的第六十六軍軍長張軫與第六軍軍長甘麗初。

　　「你再說下去。」蔣介石又道。

「第三點，就是堅持統一指揮的指揮系統，指揮官接受任務後，不再受任何人的干預。」

蔣介石微微一笑說：「史迪威將軍。你不瞭解中國的國情。」沉默片刻又說：「待我考慮考慮。」

美中首腦初交鋒

一九四四年，東南亞戰場有了新的轉機。緬北戰場贏得新平洋、孟關、於邦等一連串勝利；美重型轟炸機首次轟炸東京，並擴大到日本所有城市；美軍登陸塞班島，攻擊箭頭指向日本本土。

但中國戰場卻令人沮喪。四月，鄭州、洛陽失守，湯恩伯的三十個師一潰千里；六月，日軍攻佔長沙。接著衡陽失守⋯⋯情況還在繼續惡化。

史迪威從緬甸戰場被緊急召回，四處奔波，力挽危局。軍事指揮權就提到日程上。

就中國危機問題，史迪威於七月三日給馬歇爾發了電報。要他向羅斯福建議：由史迪威指揮全部中國軍隊，並把中共部隊納入美式的整訓與裝備系統。馬歇爾回電：同意你的意見，並向蔣施加壓力。

中國抗戰七周年紀念日前一天（七月六日），羅斯福給了蔣介石一封信：

史迪威（右一）與蔣介石

> 我決定晉升史迪威為一級上將，並希望你趕緊把他召回中
> 國，使他在你的指揮下，直接指揮所有中國和美國的軍隊。
> 讓他全面負責，有權協調和指揮作戰行動。……如果不立即
> 採取果斷而適當的措施。我們的共同事業會遭到嚴重挫折。

　　信送到蔣介石手裏時，蔣「微露笑容，並未動怒。」第二天，
七月七日。在紀念大會上，蔣介石做出反應。

　　「我現在還要重新提出，中國只有一個主義，一個黨，一個領
袖。」蔣介石在他的演講中還留了重要的伏筆：「國民黨人的歷史
任務，就是打倒帝國主義的特權，恢復和建立中國在世界上的支配
地位。」

　　史迪威要指揮權不正是帝國主義特權嗎？這是對羅斯福的回答。

　　但是。蔣介石卻在七月二十三日給羅斯福發去一份措辭婉轉的
備忘錄。居然爽快地表示，原則上同意給史迪威以指揮權，但希望
有一個準備的時期，對指揮權，蔣還做了具體界定：一、共產黨軍
隊必須承認國民黨統轄之後，方可由史迪威指揮；二、史迪威必須
在他統轄之下指揮全中國的軍隊；三、租借法案物資必須由國民政
府掌握調撥。他還要求派一名總統特使來全權調整他和史迪威之間
的關係。備忘錄由孔祥熙親自送到白宮。

　　一個月後，羅斯福的第二封信到了，語氣並不客氣，對指揮權
問題步步緊逼，「如果再拖下去，可能會為時太晚」，「可能會釀
成致命的後果」，對租借物資支配權做了讓步。並派胡佛總統時代
的陸軍部長派翠克‧赫爾利作為總統特使來華，唐納德‧納爾遜陪
同前來，他的使命是處理租借物資的分配，公開的身份是對華經濟
調查團團長。

　　聽到赫爾利來華的消息，老謀深算的蔣介石隱而不發，等待著
一場好戲的開頭。史迪威卻沉不住氣，以為穩操勝券。

赫爾利在九月初到新德里。史迪威從密支那前線來迎接。他在赫爾利的鼓舞下，草擬了一份蔣介石任命他為中國地面部隊和空軍的司令的命令，還有委任書，讓赫爾利帶到重慶，等蔣簽字。

史迪威陪同赫爾利等一行三人，於九月六日到重慶。以後的談判在兩位特使與蔣介石之間進行，史迪威排除在外。

赫爾利亮出羅斯福的許諾：戰後將幫助中國實現工業化，沒收全部日本企業將所有權交給中國政府。這畢竟是以後的事情，目前就要交出中國軍隊的指揮權。

軍隊——蔣介石的命根子，一涉到這個問題。最大的利益都不足以動蔣介石的心。談判陷於艱苦的馬拉松中。

南中國不斷傳來壞消息。九月十三日，日軍以龐大的兵力發動鉗形攻勢，企圖佔領桂林。翌日，史迪威匆匆飛到被圍中的桂林，不到二十四小時，蔣介石把他召回重慶。

「一周內，密支那的部隊向八莫進軍。現在衛立煌部在龍陵作戰中受挫，進軍八莫可減輕他的壓力。不然，重慶也將危險。」見到史迪威，蔣介石迫不及待地用命令的口氣說。

「密支那克服不久，駐印軍急需休整補充，一時還不能進攻八莫。」史迪威一口拒絕。

「這不行，如不進攻八莫，我就撤回遠征軍來保衛雲南。」

「不能調別的部隊來保衛大後方嗎？比如調守在關中多年不動一槍一炮的胡宗南部隊……」

一句話，直刺蔣介石要害。胡宗南是對付中共軍隊的，豈能動得。蔣沉不住氣了，「請你注意，我是中國的統帥。」

史迪威拂袖而去。離重慶前，史迪威和宋子文進行了一次開誠佈公的談話。他說，如蔣不給他指揮權。就要向美國政府建議「完全從中國和印度撤出，在其他地方建立基地。」這使宋子文大吃一驚。

羅斯福的徹底一擊

一九四四年九月十六日，加拿大魁北克省。

美英兩國首腦羅斯福與邱吉爾出席第二次魁北克會議。會上剛決定一項龐大的對日作戰計畫，內容是動用大規模的陸海空力量。最遲於明春打通滇緬路。並把日軍趕出緬甸。

史迪威的緊急報告送到了與會的馬歇爾手裏。馬歇爾在會上一宣讀，引起極大的騷動。如蔣果真把遠征軍撤回，剛從會上通過的計畫就要付諸東流。羅斯福與馬歇爾決定不讓這樣的事情發生。

馬歇爾為羅斯福草擬了一份措辭強硬的電文，羅斯福簽了名。這電文無異是一份哀的美頓書。他警告蔣介石如再一意孤行，「對此，你必須準備承受後果並承擔個人責任。」還毫不客氣地指出：「當前你唯一能做的是立即增援在薩爾溫江那面的中國軍隊，並要他們發動攻勢，同時立即授予史迪威將軍指揮你全部軍隊的權力，並不加限制。我現在要求你採取的行動將有利於我們作出決定，即保證並增加對華援助。」

九月十九日上午，這份電報到了在中國的美軍司令部。要史迪威親自交給蔣介石，史迪威看了電文大為高興。當天下午，他拿著電文來到蔣介石的黃山官邸。蔣介石正在開會。除宋子文、何應欽、朱世明、杜建時外，赫爾利也在場。

赫爾利被請出來，史迪威讓他看了電文。

後來赫爾利在美國國會所做的證詞說，當時他並不同意史迪威遞交電文，他說「蔣已經讓步很多，他樂意採取行動。他也願意由西北抽調部隊（胡宗南部六個師），增援薩爾溫江前線。他就要任命你作總司令。」

史迪威表示這是奉命行事，總統要我遞交電報，並規定四十八小時內送到。還要有回執。個人無權改變總統的決定。

赫爾利的隨員費思目睹史迪威遞交電報的情況，寫下了這樣一段話：

> 史迪威步入室內，侍者獻茶。他然後向蔣主席說，他來此是要交一份總統的電報。並將電報遞給朱世明將軍譯成中文讀給主席聽。赫爾利想不使主席受辱。走向前去。他問是否有中譯，史迪威遞上中譯。赫爾利接過，便轉遞給蔣閱覽。赫爾利的印象，「他看起來好像被擊中在太陽穴上，面無表情」，只說：「我明白」。接著是一陣沉寂。蔣主席以手觸茶杯，並將茶蓋翻過來。史迪威用中文說：「我想那樣的手勢，意味著端茶送客。」在座的有人說：「不錯。」

史迪威和赫爾利退出。這是第三者的敘述。當事人史迪威自己寫道：「這是徹底的一擊，但他沒有臉色發青、失去說話的能力，他眼睛眨都沒有眨，他只是對我說：我知道了。然後坐在那兒，輕輕地搖著一隻腳。」（《史迪威日記》）

一邊史迪威洋洋得意，一邊赫爾利正和蔣介石達成不利於史迪威的默契。

赫爾利出賣史迪威

蔣介石看出美國人的步調並不一致。也同樣有「窩裏鬥」。

在和赫爾利的兩次會談中，他拒絕羅斯福的要求，並提出要撤換史迪威，但可以接受另一位美國將軍。他還強硬表示。如果中美聯盟中斷，他就在川、雲、貴、康（西康）四省獨力支撐抗戰。

這位赫爾利和史迪威並不走在一股道上,他倒向蔣的一方,變成拆史迪威台的積極遊說者。他繞過在華美軍司令部,通過中美合作所給羅斯福發了一份密電:

> 我的意見是,如果您在這場爭論中維護史迪威。您就將失去蔣介石,並且您還將連同失去中國⋯⋯如果我們讓中國在戰爭中崩潰,如果我們不能讓中國繼續參戰,那麼,即使天堂裏所有的天使都發誓說我們支持史迪威是對的。也改變不了歷史的結論。美國勢必在中國遭到慘敗⋯⋯我謹建議您,立即解除史迪威將軍的職務,任命另一位美國將軍在蔣介石委員長領導下指揮在中國的一切陸空部隊。

這些危言聳聽的話使羅斯福動搖了,他的態度開始軟化。但軍方(馬歇爾、史汀生、海軍金上將)支持史迪威,還不能立即做出撤換史迪威的決定。羅斯福身邊的霍浦金斯,察覺到總統態度的變化,向當時在華盛頓的孔祥熙透露:既然蔣願意任命另一個美國人指揮軍隊,總統可以在史迪威問題上讓步。孔立即在十月一日電告重慶。

蔣介石喜極萬分,立即配合。在十月二日召開的國民黨五屆中執委會議上,拍桌大罵,堅持要史迪威去職,租借物資由他全部支配。如果美方拒絕。我們可以自力更生。奇怪的是,他的講話當天就到了美國。

果真羅斯福妥協了,羅斯福決定免去史迪威的中國戰區參謀長職務,租借物資不再由他分配。但要求仍讓史迪威指揮中國駐印軍和遠征軍以完成反攻緬甸之戰。這答覆在十月五日送到中國。

羅斯斯這邊讓一步,蔣介石就進了一步,斷然拒絕羅斯福的折衷建議。除十月十一日發去電文外。還送去一份備忘錄,極力詆毀史迪威,把中國戰場的一連串失敗都歸咎於他。

史迪威回美國前與宋慶齡舉杯話別

　　美中兩國首腦的電報往返中，史迪威已被罷黜了。雖然馬歇爾確曾說了許多史迪威的好話，但羅斯福仍決定犧牲史迪威以維護他既定的對華政策，而且總統大選也到了最後階段，這關係著他的連任。馬歇爾的話那裏還聽得進去。這就有了本文前面所寫的「斧子砍下來了！」。

突被召回　悄然返美

　　史迪威在十月十九日接到馬歇爾「召回」電報，四十八小時後就悄然離開中國。

　　臨行前（二十日），他向宋慶齡話別，他非常敬佩這位偉大的女性，她也同樣讚賞他對中國抗戰堅持的正確立場。孫夫人聽到這意外消息，先愕然，接著哭了。她說：「這又是蔣介石的倒行逆施。」

　　蔣介石不愧是「出色的演員」。二十日下午五時，史迪威去辭行時，他說「對此事感到遺憾」，稱史迪威「為中國做了許多事」……史迪威告訴他：「不管你怎樣看我，請你記住我的動機只是為了中國的利益。」

　　蔣親送史迪威到大門口。

又是一段插曲；蔣介石派一位上尉軍官給史迪威頒發一枚青天白日勳章。史迪威當即拒絕。他派一位美國上尉去見中國上尉，說：「像史迪威這樣級別的軍官認為接受任何外國的勳章都是不明智的。」

史迪威十月二十二日飛往密支那。與在戰地上一起浴血奮鬥的中美官兵話別。當晚與翌日。他到處巡視軍營。會見中、美官兵，並約見鄭洞國、孫立人、廖耀湘等中國將領，表示依依惜別之情，言談中黯然欲泣。

曾擔任史迪威聯絡參謀的王楚英老人回憶當時情景。史迪威叮囑我要繼續研究遠端突擊戰術。他還說：「日寇未滅，你們還有許多仗要打，要加強訓練和戰備。要時時居於不可戰勝的狀態才好。」史迪威在此時仍關注中國的抗日戰爭。

迎來勝利　憂鬱以終

一九四四年十一月二日，在嚴格保密的措施下，史迪威到達華盛頓。機場上又是嚴格隔離，除史迪威本人外，別人都不能接近機場。然後在憲兵陪同下返回他的加里福尼亞卡梅爾家中。

史迪威回國的消息，先被封鎖著，較長時間才披露。羅斯福輕描淡寫地回答記者們；史蔣之間有過「一些爭吵這是老早的事了，已經解決了」。「不涉及政治，不涉及戰略，不涉及政策，不涉及租借法案，不涉及駝峰航線的空運噸位，同所謂共產黨人也沒有任何關係，純粹是個性問題」。這些自然是虛飾之詞。

居家時間史迪威曾撰寫《中緬印戰區史》一九四五年三月送陸軍部。得到的答覆是假如要正式發表，就得把其中對美國政策提出的異議以及批評蔣介石和英國人的有關部分刪掉。遭到史迪威的拒絕，書稿終於未能問世。

又是一年過去。

羅斯福當選連任總統後，又重新起用史迪威。並當面肯定他在華任職期間的工作。一九四五年八月，日寇戰敗，史迪威迎來最終勝利，登上「密蘇里號」戰艦，目睹日本的投降，但在中國的一段挫折，不能不影響他的健康，畢竟憂鬱是健康的大敵。

一九四六年十月十二日，史迪威因胃癌轉移，逝世於三藩市，享年六十三歲。

翌日，中共八路軍朱德總司令發去唁電，稱：「中國人民將永遠記得他對於中國抗日戰爭的貢獻和他為建立美國公正對華政策的奮鬥，並相信他的願望終將實現。」

軍事特派員在黎明前被捕

歷史如果按上「假設」，將會是很有趣的事。

第二次世界大戰，首先製造原子彈的是德國，假使德國研究成功，二次大戰的結局就倒過來了，歷史將不同於今天這樣的記載。

由此我產生聯想。眾所周知，人民解放軍進入南京是一九四九年四日二十三日，人們不知道的是早在一九四九年初，地下「民革」（國民黨革命委員會）就策劃部分憲兵、員警暴動，如果成功，就不待解放軍橫渡長江，南京即易幟為中共所有。

然而這只是「如果」，或者説「假設」。

一

日曆翻回到一九四六年六月十八日，滂沱大雨，在南京上空傾瀉。暴雨剛停，鼓樓頭條巷五號李濟深公館來了一位貴客。

「卓山兄，總算把您盼來了！」李濟深緊緊握著來客的手。

「任老（李濟深，字任潮，人稱任老），卓山夢寐中都想著您！」

來客王葆真，字卓山，一八八〇年生於河北深澤，曾留學日本，孫中山組建同盟會，他是首批會員。因而是國民黨的元老。第一次國共合作後，他信奉孫中山先生的聯俄、聯共、扶助農工的三

大政策，長期從事爭民主、反獨裁的活動。這次，王葆真應李濟深之邀來南京小住，有要事相商。

當晚，李公館小客廳，燈火輝煌，主人設宴招待遠方來客，兩人一邊開懷暢飲，一邊把話引入正題。

「當今之時，風雨如晦，雞鳴不已，雖然蔣介石敗局已定，但困獸猶鬥，卓山深為總理締造的國民黨前途而憂。」王葆真深有感慨說。

「是啊，以我之見，要徹底打敗蔣介石，必須建立一個革命組織。」李濟深性格豪爽，開門見山地說。

「對！我倆意見不謀而合。卓山心中本有疑慮，聽您這樣一說，我就豁然開朗了。」王葆真心情激動。

「原有什麼疑慮？」李濟深要問個究竟。

「目前民主運動處於低潮，除了中共，堅決反蔣的人不多，有人倡言要任老與蔣合作……」

「我當然不同意這種說法，也相信任老不會出此下策，但怕任老受人蒙蔽……」

軍事特派員王葆真

王葆真委婉地說出心中疑慮。

「哈，哈！」李濟深縱聲大笑道：「這是小人之見，我與老蔣勢不兩立，當年在湯山八個月的囚禁，記憶猶新……」

夜闌更深，兩人步入書房，重開話題。

「重建組織，進一步聯共反蔣，愚見必須請一位先生出山。」王葆真說。

「是誰？你先別說，讓我們各寫一字在掌心，看所見是否相同。」李濟深道。

兩人都在各自的手上寫起來，又各自把手掌伸開。

「馮。」王葆真的掌心裏。

李濟深的手掌上：「馮。」

兩人相視而笑。這「馮」字就是鼎鼎大名的馮玉祥將軍。

……

三天後的上午，李濟深、王葆真出現在上海路一四三號馮公館。

「請稍等，將軍正在練拳。」侍者招呼來客。

不一會馮將軍走進客廳，六月盛暑，他穿的是白色土布衣服。這是特製的馮式服裝，寬大無領，不在胸前開襟，而在背後扣扣。

「勞兩位久等，有罪，有罪。」馮將軍拱手為禮，聲震大廳。

三人分賓主坐下，侍者送上幾個桑椹罐頭。

話入正題。三人共商聯共反蔣大計。

馮玉祥雙眉緊鎖，若有所思，忽從沙發座上站起，說道：「我們三人既然志同道合，願遵從總理遺教與中共合作革命，何不簽署約言，以昭信守。」

「太好了，您的主張說到我們心坎裏。」李、王異口同聲說。

「既然你倆都贊同，就請卓老執筆。我們依次簽名。」

「拿紙墨筆硯來！」馮玉祥吩咐侍者。

「客從主命，我就當仁不讓了！」

王葆真擄袖提筆，飽蘸濃墨，在八行箋上揮灑起來：

> 我們要切實實行總理遺教與其革命精神，我們要實行民主政治團結起來共同努力。
>
> 贊成者請署名。
>
> 　　　　　　　　　　　　　　　馮玉祥、李濟深、王葆真

「這約言由卓老保管。」馮玉祥提出。

「不久，我就要去美國，所有事都委託兩位了，我在海外全力支持你們。」馮玉祥滿含深情地說。

三人就建立中國國民黨民主促進會組織、具體分工與軍事策反等問題做了細緻的商量，意見完全一致。當下還決定在馮玉祥離國去美期間，所有活動都由李濟深領導。

諸事妥貼，馮玉祥喜不自禁地拉著李濟深、王葆真兩人的手大聲說：「這下我可放心去了，我在美國聽你們的好消息！」

馮玉祥又說：「中共革命經驗豐富，你們遇事要多請教他們，定能排難解憂。」

兩人同時說：「您說得是！」

二

上海八仙橋，位於大世界附近，這裏人煙稠密，市面繁華。就在這鬧市後面有條僻靜的小路——龍門路。路的中段一五一號是家私人醫院，以院長王永川的名字命名永川醫院。

一九四八年春天，永川醫院特等病房住進一位病人，房間的窗簾總是拉得緊緊的，看來那位病人交遊廣闊，前來探視的此去彼來，窗簾上不時映出幢幢人影。

這病人就是開頭提到的王葆真。

經過一年多的努力。在李濟深、何香凝、柳亞子、王葆真等人的倡導下，一九四八年元旦，中國國民黨革命委員會在香港成立。李濟深當選為主席。馮玉祥當選為中央政治委員會主席。在民革成立大會上，王葆真當選為中央常務委員，同時李濟深又任命王葆真為華中軍事特派員。不久，又派王葆真秘密到上海，建立上海與南京兩地的領導機構，策劃反蔣起義，在國民黨統治的心臟地區來個中心開花！

　　軍事特派員來到上海前，中共地下黨就派隱蔽在中國工礦銀行工作的黨員任廉儒、梁佐華參加民革配合工作。

　　永川醫院鬧中取靜，院長王永川與王葆真又是深交。這樣，王葆真作為特殊病人住在這裏，領導上海與南京兩地的民革工作。

　　一天，一位中醫進了王葆真的病房，來人正是中共地下黨員任廉儒。

　　「卓老。我給您帶喜訊來了！」

　　「請説，什麼喜訊？」

　　「我們的臨時工作委員會可以成立了，我是來向您彙報的！」

　　任廉儒又從口袋裏掏出一張小紙，説：「這是臨工委成員的名單，請您裁酌。」

　　「好，我們一起研究。」

　　當晚，王葆真興奮得一夜難眠，幾天前，他接到南京同志的來信，南京的地下民革也將成立。

三

　　上海，湖南路二六一號，一幢花園洋房——顧軍長公館，外面是紅色的牆垣。牆內雜生著亭亭如蓋的香樟樹，間雜著高大的白玉蘭，一幢樓房掩映在茂密的樹叢裏。

　　公館的主人帶兵在外，家屬去了美國，只有一個老人看守房舍，民革上海臨工委成立會在這裏召開。

　　夜幕低垂，顧公館華燈高照，樂聲悠揚，盛大的派對開始。一個個西裝革履，或長袍馬褂氣派非凡的貴客，乘祥生公司客車，或自備轎車，先後進入公館，看門的老人被盛情的酒灌醉，進入夢鄉。廳上燈光幽暗下來，奏起節奏舒徐的輕音樂。

會議開始，王葆真從座位上慢慢站起來，他以低沉的聲音莊重地說：「我宣佈，中國國民黨革命委員會上海臨時工作委員會，現在宣告成立。」

　　出席人因規定不鼓掌只是微笑頷首，以示慶賀。接著選舉產生了領導機構，吳榮、許卜五、林滌非，梁佐華、任廉儒等五人為常委，王葆真被推選為主任委員。

　　同時產生臨工委的組織機構，設秘書、組織、宣傳、聯絡等工作組。

　　討論完畢，王葆真帶著高興的神情說：「我還要告訴大家一個好消息，在上海臨工委成立的同時，我們在南京也要成立分會，由上海臨工委兼管，南京的工作進展也很快，分會就要成立。」

　　王葆真說罷，用手指著靠牆坐著的一位身材魁梧皮膚黝黑的中年人。他就是南京來的孟士衡同志。

　　孟士衡站起來，向大家點頭示意，在場的人用注目禮向他表示歡迎。

　　我們要積極開展社會聯繫，物色可靠的發展對象，壯大組織，搜集情報，進行對外宣傳等，而以策反起義為工作重點。

　　組織組長許卜五起立發言，交代今後任務。他說：「當前上海正處於白色恐怖中，我們的工作危險性很大，所以除了必要的集會，成員之間都採取單線聯繫的方式。」

孟士衡

許卜五坐下，另一位委員緊接著說：「我們今天都成了民革黨員，要肝膽相照，生死與共，在任何情況下，決不出賣自己的同志，也決不能出賣組織的機密。」

「好，我建議，大家飲雞血酒，共同宣誓。」剛才發言的那位委員又說酒能找到，可沒有準備公雞呀！有人這樣說。

酒找來了，倒了滿滿一大碗。

一位委員忽地站起來，朗聲道：「用我的血！」說罷他掏出口袋裏的小刀在自己的手指上劃了一個小口，鮮血一滴一滴地流在碗裏。

血酒在一個個人的手裏傳下去。全部都喝了，每個人都舉起拳頭，組織組長許卜五領頭宣誓：

反蔣聯共。矢志不渝。
保守機密。永不叛黨。
刀山火海。決不動搖。

剛宣誓畢，眾人正待散去。外面望風的人跑進來：「有一隊憲兵正向這邊跑來。」他氣喘吁吁地說。

怎麼辦？眾人慌亂起來！

王葆真當機立斷命令道：「放響音樂，大家跳舞，不要慌亂，外面的事由我們來！」

上海駐衛警總隊代理總隊長崔恒敏，跟著王葆真走出去。

一位憲兵少尉與三個憲兵剛進大門，著警官服的崔恒敏迎上去。「你們找誰？」

「你是什麼人？」憲兵少尉傲慢地說。

望風的說：「他是上海駐衛警總隊總隊長。」

「這是顧軍長公館，正在開舞會，你們亂闖幹什麼？」王葆真擺著臉孔說。

一看勢頭不對，憲兵少尉改變話頭：「抱歉，抱歉。打擾了，我們走！」

一場虛驚，眾人散去。

四

順著南京清涼山曲折又狹窄的石徑，孟士衡慢慢地攀登，他終於登上了山南最高峰吳峰。

放眼遠望。城外江水一線，帆檣隱隱，近處城闕煙樹，俯視萬家，身邊楓丹葦白，丹桂飄香，一派清秋景象。

他自言自語道：「古人說秋色可餐，真是不錯啊，可惜這樣的美景，哪有時間欣賞，看來只有等革命成功了。」

忽然有人在背上拍了一下：「孟兄，雅興不淺呀！」

他回頭一看。正是他約在這裏會晤的胡勤業。

孟士衡是吉林琿春縣人，生於一九〇六年七月二十七日。畢業於北京中國大學中文系，「九‧一八事變」後流亡關內，從事教育，後參加冀察黨政分會工作，成為王葆真的部屬。從此，兩人安危與共，王葆真把建立民革南京臨工作委員會的重任交給了他。

胡勤業是國史館秘書、國大代表，河北旅京同鄉會的常務理事兼秘書。河北同鄉會的前身是奉直同鄉會，當時胡勤業與孟士衡是同事，兩人友誼很深。而且志同道合，都嚮往革命。

這天，孟士衡約胡勤業到清涼山再一次研究南京臨工委的籌備情況，準備去上海向王葆真彙報。

找塊平整的地方，兩人席地而坐。剛坐下，胡勤業就說：「南京臨工委急待成立，形勢發展得很快，前兩天，濟南已被解放軍包圍，現在國民黨內部矛盾加深，士氣低落，人民怨聲載道……趁這大好時光，我們趕快在國民黨的後院燃起一把火！」

「好啊！你我真是知音。今天就是研究成立臨工委的事。我想問你，我去上海，如果卓老把南京的擔子讓我挑，你肯做副主委協助我工作嗎？」孟士衡雙眼熱情地看著他。

「照理我不好推辭，但只怕力不勝任。」胡勤業謙遜地回答。

接著兩人研究了臨工委成員的名單與下設機構的人選，兩人意見基本一致，同時還研究了臨工委成立大會的開會地點。

說著，說著，夕陽西移，天色不早，兩人向山下走去，相互道別。

翌日午後二時，孟士衡到了上海。

永川醫院病房，孟士衡見到王葆真，向他彙報南京臨工委籌備經過與準備在最近成立的打算。

「南京同志做了不少工作。臨工委就要建立，我為你們慶賀。」

王葆真又說：「但是，工作愈在順利的時候，愈要冷靜，我們在敵人心臟裏工作，稍一疏忽就要人頭落地。」

「卓老的話。我銘記著。」孟士衡的回答很誠懇。

王葆真和孟士衡一起研究南京臨工委的人員情況。

第二天午後，孟士衡又從上海回到了南京。

夏瑋瑛

三天後，一九四八年八月末，中國國民黨革命委員會南京臨工委成立。

孟士衡任南京臨工委主任委員，兼組織委員會主委。胡勤業任副主委兼宣傳委員會主委。

馬駿名任組織委員，馮子厚、陳里特、吳士文為宣傳委員，夏瑋瑛任婦女委員。委員還有王鼎臣、張靜知、趙容予等，委員們分佈在黨、政、軍、憲等各個部門。

融融地火在金陵古城運行！

五

一九四八年十二月三十一日，陽曆的除夕夜，在南京城裏，有三個悲歡不同的場景。

南京黃埔路蔣介石官邸，下午四時舉行除夕晚宴。此時此刻應該是歡樂的氣氛，然而蔣介石卻愁眉不展。

十一月底。第一夫人宋美齡帶著總統蔣介石的使命親赴美國，乞求援助，豈料吃了閉門羹，杜魯門與馬歇爾都做了拒絕的答覆。

十二月二十四日，擁有重兵駐於華中的白崇禧來電。敦促蔣介石進行和談部署，爭取時間。接著，程潛發表通電，要求總統下野，以利國共和談！

主人不快，客人哪有笑臉。前來赴宴的有：副總統李宗仁、行政院長孫科、立法院長童冠賢、總統府秘書長吳忠信，中常委除張群外，還有陳立夫、谷正綱等四十餘人。個個表情陰鬱，憂心忡忡，似在赴最後的晚餐。

蔣介石陰沉著臉出來了，大家就座。

全場寂靜無聲。杯盤盞碟之聲響過，蔣介石用低得幾乎只有他自己能聽到的聲音說：「現在局面嚴重，黨內有人主張和談，我對於這樣一個大問題，不能不有所表示，現擬好一篇文告，準備明天（元旦）發表，現在請岳軍朗讀一遍，徵求大家意見。」

張群讀道：「……只要和議無害於國家的獨立完整，而有助於人民的休養生息，只要神聖的憲法不由此而違反，民主憲政不因此而破壞，中華民國的國體能夠確保，中華民國的法統不致中斷，軍隊有確實的保障，人民能夠維持其自由的生活方式與目前最低的生活水準，則我個人更無復他求。」「只要和平果能實現，則個人進退出處，絕不縈懷，而一惟國民的公意是從……。」

張群剛讀完，蔣介石側過臉問李宗仁：「德鄰，你的意見怎樣？」

「我與總統的意見是一致的。」李宗仁回答。

「總統，您不能走啊！您要繼續領導我們……」谷正綱突然邊哭邊嚷。

蔣介石心中一動，但仍板著臉。

「我反對發表這個文告，因為這將對士氣民心發生不良影響。」谷正綱又說。

「現在是非常時期，總統無論如何不能下野……」張道藩尖著喉嚨在喊。

蔣介石再也忍耐不住了，氣呼呼地暗指著李宗仁說：「我並不要離開！我的下野，不是由於共產黨，而是由於本黨中的某一派系。」

全場靜了下來，有人憤懣，有人惶惑，也有人在冷笑。

那天，總統的除夕晚宴就在悲悲切切中散場。

南京四條巷郭汝瑰公館。

郭汝瑰是國防部第三廳（作戰廳）廳長。他與中共地下黨有秘密聯繫，曾多次把重要的軍事機密交給共黨的聯絡人任廉儒。

　　明天是元旦。郭公館所有的勤雜人員都放假。

　　郭夫人方學蘭這天卻不清閒。她一早就去科巷菜場，置辦菜肴，今晚她要設家宴招待一位遠方客人。

　　整個上午，郭汝瑰把自己關在書房裏，他要清理一下紛亂如麻的思緒。最近一段日子裏，他發現有幾個危險的徵兆，蔣介石似乎察覺了他。

　　一月二十八日，研究如何解救被圍的黃維的作戰會議，蔣介石避開他這個作戰廳長，單獨和杜聿明談，他有所預感後，匆匆跑到上海去找聯繫人任廉儒，請黨對他今後的行止作出決定。

　　掌燈時分，任廉儒如約從上海來到南京，郭汝瑰笑迎貴客。

　　晚宴就設在密室裏，席上只有賓主兩人，方學蘭不時到廚房裏操辦菜肴。

　　飲完一杯酒，郭汝瑰急切地問：「我請求去解放區的意見，組織研究了嗎？」

　　任廉儒說：「汝瑰同志，黨組織非常贊同你的願望，但經過再三研究，組織認為解放區不乏軍事人才，現在解放軍渡江在即，估計渡江後江南戰局可能急轉直下，一鼓蕩平，預計蔣介石最後必然妄圖鞏固西南，西南必有一場惡戰，你如果能掌握一支部隊帶到西南，到時候設法舉行起義，瓦解敵軍，影響作戰進程，這作用和影響不是比到解放區去更大嗎？」

　　郭汝瑰搔搔頭：「還是組織考慮得遠，我服從組織的決定。不過，蔣介石對我不信任，他是否還會讓我帶部隊？」

　　「困難當然是有的，你可運用一切關係嘛，組織也會幫助你。」任廉儒安慰他。

　　「好，就這樣辦。」

豐盛的菜肴一道道上來，他們開懷暢飲。

同是陽曆除夕夜，南京糯米巷河北同鄉會館。

一盞昏黃黯淡的門燈，院落靜悄悄，杳無人聲，第三進一間幽靜的房間裏亮著燈。四個人圍著一張小方桌坐著。桌上擺著一大盆花生，各人面前一杯熱氣騰騰的茶。

「來！我們以茶代酒，歡迎遠道來的客人」。他，高大的個子，一口東北話，是民革南京臨工委的負責人孟士衡。

另一位中等個，臉色蒼白，說話近似山東口音：「都是自己同志嘛！哪是什麼客人，用不著客氣。」

這位是共方江淮軍區派來的代表王虎臣同志。孟士衡把他介紹給大家。

另外兩個人都站了起來和王虎臣握手。這兩個人是：民革南京臨工委的副主任胡勤業與首都員警廳南京北區警察局局長劉海亭。四個人在這裏集會，醞釀與商討一項驚天動地的計畫。

王虎臣喝了一口茶，輕輕地咳了一聲，說：「蔣介石的失敗已成定局，十一月二日遼瀋戰役結束，東北全境解放，蔣軍四十七萬人被殲。濟南於九月二十四日解放，王耀武被俘。徐州戰場杜聿明的四十萬軍隊已陷入重圍，全部被殲將是最近的事。現在平津戰役也已打響，勝利預期不遠」。

在座的人，聽了這些喜訊興奮異常。

「這樣看來，我們要加快行動了。」孟士衡說。

「是啊！上級派我來就是要聽聽你們的計畫，有什麼困難需要幫助？」王虎臣道。

胡勤業推一推劉海亭，說：「海亭兄，把你的想法說一說。」

劉海亭挪了一下座位，靠近王虎臣，不急不忙地說：「兄弟目前擔任著北區警察局局長兼首都衛戍司令部北區指揮部少將指揮官，由

我指揮調遣的軍警、憲兵有八個團的兵力。那警察局局長馬廣運與我是生死之交。西區、南郊、北郊各警察局局長也都是我的同學。」

「在敵人的心臟裏有這樣一支兵力，這可了不起。」王虎臣以敬佩的眼神看著他。

「我們還有一個有利的條件，國民黨要人，如李宗仁、何應欽、張群、谷正綱等的住宅，都在我的轄區內。他們住宅的警衛都由我派遣，一旦起義，我們就可把他們扣留，迫使他們接受和平條件。」

「妙，妙。如果成功，這將要震動全國。」王虎臣更為高興。

「我們還想和上海配合起來搞一個大暴動」。劉海亭看著孟士衡說。

「是有這樣的想法，在上海也有可以配合的力量。」孟士衡說。

「上海有這個可能嗎？」王虎臣表示懷疑。

「有可能，上海警政界有不少人是我的同學，我們還要去做工作。」劉海亭回答。

「王同志，我們要說的都已經說了，請你對我們的這些意見評估一下，看是否可行？」孟士衡徵求他的意見。

王虎臣雖然是江淮軍區的代表，但組織事前並沒有告訴他要對什麼暴動計畫進行評估，茲事體大不好輕易表態。於是，他實事求是地說：「我對南京的情況沒有調查研究，沒有發言權，我回去向組織彙報，等黨研究決定。」

「這也好，我們也還要周詳考慮，再與同志們從長計議，並向民革組織請示。」孟士衡說。

六

夕陽西下，碧陰陰的秦淮河水抹上一道血紅色的霞光在緩緩流淌。

南京大中橋外兩岸空闊，與橋內密匝匝的人家相比，這裏頗像荒村野郭，離橋約半華里才有十幾戶人家。

住在這些簡陋平房裏的都是普通市民，間或有幾家的主人在政府機關或部隊供職，但職位都不高，如大光新村二號的主人吳士文，就是憲兵部隊的一個尉級軍官。

一九四九年二月六日傍晚六時，天完全黑了下來。大光新村的住戶都開亮了燈，不過因電力不足燈光昏黃。

吳士文家，東首一間這時已把窗簾拉緊，透過窗簾依稀看見幾個人影。

房內有一桌麻將局，這麻將局與眾不同，築起的方城始終不見減少。其實這幾個人在秘密聚會。

一九四八年八月末，民革南京臨工委成立。通過員警界的成員劉海亭、馬廣運，揭露了首都員警廳廳長黃珍吾企圖席捲公款潛逃，並由此發起一次全市警察大罷崗。初戰得手，孟士衡等信心大增，準備討論、落實醞釀已久的南京大暴動計畫。

更為喜人的形勢也促使他們下這決心。陽曆除夕晚上，臨工委的幾個領導人碰頭時，沒有設想到國民黨垮得這樣快。一月十日，杜聿明的二十五萬大軍被全殲在淮海前線。一月二十一日，蔣介石在內外交逼下，悄然下野；一月三十一日平津解放。南京解放在即。

南京臨工委借吳士文家開緊急會議。吳士文具有地下黨、民革成員雙重身份，這個聯絡點曾多次使用，有人提議換個地點，但未被接受。

出席會議的有孟士衡、馬駿名、蕭儉魁、吳士文等四人。江淮軍區代表王虎臣列席。副主委胡勤業、婦運委員夏琫瑛二人缺席。會上反覆研究了暴動計畫的可行性，在樂觀情緒的激發下，一致通過了暴動計畫：

（一）控制南京明故宮機場，防止國民黨重要人物逃跑。具體做法是炸毀機場跑道與重要設施。

（二）策動駐紮南京的國民黨軍警起義，分別切斷京滬鐵路、長江航運、京杭國道等重要交通幹線。估計起義人員將有五千人以上。

（三）扣留國民黨軍政要員，如李宗仁、何應欽、張群、谷正綱、滕傑等人。

（四）如果南京出現真空，在中共地下黨領導下，成立人民解放委員會，維持社會秩序，保護國家和人民財產免遭破壞。

（五）必要時，協助中共地下組織，籌設南京人民政府。

（六）接應人民解放軍渡江。

會上並決定由孟士衡去上海，把暴動計畫向王葆真彙報，待批准後實行，同時與上海暴動相呼應。

散會了，各人消失在濃重的夜色中。

孟士衡最後一個離開吳家，這時瀟瀟春雨，正灑向金陵古城。

他們哪裡知道罪惡的網正向他們張開！他們將要付出血和生命的代價！他們忽視了吳士文的鄰居秦範五。這人平時聲色犬馬，不問政治，一副紈絝公子的模樣，其實他是軍統特務，他把吳士文告發了。

京滬兩地的大逮捕就要開始。

七

月黑風高，夜色沉沉。

一九四九年二月七日，首都衛戍司令部政工處長羅春波，佈置了一項緊急任務——搜捕京滬暴動案全部要犯。

　　行動從深夜零點開始。警車分頭出動。吳士文已由秦範五監視著，措手不及，落入敵人手中。馬駿名的公開職業是大明湖浴室的管事，住在浴室附近。特務叫門時，他藏起了民革成員的名單，自己不幸落入敵手。王鼎臣也沒有倖免。逮捕胡勤業、夏琤瑛的一路空手而回。夏琤瑛是女國大代表，特務敲門後，誑說請夏代表隨國府遷廣州。她的警惕性高，當即識破。她要求進衛生間換衣服，從窗口逃出！特務到胡勤業家裏，已是八日清晨四時。胡勤業有早起的習慣。特務來時他剛離家五分鐘，幸而逃脫。蕭儉魁則在翻牆逃跑時，身中機槍彈多發，落入敵手。在警政部門工作的兩名成員劉海亭、馬廣運，前者不在南京，後者被首都員警廳長黃珍吾誘捕。特務們還逮捕了在侍從室工作的趙容予。是晚在南京被捕的有二十餘人。

　　羅春波喜形於色，連說：「好極了，好極了，雖然主犯孟士衡沒有捕獲，但已在我們掌握中，遲早也逃不了。」

　　孟士衡七日白天帶著暴動計畫去上海。進下關車站時，他看到一個熟悉的身影，人流一擠，這人就看不見了。這人是孟士衡的中國大學同學，東北同鄉，首都衛戍司令部的上校附員馬志清。他奉命跟蹤孟士衡，企圖順藤摸瓜，把上海民革的地下組織一網打盡。

　　孟士衡完全沒有察覺身後的鬼蜮，來到王葆真聯絡點，當天未遇。第二天見了面，孟士衡彙報了暴動計畫，王葆真詳細詢問每一個細節，批准了計畫。

　　上海的敵人張弓沒有射箭。

　　軍統頭子毛森（公安局長）向湯恩伯（京滬杭警備司令）彙報：「王葆真是京滬暴動的最高決策者，暫不捕他，等待更多人上鉤。」

　　網這樣張開著。

從南京逃出的夏瑋瑛到了上海，她帶來南京可怕的消息。孟士衛決定二月十四日在剛來上海的成員曲友誠家裏商量對策，他通知了夏瑋瑛。

這天，個別成員應約先到，會還沒有開，有人敲門，一個西裝革履夾著大公事包的人走進來，後面還跟著一直跟蹤孟士衛的馬志清。

「孟兄！總算找到你了，真不容易找。走了不少冤枉路。」見到孟士衛，馬志清異乎尋常地熱情。

「這位是李宗仁代總統的代表。他有急事找你！」馬志清介紹那個夾著大公事包的人。

那人從公事包拿出一個大信封交給孟士衛，上有總統府的字樣。

「在下是代總統身邊的高參。代總統請您赴京面談。這是代總統的信。」

「不會弄錯吧？代總統請我？」孟士衛一臉驚愕的神情。

「不會錯。代總統準備重開國共和談，請部分社會賢達與當今名流共商國是。您入選了。」

孟士衛打開信，信上果然有這樣的內容。

那高參從公事包裏拿出一疊金圓券。「這是十萬元，給您作路費，請收起來。」

孟士衛就這樣立即起程。一出門就被上了手銬，押上了飛行堡壘。

同日下午二時半，夏瑋瑛趕去開會，只見曲友誠家大門敞開，室內一片狼籍。曲友誠的妻子在全身顫抖，口中念佛。夏瑋瑛知道出事了，幸好沒有敵人臥底，她安然走開。然而，她仍然沒有逃出魔掌，當晚在她寄住的女友徐友擎家中被捕。

民革上海臨工委知道孟、夏兩人被捕的消息後，於二月二十二日召開緊急會議，應到會的五位常委獨缺常委吳榮。

「吳榮大概出事了，立即分批撤離，」王葆真當機立斷，停止開會，同時銷毀機密文件！

　　時隔一天，二月二十四日深夜，王葆真被捕。吳榮在二月二十日即被捕。在上海被捕的共有十餘人。十六個臨工委委員有八人被捕，達到一半。

　　敵人還在報上揚言，治安機關以尚有甚多陰謀分子潛在，正在嚴密追緝中，務於最近期內內一網打盡。

八

　　較量開始了！

　　生與死在考驗著人。

　　生死關頭方顯英雄本色。

　　先看南京。

　　一架運輸機在上海虹橋機場起飛。夏琫瑛從上海押回南京。孟士衡已早於她關在南京衛戍總部。夏琫瑛也被送到這裏。

　　夏琫瑛拒絕敵人交給她填寫的表格。敵人惱羞成怒，給她上了手銬，緊得使她痛徹肺腑。她被推進女牢後暈了過去。醒來後，她決定絕食抗爭，整整四天，她滴水未進，休克兩次，生命垂危。

　　敵人對她進行三次次審訊，每次都在洞穴般的地下室裏。一方面威脅、把她帶進刑訊室，電刑、老虎凳、竹籤刺進指甲縫、鼻子裏灌水……一個個男的難友被「示範」；一方面利誘，對她許願，招供後即安排次長或副部長的職位，送她去美國留學，或送去英、法都可以。她不為所動，堅決不招。

　　孟士衡是敵人眼中的主犯。敵人省去了一般的審訊過程。一上來就是毒打。

　　「你把京滬暴動計畫從速招供。」衛戍總部政工處長羅春波大聲吼道。

「沒有什麼好說的，要殺就殺，要剮就剮，任憑處置」。面對敵人孟士衡坦然自若地回答。

上了電刑。他昏死過去。

三天後孟士衡又被架著去受審。

「你考慮得怎樣了？」「還是講出來吧，政府可以既往不咎，你投靠共產黨，他們什麼好處也不給你，你變賣著家產作活動經費，我看是太不合算了。」

這次羅春波的口氣不像上次兇狠。他看孟士衡沒有作聲，以為是被他說劫了：「政府待你不薄呀，你夫人秦秀卿還是國大代表嘛！」

孟士衡憤怒地啐了一口：「你們給我的老虎凳、電刑也不薄。」

「給我上老虎凳，八塊、九塊、十塊磚頭，死也要他開口。」羅春波惱羞成怒，瘋狂地吼叫。

……

孟士衡被冷水噴醒過來。他的腿骨已斷，再也無法走路。

蕭儉魁被捕時，肚子上中了幾顆機槍子彈，每次受審都是擔架抬著去。敵人並非仁慈，而是看到無法再用刑，如果人死了，不好交待，這樣蕭儉魁才免了刑。

敵人也沒有從蕭儉魁嘴裏掏到什麼。

吳士文的情況和孟士衡一樣。特務秦範五密告時，咬定他是暴動案的首犯。

羅青波也用惡毒的刑具來迫他開口。

什麼刑具都用過了，他十個指頭被竹籤釘進去；指甲全都掉落，鮮血直滴。

結果，特務們枉費心機，沒有得到半句口供。

民革成員劉海亭（南京北區警察局局長），是被首都員警廳廳長黃珍吾以開會為名誘捕的。那天，他剛從上海回來。

羅春波第一次審訊他，他鎮定自若地說：「這是黃珍吾的陷害。」

「他為什麼要陷害你？」

「哈，哈，這問題該由黃珍吾回答。」

問急了，劉海亭才說：「黃珍吾覬覦我的位置，要安排他的親人……」

特務又安排孟士衡與劉海亭對質。

「這人是誰？你說！」一個胖得像豬玀的特務指著劉海亭問孟士衡。

「我不認識他！」孟士衡毫不遲疑地回答。

胖特務把桌子一拍，說：「你先前不是這樣說的！」

「這是你們要我說的。我不認識，怎麼硬說認識呢。」

對質又告失敗，特務們也確實沒有掌握到劉海亭的證據，加上外面的營救，他被交保釋放。另一位中區警察局長馬廣運（地下民革成員）同樣因「查無實據」被保釋。

……

再看上海。

王葆真在二月二十四日深夜被捕後，關押在威海衛路一四九號，這是上海警備司令部稽查大隊看守所。

天亮後立即審訊。

兩個擔任審訊官的軍統特務，被王葆真駁得體無完膚。

「今天我們不和你辯論什麼主義，只是要你把你們的組織與人員說出來。」年紀稍大的特務說。

「哈，哈！我王葆真是何等人，你不妨打聽一下。要我出賣組織，出賣同志？！如果這樣，我還算堂堂七尺男兒。」

中年特務跑過來就是一拳：「你真不識抬舉！」

王葆真鄙夷地冷笑著，慢悠悠地說：「你回去告訴毛森，我王某行年七十，為孫先生的三大政策而死，是死得其所。」

「好！你不怕死，我要讓你嚐嚐不死不活的滋味。」

一陣皮鞭毒打，王葆真臉上全是血痕，嘴角流血，但白髮蒼蒼的他，依然昂首挺立。

十天後，王葆真又被提出審訊。

一位矮胖的中年人笑容可掬口沫四濺。「我姓楊，天津衛人，奉德鄰公（即李宗仁）之命來看望您。」

「我去過延安，是抗大畢業的，目前在法院承乏。」

「說實話吧。李總統準備重開國共和談，擬派人去遊說北平當局，需要一些中共人員，故請您提供名單。」圖窮匕首見，特務露出來意。

「呸，你問我，我去問誰？」王葆真輕蔑地回答。

兩個惡狼似的打手衝進來，拳打腳踢，這位七十多歲老人，全身顫抖倒了下去……。

九

南京的犯人沒有開口，上海的審汛也空費時日。湯恩伯、毛森火冒三丈，電令南京衛戌總部：「速將京滬暴動案要犯九名解來上海。」

儘管李宗仁要粉飾和平，想在南京了結此案，但終敵不過奉化的下台總統。

四月四日，孟士衡與吳士文等九人，被上了連環銬，從南京下關火車站押上了一節專用車廂去上海。

押去上海，落在毛森手裏，最壞的情況將要出現。

「我們都要做犧牲的準備。」

「我們寧死也不要向敵人屈服。」

「決不能出賣組織，決不能出賣同志，死要死得清白。」

藉著火車隆隆聲的掩護，各人相互表明心跡。

四月五日，九人到了上海。全被關押在愛多亞路黃埔員警分局看守所（原法租界巡捕房）。這是四周張著電網的死囚牢房，關押的都是待決的要犯。

敵人還是對他們進行拷打逼供，結果仍然徒勞，只好關著再說。

革命老人王葆真由於病危被送進提籃橋監獄警察醫院。上海被捕的其他人，也集中關押在死囚牢裏。

上海有家小型報《鐵報》首先披露王葆真和其他同志被捕的消息，接著美聯社也公佈了事實真相。

中共中央副主席周恩來致電南京國民黨政府，提出嚴重抗議，要求立即釋放革命元老王葆真和其他同志。

李濟深也奔走營救，他寫信給李宗仁，指出這是「違反人民意志之行動」，「不利於和平解決國事」，要求釋放全體人員。

漢代緹縈上書代父服刑的千古美談，在王葆真家裏再現了。

王葆真的女公子金陵大學助教王振琳，驚聞父親被捕，趕去上海探監。她聽到老父受幾次毒刑後，生命垂危，鐵石心腸的獄卒又不讓她與老父見面，又急又恨，她昏迷在監門外。

她醒來後，含淚上書李宗仁要求代父入獄。三月九日上海各報都發表了她這封信。上海《飛報》轉載時加上一條按語：「全書情文並茂，不知李代總統如何發落。」

這樣，敵人要殺害王葆真，不能不有所顧忌。

四月二十三日南京解放，上海解放已指日可待，但這仍是黎明前最黑暗的時刻。

敵人高舉屠刀，開始進行血腥屠殺。

一九四九年五月九日，一個讓人悲痛的日子。

這天上午，獄卒先後傳喚孟士衡、吳士文兩人，蕭儉魁也從監獄醫院裏被提出。三人一同被押解到淞滬警備總司令部軍法處受審，經湯恩伯批准，孟士衡、吳士文、蕭儉魁三人判處死刑，立即

執行，王葆真也同時被判死刑暫緩執行，此案的其他人都被判十五年至三十年不等的有期徒刑。

下午三時，三烈士被押往宋公園刑場，途中三烈士高呼口號「民主萬歲！共產黨萬歲！打倒蔣介石！」敵人為之喪膽，路人為之淚下。到宋公園後，孟士衡烈士從容執筆，寫下遺書：

秦秀卿妻鑒：

我為三民主義革命而成仁，死無遺憾。結婚七載，諸多負汝，尚希鑒諒，我死後，盼汝改嫁，如不願結婚，亦盼好自為之。

寫完擲筆，英勇就義。

據翌日《新聞報》載：「孟士衡、吳士文各中三槍斃命，蕭儉魁中四槍氣絕。」足見死事之壯烈。在三人中，孟最年長四十四歲，吳三十六歲，而蕭年僅二十五歲。

一個民革成員，二個共產黨員的血流在一起。

十

春播秋收，種籽下了，一定會有果實。

孟士衡等三烈士血灑滬濱，老英雄王葆真及其他同志身陷囹圄，但他們的鬥爭並沒有失敗。

第一綏靖區中將副司令、淞滬警備副司令兼北兵團司令（轄三個軍）劉昌義，是王葆真策反的對象。

五月二十六日劉昌義率部（三萬五千人）起義成功。

一本軍史曾這樣記載：「劉昌義將軍率部起義，是著名的上海戰役中的一個重大事件，它對配合中國人民解放軍跨過蘇州河，迅速解放全上海，對全殲頑抗的國民黨殘敵，保全上海這座大都市和人民的生命財產，對減少我軍在解放上海中的傷亡，做出了貢獻……」

與民革上海臨工委有聯繫的江南縱隊司令程海山於五月二十五日深夜在上海其美路率千餘人起義。共軍粟裕司令員慰勉有加。程海山的事蹟載入史冊。

國民黨十九兵團司令張軫，也是王葆真的策反對象，他從白崇禧的虎口裏逃出，於五月十六日率五個師，計兩萬五千人在漢口起義。

京滬暴動案的餘波在西南寫上了句號。潛伏在國民黨軍事中樞機要崗位上的郭汝瑰將軍，終於掌握了兵權，蔣介石委他任二十二兵團司令，要他支撐四川與西南的殘局。民革上海臨工委成員、中共地下黨員任廉儒入川與他恢復聯繫，一九四九年十二月十一日郭汝瑰率七十二軍在川南宜賓起義成功。七十二軍是國民黨軍隊在大陸的最後本錢，蔣介石在台灣聽到郭汝瑰起義的消息，氣得捶胸頓足。

在解放戰爭的交響曲中，京滬兩地的地下民革，在中共領導下的策反起義工作，作為一個重要的聲部響徹始終。

這些起義將領後來回憶這段往事都說，如果不是王葆真和其他同志在緊要關頭及時處理了我們送出的文件，在獄中遭嚴刑拷打被判死刑也不供認，不僅我們的起義難以成功而且生命也難保住。

這是真誠的心聲！

十一

上海戰役打響後，夏瑀瑛、王鼎臣、許卜五、吳榮等分別被組織或親友營救出獄。

一九四九年五月二十七日，黎明的曙光驅散黑暗，上海解放了！

這天中午，上海提籃橋監獄醫院門外駛來三輛車子，民革滬寧區臨工委負責人陳銘樞來接老英雄王葆真出獄。看到人民歡慶解放的場面，王葆真興奮得熱淚盈眶。他對前來採訪的《大公報》記者說：「請你代表我寄語上海人民，今後只有在中國共產黨領導下，大家協力完成偉大的革命事業。」

解放後，王葆真歷任全國政協常委、河北政協副主席等許多要職，為中共的統戰工作，做出許多貢獻。然而一九五七年反右運動一來，全不顧他的功跡，他曾對河北的水利工作提過意見，把他打成右派。一九七七年王葆真去世時，還戴著右派帽子。兩年後才隨著全國右派改正，他才得以改正，其時去世已兩年。

血灑滬濱的孟士衡烈士，經歷一個漫長曲折的過程，於一九八一年才被追認為烈士。可說墓木已拱！

當年京滬暴動案虎口餘生的人們都有不同的遭遇。真是：世事如棋，人生滄桑。

文武雖兼備其實一書生
——曹藝的傳奇人生

　　○○○年，新世紀肇始這一年。真出人意表，那麼集中地走
了幾位師友，香港的報人卜少夫、上海的柯靈先生、再就是
曹藝先生。巧的是這幾位前輩都生於宣統元年（一九○九年），就
像秋風掃落葉，一片片先後墜地，如果他們至今仍在，正是一百周
歲（三位大去時都是九十二歲）。然而沒有這「如果」……

　　曹藝先生於二○○○年八月二十一日晨去世。臨終遺言有許
多無奈與遺憾。在一篇悼文中我曾這樣寫：「初得噩耗，我怎麼也
不相信。六月間，我還和他多次見面，雖已九十二高齡，但精神
很好，談笑風生，剛做了晶體復明手術，說起許多今後計畫：要讀
些書，再寫些關於曹聚仁的文章，更要為失去的中共特別黨員的組
織關係請組織核查恢復……哪知就這樣匆匆走了呢。多次和曹先生
說起，等待著他的百歲壽誕。他總是笑著說：『你知道嗎，壽則多
辱，我希望愈早走愈好呢。』」誰知竟不幸而言中。

　　曹先生與我是忘年交。一九八八年，我初識曹先生於南京市
政協文史委員會。數次交談，快若平生。在他春風雨露沾溉下，所
受教益非一言可以道盡。教授、作家、報人兼備於一身的曹聚仁是
他的胞兄，兄弟間又無話不談、無秘不共，他是曹聚仁的真正知情
人。正由於他無私幫助（多少個日夜交談，竭盡所能提供史料），

積數年之力，終於完成拙著《曹聚仁傳》先後在兩家出版社出版，又兩次獲獎。註一每念及此，我深切感激。

曹藝將軍（立者）與夫人

曹藝先生文武兼備，武的方面他是黃埔六期生，官至少將，抗戰中參加印緬遠征，史迪威稱讚他是「罕見」的「不怕死」的汽車指揮官；文的方面是位雜文家，寫了大量雜文，上世紀三十年代發於《濤聲》、《申報・自由談》、《太白》、《芒種》等報刊，並有雜文集《神仙・老虎・狗》行於世。他與魯迅多次交往，魯迅與楊邨人的一場筆戰，由他引起。他曾是江蘇文壇親炙魯迅教益的唯一人，他這一走魯殿靈光也不再存世。不過他雖文武兼備也只是耿介剛直一書生。

屈指算來，我過從曹藝先生近十五年。在他身旁身經目接，深感他的坦蕩無私、剛直率真，他的人生經歷甚至家庭秘辛，對我都無私暢談，概括言之他的一生充滿傳奇色彩，經歷行事都瑰奇曲折也坎坷多難。積濡成墨、日積月累我終成此曹藝先生的人生傳奇。

生命史的背景：掛鐘尖與廊橋

曹家世住蔣畈。蔣畈隸屬浙江浦江南鄉劉源溪口的一個小村，一棵大樟樹掩映三五座房子，所謂三家村。上世紀五十年代劃歸蘭溪。這裏山青水秀。上世紀九十年代，我曾數次來到這裏飽覽自然風光。印象中最深的是村外有一高聳的土阜名曰「掛鐘尖」，尖上有文昌閣。閣中有文昌帝君與手執巨筆的魁星，主宰讀書人科舉浮沉的命運。遠處奔騰不息的梅溪水隨山崖回轉，在「掛鐘尖」南側形成小小的掛鐘潭，援崖投石入潭頗似鐘聲。溪水在「掛鐘尖」東

南方半里許，又形成竹葉潭，潭水清冽，游魚歷歷可數。「掛鐘尖」山腳下一廊橋橫架，飛渡溪西南，名曰通州橋。曹藝的二兄曹聚仁曾這樣說：「在我們的記憶中，掛鐘尖配上了長橋，就給我們的生命史做了背景。」「我們」裏面當然也有曹藝。

曹藝一九〇九年出生在家道殷實的耕讀之家，即既以耕種為生，又伴之以讀書。

曹藝的父親是曹夢歧，譜名學應，字文昭。清末應科舉考，中秀才，後鄉試落第。在家鄉頗有聲望，開風氣之先，捐資辦育才學堂，提倡培育學用一致的人才；又清除地方積弊，鄉人尊稱他曰：「蔣畈曹」。他生於一八七五年，卒於一九二九年。

曹藝有兄二姐一。長兄曹聚德，次兄即曹聚仁，姐為曹守三，他居四，本名曹聚義，後自己改名為曹藝。

曹藝幼時就在父親所辦的育才學堂讀小學，大他九歲的二兄曹聚仁曾教過他。小學畢業遠去杭州，就讀浙江省立第一中學。受「五四」新文化運動及馬列主義學說影響，不久即踏上革命的道路，並棄學從戎進了黃埔軍官學校投身火熱的革命鬥爭。

驚險的出逃

曹藝先生曾和我親口講述一段驚險的遭遇，我至今記憶猶新。

一九二九年六月底的一天，南京炮標（地名），中央陸軍軍官學校（原黃埔軍校）炮兵科營地。傍晚，全體炮科學員集合在操場上等待點名。

這天氣氛異常。學員們發現，集合地點的不遠處，有不少武裝人員在走動。大隊長走到隊列前，翻開名冊，開始點名。在點了數人後，大隊長喊：「曹聚義（曹藝原名）！」沒有人應答。大隊長問：「他到哪裡去了？」「他父親病危，請假回鄉。」有人回答。大隊長

再喊：「葉修！」「有。」「出列。」葉修剛從隊中走出，武裝人員跑過來把他綁住。接著又有幾個人被捕。「如果曹聚義在也肯定被捕了。為什麼要一下子抓那麼多人？」解散後學員們紛紛議論。

一九二六年，在浙江省一中讀書時，受第一次大革命浪潮和馬列學說影響，曹聚義參加CY（即共產主義青年團）並擔任團書記。一九二七年清黨，許多共產黨員被殺，青年曹聚義並沒有嚇倒因而退卻，而是參加了國民革命軍軍官團特種科，由共青團轉中共黨員後任支部書記。一九二八年九月，第二十六軍軍官團特種科，併入中央軍校炮科，他成為黃埔校六期生。到南京後接上中共組織關係，又經中共批准，在軍校內成立特別總支部，由瞿秋白直接領導，曹聚義任總支書記。

這時革命低潮過去，他們積極開展活動，辦地下刊物，發展成員。一九二九年四月，特別總支成員已發展到一百零八人。組織關係改由南京市委領導。市委書記戲稱他們為梁山好漢「一零八將。」

詎料風雲突變，革命隊伍出了叛徒，南京市委的軍事委員王昭平叛變，出賣軍校特別總支的全部名單，敵人張開捕人的羅網。

曹聚義本首當其衝，恰因父病請假回家，僥倖脫險，然而緹騎跟蹤而至。浙江保安隊會同浦江縣的員警，把蔣畈曹家圍得鐵桶似的。被堵在家裏的曹聚義已躲在放雜物的閣樓上，幾個保安隊員爬上樓梯，這時閣樓上放著蠶山，蠶兒正結繭。家人央求說，蠶兒結繭時最忌生人，要影響收成，曹聚義也確實沒有回來。士兵也是浙江人，知道民間習俗，真的下來了，可沒有撤走，還在門外。

曹聚義從閣樓上下來，急中生智看到外面下著雨，他便穿上蓑衣，戴上斗笠，挑著一擔糞桶，手持糞勺，慢悠悠地走出大門。士兵並不認識曹聚義，加上戴著斗笠也看不清臉，他從圍捕者的眼皮底下脫逃。

南京國民政府發出通緝令。

闖關東去朝鮮偷渡日本

一九二九年寒冬，朔風凜冽。曹聚義身無分文，又饑又冷。他沿著錢塘江，漫無目標地流亡。在嚴州碼頭，碰到一群扛包的苦力。眾人看曹聚義年輕又眉清目秀、口齒伶俐，知道他能寫能算。「好了，你就跟著我們吧。我們有吃，你也不會餓著，只要給我們記記賬寫寫家信。」翌年，春花爛漫時節，曹聚義隨苦力們來到江蘇蘇北。連年內戰，國內經濟蕭條，苦力們無活可幹。曹聚義不忍拖累別人，準備另謀生路。眾人卻不放他走。「跟我們去闖關東吧，也許可以找到活路。」他情不可卻留下來。

出山海關，到錦州，又到瀋陽，勉強維持了幾個月。為著生計無奈出國，渡海到了朝鮮釜山。朝鮮這時在日本佔領下，苦力們給日本人的煤炭船裝煤。曹聚義目睹朝鮮人受日本人的欺凌，感受到亡國的慘痛，自己飄泊異國，只能望海興歎。煤船回日本去，他跟著大夥去長崎。

這是一九三〇年的寒冬。日本的冬天特別冷，這群苦力都沒有護照，只能待在碼頭旁的簡易屋裏，穿著破棉襖的曹聚義凍得直發抖。有位日本老婦路過碼頭見狀動了惻隱之心，因語言不通兩人進行筆談。老婦知道他的大概情況，她歎了口氣說：「你這樣年輕，又只有中學程度，在日本是無法生存的，我給你介紹一條生路吧！」

果然幾天後，那老婦給了曹聚義一封信，要他去見東亞同文會的會長，還給他雇了一輛人力車直接送到那裏。老婦的介紹倒真有效。東亞同文會的會長收留了他，並說：「你還是回中國去吧！我保薦你到上海東亞同文書院去讀書，先在這裏等著，等去上海的船再出發。」食宿有了著落，等了一月餘，有船了，鑽在貨艙裏回到上海。

東亞同文書院是利用中國的「庚子賠款」而辦的學校，地點在離上海虹口不遠的日人越界築路地段。同文書院的學生由日本派來，每年約一百名左右，目的培養道地的「中國通」。一九一九年開始，東亞同文書院每年招收中國學生五十名，成立中華學生部。中國學生每學期只要交十元雜費，膳宿都由學校供給。曹聚義的情況特殊，這十元也免了。從此他改名曹藝，在同文書院安下身來。

在數年流亡後有了安身之所，加上他又嚐遍人間辛酸。他不僅讀書用功，而且做事勤快，這表現立即為日方所重視，讓他擔任了學生會的宣傳部長。

在饑寒困頓的流亡途中，曹藝有家不能歸。現在，離故鄉近了，思鄉之情更濃。他那裏知道，他的親人就在咫尺之遙。那時他的二哥曹聚仁和嫂子王春翠，也在上海。

兄弟意外相逢，翻開他人生的新篇章。

兄弟相逢　《濤聲》問世

一九三一年八月，上海灘眾多的報紙和刊物中，新出一份週刊，名曰：《濤聲》。

《濤聲》的報頭上有個圖案。上面烏鴉亂飛噪鳴，下面波濤疾捲，後來圖案旁又增加一段題詞：「老年人看了歎息，中年人看了短氣，青年人看了搖頭！這便是我們的烏鴉主義。」這三句是魯迅先生所題贈。

《濤聲》的創辦人就是曹藝的胞兄曹聚仁。

曹藝已與家屬中斷聯繫近三年了，家裏人都不知他是死是活，他與胞兄曹聚仁的重逢完全是偶然。同文書院發生學潮，作為學生會宣傳部長的曹藝拿了篇報導學潮情況的文章，送去《民國日報》

發表。從門口貼報欄上，看到副刊《覺悟》（邵力子主持）有曹聚仁的文章。從編輯那裏打聽到胞兄的地址。

這時曹聚仁在暨南大學任教授，並是復旦大學、大夏大學的兼職教授，又是享譽上海文壇的名作家。一個假日，曹藝從同文書院步行到真如（暨南大學所在地），兄弟重逢又驚又喜。從此曹藝經常出現在曹聚仁家裏。當時政府嚴厲取締異己文化，有正義感的文人無不感到憤慨，想寫點文章叫喊一番，但「吟罷低眉無寫處」。正好上海群眾書局的主人方東亮，找曹聚仁編一套文藝作品選集，他建議結合選集廣告與新書宣傳，辦一種刊物，由方東亮出資，編、校、發行由曹聚仁承擔。曹聚仁在夫人王春翠、四弟曹藝的協助下辦起了《濤聲》。《濤聲》問世引起極大反響。魯迅說：「《濤聲》上常有赤膊打仗、拚死拚活的文章」。曹藝就是赤膊的勇士之一。他以「李儵」為筆名，每一期《濤聲》都有他寫的雜文。他還向《申報‧自由談》、《立報‧言林》等報紙的副刊投雜文稿。

初生之犢不畏虎，曹藝的雜文很激烈。如一篇〈死所〉（《濤聲》一卷九期，一九三一年十月十日），他就該年十月一日，上海寶山路發生一起員警槍殺群眾的事，憤怒斥責當局：「姑不論愛國運動是否該殺，單請問以和平誠愛、維持治安為守則的員警條例上哪一條可以隨便開槍殺人？僅僅是驅逐不散、妨礙交通的罪狀便可以用對付拒捕的盜犯法來對付群眾、『格殺勿論』了嗎？」這樣的文章如魯迅所說是匕首和投槍。《濤聲》終於被政府勒令停刊。

李儵這個生僻難念的筆名，筆者曾親問曹先生由來。他說：「儵是一種小魚，柳葉狀，性喜光明，常浮游水面。莊子〈秋水篇〉有『莊子與惠子遊於濠梁之上，莊子曰：『儵魚出游從容是魚之樂也』，這就提到儵魚，我追求光明因而用它作筆名。」

曹藝所寫這些雜文，曾收進以《神仙‧老虎‧狗》為書名的集子裏，由群眾圖書公司出版。不過時光流逝淹沒了這位雜文家，

一九四九年後就不再有人提起他的雜文。一九八五年上海文藝出版社出版《中國新文學大系（1927—1937）》，其中第十二集奇蹟似地收了他五篇雜文，有：〈死所〉、〈不動姿勢〉、〈吸血蟲〉、〈吼〉、〈蚊子〉。排在曹聚仁雜文的前面。作者生平僅說是三十年代的一位青年作家，餘無一字介紹。編者也未通知他。筆者發現後，告訴他這消息。他淡然一笑，說：「也許編者以為李儳早已作古了。」

幾乎湮沒的文壇佚事

猶記魯迅百歲誕辰（一九八一年），江蘇魯迅研究會集會紀念，曹藝先生和筆者均參加。會上有人把曹老介紹給匡亞明（原南京大學校長），說他是到會人士中唯一和魯迅見過面、並打過交道的人，還說到他和曹聚仁的兄弟關係。他謙虛地辯稱，雖然得到魯迅愛撫三年有餘，但未成器。而以後又改文從武，一條道路沒有走到底，辜負了魯迅先生。

曹聚仁與魯迅有密切的友誼。曹聚仁說：「我之於魯迅先生，並不想謬托知己。因為他畢竟比我大了二十歲。我雖不曾受他的教誨，不是他的學生，在上海那一段時期，往來很親密……」（《我與魯迅》）作為曹聚仁的胞弟曹藝，也和魯迅有密切交往。

有一段日子，曹藝從曹聚仁處回同文書院，曹聚仁常把給魯迅的信件和書報交給他要他送到魯迅府上（是一條順路），這就使他有機會面受魯迅的教益。

從魯迅日記可以看到，魯迅多次赴曹聚仁家宴。有兩次曹藝就在座。當時還有黎烈文、徐懋庸、陳子展、陳望道等名家。

說到魯迅先生，曹藝以歉疚心情和筆者多次談起一篇文章被楊邨人當作冷箭射向魯迅的經過。

「我偶然心血來潮，寫了篇〈讀《偽自由書》〉（一九三三年十月二十一日，《濤聲》週刊二卷四期），文章的結尾，野馬難收，思路出軌，因書及人，聯想到魯迅先生的老態，這本是我個人的感受，豈料被楊邨人利用了……不過魯迅先生並未怪罪我，他知道我的本意決非如此。」曹藝這樣說。

曹藝寫的那篇原文已無從找到，在魯迅的《南腔北調集》中所收〈答楊邨人公開信的公開信〉一文裏，看到轉引曹文的結尾：「讀著魯迅《偽自由書》，便想到魯迅先生的人。那天，見魯迅先生吃飯，咀嚼時牽動著筋肉，連胸肋骨也拉拉動的，魯迅先生是老了！我當時不禁一股酸味上心頭。記得從前看見父親的老態時有過這樣的情緒，現在看見魯迅先生的老態又重溫了一次。這都是使司馬懿之流快活的事，何況旁邊早變了心魏延。」

揣摩這段文意，曹藝的本心原是對魯迅以父輩般的摯愛和憂慮，詎料立刻被前不久宣佈脫離共產黨的楊邨人用來攻擊魯迅。楊邨人臆斷李懺是李又燃，抑或是曹聚仁的筆名，接著以譏笑的口吻說：「我們敬愛的魯迅先生為什麼是諸葛亮？先生的『旁邊』哪裡來的『早變了心魏延』？無產階級大眾何時變成了阿斗？」繼而又挖苦魯迅：「我惶恐與驚訝的是，我們敬愛的文壇前輩老了，他將因為生理上的緣故要停止他的工作了！」

魯迅以痛快淋漓之筆，批駁楊邨人的滿口廢話，對李懺並未怪罪，還有呵護之意。他說：「李懺先生我曾經見過面，並非曹聚仁先生，至於是否李又燃先生我無從確說，因為又燃先生我是沒有預先見過的。」

後來，曹藝在浙江老家寫了篇〈不要辱沒魏延〉寄給曹聚仁，請他代為擇刊而投。大意是刺楊邨人的。可惜這篇文章中途遺失。

這是幾乎湮沒的一件文壇佚事，如不是曹藝先生生前公之於眾，不然就無人知道李懺為何許人了。

再度從戎　突然遭囚禁

　　一九三一年「九・一八」東北事變與相繼而來的「一・二八」淞滬抗戰，面對國土淪喪之痛，曹藝愛國情切不願再在東亞同文書院讀書了，他在尋找抗日之路。

　　上海的地下抗日組織被他找到了，他參加抗日的意願被接受，安排他帶著五位同樣有志抗日的青年，去北平參加東北抗日義勇軍後援會工作。

　　抗日義勇軍後援會是民間的抗日組織，會長朱子橋是東北的抗日名將，因年事已高，會務文交由曾任省主席及黃埔軍校領導人之一的副會長何遂負責。何遂對幾位青年軍官的到來非常高興恰好解決領導機關人手不足的困難。當即委派曹藝擔任他的隨從參謀支中校薪，其餘各人或任參謀或任副官。從此曹藝結束了逋逃犯的日子，再著戎裝，喜出望外。

　　一九三二年秋，東北抗日義勇軍已前後入關，聚集在平津四郊。號稱五十萬人馬，其實名不副實又魚龍混雜。首要工作是整編，引導他們走上抗日正路。

　　曹藝擔任點編組長，帶著幾個下屬的年輕軍官，直下部隊去核實。當點到一支掛著「遼西義勇軍第一支隊」番號駐在北平前門的部隊時，發現在門口站崗、客廳送茶的都是一個老年兵。原來這支義勇軍僅李姓父子兩人。兒子是司令，門衛、副官、勤務兵都由父親兼任。但他們已領過八千人馬的薪餉。啼笑皆非的曹藝當場勒令他卸下門口的招牌，從義勇軍登記簿中把這番號勾掉。

　　還有一個戲劇性的場面：曹藝束裝齊整，策馬來到北平郊縣懷來城。這裏有號紛二十五萬義勇軍總司令的唐聚五部。唐部的儀仗隊早郊迎十里，快到駐地，那位唐將軍披掛齊整，立馬舉手為禮，

軍樂隊奏起三番號（迎接上將指揮官的禮節）。接著曹藝謝絕非正常的招待（鴉片與女人），堅持按實點編發犒賞。結果按人頭點到六千餘人，在各路義勇軍中，這算是最充實的了。不過號稱二十五萬那虛頭也太大了。

曹藝回北平覆命，何遂對他的工作非常滿意給以讚譽。這時情況有了變化。蔣介石下令把各路抗日義勇軍改編為國民革命軍第五十二軍，與駐防居庸關的雜牌軍孫殿英的四十一軍合併，成為青海屯墾兵團。立即就要動身，假道張家口，向寧夏、青海開去。

經過一番挑選，先編成一個警衛營（對外稱衛隊團），由曹藝帶著作為先頭部隊出發。平綏鐵路局不給車皮，只能按著當年清朝名將年羹堯征西的古道徒步行進。一路上曾發生少數部隊嘩變，又遇山洪暴發，幸都化險為夷，終於到達西行途中的第一大站──張家口。

當時張家口是西北軍馮玉祥部的勢力範圍，馮領導的抗日同盟軍方振武部駐在那裏。事出意外，方振武部要收編曹藝這支小部隊，讓他任新編十四師師長。曹藝表示需回北平請示何遂。翌日，曹藝在上火車回北平時突然被捕。幸而他的行李包內有幾本《濤聲》救了他。抗日同盟軍軍法處長，知道他就是《濤聲》的成員之一，確實是愛國的，無條件釋放了他。不過那支小部隊還是被繳械吞併。

曹藝回到北平又突遇意外。有位知道他是通緝犯的同鄉與他路遇，他熱情接待，這人卻暗地向憲兵三團告發，當時憲三團長蔣孝先是蔣介石的侄兒，他剿共甚力，立即把他逮捕。曹藝在獄中患了痢疾，生命奄奄一息，幸有一位看守發了善心，一面為他買藥，一面把囚禁他的消息，通知義勇軍後援會領導何遂將軍。何將軍力保才使他結束三月餘的牢獄之災。不過為這段歷史，一九四九年後他吃了不少苦頭，這是後話。

走投無路遇恩師　幸得人生新轉折

　　重新走上流亡之途的曹藝，正走投無路之你，碰到一位與他沾親的同鄉前輩王圖南。這人在軍界有一定聲望，是保定軍校的六期生。曹藝把自己所處的窘境向他說了，王圖南頗為同情。當即說：「看你的造化，我把你介紹給一個人，看他能否用你。」

　　中國第一個特種兵機械化部隊「交通兵團」成立於一九二八年。這支部隊的創始人之一是斯立，他原是保定軍校出身，當時任交通兵二團少將團長。王圖南與斯立既是保定軍校同學又交誼深厚，兩人間可以無話不說。

　　「曹藝這孩子守身如玉，沒有任何不良嗜好，膽識過人，有一定才幹，能說會寫，只是思想有點過激。」

　　斯立聽了含笑道：「我不管他的思想過激還是過緩，只要他有真才實學，就讓他來吧。我需要一個隨從參謀，不怕他造我的反。」

　　斯立錄用了曹藝，掛名在裝甲汽車隊，任上尉隊附，暫調在南京三十四標（地名）交通兵二團團附室服務。事實證明曹藝的工作是勝任的。一年後（一九三五年），斯立又給他立足於陸軍機械化摩托化先鋒隊的機會，保送他去陸軍交輜兵學校汽車訓練班第一期當學員。受訓期滿，他掌握了汽車駕駛與維修的技術，還全面學到了機械化、摩托化的軍事調度、運用與指揮的理論知識。從此他把斯立看作恩師。一九四九年後，曹藝與斯立都住在南京。曹藝常去斯立府上問候，執弟子禮甚恭。斯立故去後，曹藝撰文紀念頌揚斯立一生業績。

　　曹藝說過斯立促成他人生的新轉折。「什麼是新轉折？」他的回答是：「我成為第二次國共合作時期，率一支國民黨的汽車部

隊，第一次進入陝甘寧邊區，由葉劍英將軍直接指揮，往返於西安——保安、延安之間。」

再入CP　朱德授與新任務

一九三六年「雙十二」「西安事變」和平解決，促成第二次國共合作。在國共和談微妙進展的日子裏，國民政府同意定期送一些錢物給邊區政府（中共政權），稍紓邊區經濟的困難。。第一批撥出法幣五十萬元，以及一些被服、糧食、生活用品，名之曰「協糧」。撥交紅軍西安聯絡處後，由國民政府派汽車送到邊區。

一九三七年春，曹藝奉調到太原的汽車二營任少校副營長。忽然接到團長斯立的急電，要他日夜兼程趕到西安，接管駐西安的汽車第二營第八連並擔任「運輸協糧」的任務。

這時汽八連已成癱瘓狀態，連長吃喝嫖賭根本不問事，其他軍官和駕駛兵也對中共有隔閡，「協糧運輸」已經中止。曹藝一到西安立即整頓八連，奉令扣押連長，發了幾個月的欠餉。深入細緻做駕駛兵的思想工作，瞭解去保安（當時中共中央所在地）往返途中的種種困難。然後他親到西安七賢莊紅軍聯絡處去領受任務。

葉劍英是曹藝去七賢莊第一個見到的紅軍將領。他已和中共中斷黨的關係已有七、八年之久，見到葉劍英有許多話想說，可是身旁有伴同去的人，他不能說。

葉劍英接見他，聽他講原八連連長的失職，自己新來乍到，希望在葉將軍領導下執行「協糧運輸」任務。

葉劍英笑了，說：「國軍方面多少存在一些問匙，我們不干涉你們的人事。不過你這連長使人耳目一新，主動向我彙報領受任務，我們歡迎。就在最近有一批物資要送到陝北。今後希望周轉快些。」

在曹藝親自帶領下，九輛卡車滿載物資出西安過同官（縣名），越黃帝陵，走上艱難的赴保安行程。

到達保安的第二天，曹藝得到通知，總司令朱德單獨接見他。接談中，原來朱德非常瞭解曹藝的情況，知道他有過中共地下黨關係，稱讚他百折不撓的精神。曹藝要求歸隊，朱德耐心勸說他，能在現代化部隊裏幹這份技術性的職務是難得的，目光應放遠些，應該堅持在這個崗位上。紅軍將來是要機械化的，希望能為我軍培養和輸送人才。他接受朱德囑咐回到西安。以後又多次輸送物資和人到延安（中共中央從保安遷至延安）。直到一九三七年「七‧七」盧溝橋事變後，汽車八連奉令開赴保定待命。「協糧運輸」告一段落。

在豫、冀、魯、晉四省轉了一圈後，曹藝的汽車部隊在一九三八年五月又重回西安。這時紅軍西安聯絡處已改為第十八集團軍辦事處，中共陝西省委的牌子也掛了出來。曹藝的汽車八連，仍然擔任陝北地區的經常運輸，更多的是送青年去陝北，把延安的軍政領導帶回西安。

他又和朱德有了接觸。汽八連到太行山區作軍事補給運輸，這時衛立煌（國軍將領）和朱德都在太行山區指揮作戰，雙方合作得很好。曹藝屬下的汽車多次接送朱德。曹藝找了個機會和朱德密談。他不想再在國軍中當官了，要求去延安。朱德不同意，要他留下來，還正式通知曹藝是他發展的特別黨員（原先的組織關係已中斷）。隨後還派了個人來協助他工作——單線聯繫人。

一九三九年新年的一個早晨，朱德離太行山，從垣曲渡黃河，汽八連派車接他到澠池。這一天也正是曹藝奉調離汽八連去大西南的日子。曹藝向朱德說了人事調動的情況：「這是我當連長任內最後一次為總司令服務，將由原車送總司令去洛陽開會。」朱德握著他的手說：「不論到什麼地方都要為團結抗戰而努力。」

兩個人的手緊緊握著。

遠征印緬　抗日戰功升少將

一九四二年，命運之神又把曹藝引向一條意外的道路，出國去印（度）緬（甸）抗日遠征。

前不久，曹藝從桂林的江南兵站統監部輜汽三團營長任上，接到新任命，去貴陽新組成的輜汽六團任副團長。

這個新任命是黃埔六期同學陳大業（汽六團團長）的推薦。他本應立即赴任，但據瞭解這個新組的汽車團，沒有一輛汽車，官兵徒手，已在貴陽待命經年（當時因滇緬路封鎖，盟軍支援的汽車無法運來），因而官兵衣食不周，人心離散。曹藝猶豫不決觀望等待。

這時曹藝的家鄉（浙江浦江）頻頻有人來桂林，勸他棄職回鄉，拉起一支民間武裝抗日游擊隊。這也同樣是白手起家。他最終被說服。辦了辭職手續，曹藝隻身去貴陽張羅武器、彈藥、通訊器材。貴陽是他從事汽車軍運事業的發祥地。一九三八年，他以獨立汽車第二營營長兼後勤部汽車管理處第一科科長的職位，掌握川黔、湘黔、昆黔（昆明至貴陽）三條運輸線的總樞紐，控制大後方軍運命脈，因而人地兩熟。去貴陽後居然左右逢源，收穫不小。正當躊躇滿志，即將收拾束歸時，偶爾碰到一位黃埔同學又是汽車部隊的老同事，帶來一個消息。因他遲遲不到任，軍政部下了死命令，限於一九四一年年底到職任事，逾期以抗命論，將明令通緝。團長陳大業多方在找他。現在更有新的情況，軍政部會同後勤部來電，令汽六團限期整頓部隊，汰弱留強，集結在昆明，準備空運去印度裝備汽車武器接受訓練，參加中國駐印軍序列，反攻緬甸，打回中國。

聽到這消息，曹藝震動極大，到國門外去抗日喋血異域，他興奮極了，改變主意不去故鄉組建游擊隊。當即和同在貴陽的汽六

團本部聯繫，證實這一消息。團長陳大業要他立即到差。他斬釘截鐵回答團長：「我現在就正式報到，我堅信抗戰必勝，不怕沒有歸路。」

一九四二年春末夏初，輜汽六團副團長曹藝，以代團長身份（團長陳大業留國內）帶四千官兵和工匠，從昆明巫家壩機場登上美軍的運輸機飛越駝峰（珠穆朗瑪峰）去印度，開始萬里遠征。飛越駝峰驚險極大，幸除一架飛機失事外，餘均平安到達。

全體官兵到達訓練營地印度藍姆伽，經改編、發裝備、受訓，一切按部就班進行。曹藝曾不無自豪地說：「我們汽車部隊的官兵，在國內都有駕駛執照，來藍姆伽後一切從頭開始。先接受步兵訓練，他們聰明靈活，對輕武器拆裝，一點就會；實彈射擊，一個個是優秀射手。很快調進汽車學校，進行汽車駕駛保養的教育，也是一個個不費力地考到了駕駛執照，多是二級保養能手。」

一九四三年八月，中國駐印軍的復仇之師——新編第三十八師，集結印緬交界的小鎮列多，反攻緬甸之戰開始，打回祖國去。曹藝的汽車部隊隨行。

緬甸戰場都是高山絕岩，叢林草莽，又有毒蛇猛獸，往往陷入沼澤河谷中。輜汽六團除為部隊運送彈藥補給外，還為邊戰鬥邊建造的中印公路運送器材。奇襲密支那（地名）之戰，車隊走進無路徑的叢林中，曹藝身先士卒，想盡辦法開闢道路，為密支那大捷做出貢獻。美國史迪威將軍稱讚曹藝是「罕見」的「不怕死」的汽車指揮官，並向中國軍方建議晉升他將軍官階，由上校升為少將。

在緬北戰場上，曹藝治軍有方，聲譽鵲起。他曾是文人，知道文字宣傳的作用。為著鼓舞士氣，他辦了《征輪報》，發行《筆遠征》期刊，又在華文《印度日報》上闢《征輪》副刊。他又物色愛好文娛體育的官兵，組織征輪球隊和劇團。「征輪」籃、排球隊打敗過美、英盟軍的球隊。史迪威有次對他說：「你帶兵的花樣不

少，有些不務正業，不過只要有利於把抗日的火焰燒得更旺，不妨多來一點花樣。」兩人相視大笑。

中國駐印軍反攻緬北，一路所向披靡，一九四五年一月二十八日與從滇西出擊的中國遠征軍在芒友會師。中印公路也全線通車。三月底反攻緬北之戰畫上句號。曹藝率領六百輛美式軍用卡車浩浩蕩蕩凱旋回國，路過祖國大門畹町橋頭時，不由得意氣風發，熱血上湧……

抗戰勝利復員後，曹藝任職於南京聯勤總司令部，擔任南京軍運指揮部運輸副司令。這時中共有辦事處設於南京梅園，主事者為周恩來。曹藝又萌發歸隊之念，託人帶信給周恩來。周恩來讓來人傳話，要他繼續隱蔽，等待時機。

一九四九年大陸易幟前夕，曹藝主持杭州軍運指揮所，統一調度除飛機外的水陸交通運輸工具。以後把所有器材設備完整地交給中共部隊，提供一支機械化武裝。同時他不顧個人生死，促成駐於金華的湯恩伯部第二○三師起義（師長金式是他的姐夫）。

骨肉情深 瞭解乃兄南行秘

曹藝與曹聚仁不僅是同胞骨肉，而且是平生知己。他們兄弟之間無話不談，有些事情，上不告父母，下不告妻子，兄弟之間卻從不隱瞞，即使兒女私情也不例外。曹藝先生曾對筆者說：「兄弟是前定的，不以自己的意志為轉移的，而知己是難得的，人生得一知己足矣，而我們於家庭骨肉中得之，我們的情感是非比尋常的。」

新舊政權更易前，曹聚仁在上海。一九四九年五月上海建立新政權後，曹聚仁突然南行——去香港，以後又定居。此事一度引起海內外人士紛紛疑猜。

曹藝是此事的知情者。他曾親自駕車，長途跋涉送曹聚仁去香港。到香港後一同住在跑馬地的一位朋友家裏。

　　南行前，曹聚仁和曹藝説，他曾寫信給邵力子，想到海外去看看世界大勢的演變。邵回信，在海外也可為國家出力，並指點了一些大綱要目，要他掌握好時機。

　　曹藝説：「我哥哥到香港不到一個月，就發表了〈南來篇〉報導大陸情況，在港澳和東南亞新聞界一枝獨秀，起了大陸對外宣傳所無法達到的效果。毛澤東發現了這顆慧星，周恩來知人善任，讓他首先傳達出國共可以第三次合作的消息。這樣就激發我哥哥在國家統一的大節上，捨身以赴不計個人得失。這就是曹聚仁所以去香港並定居的謎底。」

　　在香港五年餘後，一九五六年七月，曹聚仁首次回大陸，周恩來派童小鵬在廣州迎接。自此始，曹聚仁穿梭於海峽兩岸，頻頻往返，兄弟倆的談話中常涉及這一秘聞。當年曹聚仁住北京新僑飯店，有單獨套間，邵力子、陳毅是常客，曹藝有時還見到周恩來。

　　一九五六年十月三日，毛澤東在中南海接見曹聚仁，雙方談話頗久。曹聚仁告別時，毛澤東親自送他上汽車，還給他關上車門，他以為禮遇。翌日，曹聚仁抑制不住自己的興奮，把毛接見的情況告訴曹藝，兩人滿滿斟著鮮紅的楊梅酒（浙江人愛喝的一種酒）痛飲起來。

　　曹聚仁奔走於海峽兩岸，並非一帆風順。事主雙方的態度，正如梅子黃時雨時陰時晴。曹聚仁在給曹藝的信中偶露心曲：「那件事正順利與不順利，看來還得捱些時間，我只是盡最大的努少，結果如何等著瞧了。」（一九五六年八月十二日）。

　　曹藝曾回憶兄弟倆在北京的一次談話。這是一九五七年去新僑飯店吃中飯的途中。曹藝説：「你這慣於河邊散步怕下水游泳的人，這回變了，海峽兩岸南來北往，不怕掉到水裏喝幾口水？」曹

聚仁的回答是：「周恩來會調度人，把我的書生氣沖掉不少了。」
「不過，我還是本性難改，向雙方表示倦勤，回到我看點書爬爬
格子的本行，無意於遊説列國了。可是那邊不放我，老先生讚賞我
的誠實，是不求利祿的書生。安慰我誠勉我為大局再操操勞。老先
生説：『我相信你，你不是邀功求賞的人，再辛苦一陣吧。』而
這邊，總理（指周恩來——筆者）説得更明確，他説：『你不要灰
心，我們和蔣先生打了幾十年交道，打也打了，談也談了，我們有
耐心，再等待他的覺悟……』。」這是彌足珍貴的當代史啊！

　　曹聚仁非常信任他的胞弟，他與台北會談時的備忘錄和重要信
件，常常一式幾份留底。有時把複份交曹藝保存。這些珍貴的史料
曹藝從不以此自秘。筆者所著《曹聚仁傳》（先後由南京大學出版
社與河南人民出版社出版）以及有關曹聚仁研究的文章都曾蒙曹藝
先生大力支持。如：一九五八年的金門炮戰，毛澤東有意讓曹聚仁
洩密的秘聞，由曹藝先生提供，筆者撰〈是誰故意洩漏炮轟金門的
消息〉，首發於上海《世紀》雜誌，立刻引起各方關注，有大陸與
港台十家以上報刊廣所轉載。曹藝生前常説，哥哥曹聚仁是基於民
族大義出而斡旋兩岸和談，並非是哪一方面的使節。他説曹聚仁是
現代魯仲連（魯仲連是戰國時齊國人，善出謀劃策，常周遊各國排
難解紛）。遺憾的是本可「國共再攜手，一笑泯恩仇」，卻因大陸
的「文革」而功敗垂成。曹聚仁於一九七二年齎志以歿。

一生坎坷　身後遺憾

　　叨為曹藝先生的忘年交，先生生前筆者時相過從，常聆謦欬。
他每話及往昔，特別是一九四九年後的坎坷經歷不勝感慨。

　　一九四九年後，曹藝先在部隊任高級參謀，隨劉伯承的第二野
戰軍入四川。接著調任中央交通部任教育司司長。

以反貪污、浪費、官僚主義為內容的「三反運動」，超越範圍審查曹藝的政治經歷。他本是朱德發展的特別黨員，因單線聯繫人不知所終得不到證明，遭致極大的懷疑。

一九五五年的肅清反革命運動，把他定為混進革命陣營的反革命集團頭子。一九五五年八月八日萬人大會上，經大批大鬥後，把他上了鐐銬繞場一周，送北京功德林監獄。過了一個寒暑，沒有正式過堂審訊，只是不斷有人來「外調」（「外調」即外單位來人調查、核實別人的問題），要他寫出歷年選送中共根據地的科技人員的材料。

忽然有一天，中央交通部派來一位處長帶了幾個人，幫曹藝收拾東西，出了牢。一輛小車直送他到北京馬相胡同的家裏，方知災難結束了。糊裏糊塗進去，糊裏糊塗出來，否極泰來的緣由蒙在鼓裏。

事後方知是李克農和周恩來救了他。

一本總結肅反運動經驗的小冊子，李克農深夜翻閱。看到曹、傅集團的頭子是曹藝、傅正明，他猛然想起兩人都是朱德總司令吩咐為我軍現代化培養與輸送技術人才的特別黨員，總參謀部第二部有案可查。他當即簽署意見，建議中央公安部長羅瑞卿復查。經羅復查後，確是冤假錯案，簽報總理周恩來審核，周恩來生氣了，怎麼能這樣草率處理「白區」鬥爭過來的同志。是誰簽發逮捕令的，要他做深刻檢查。

出獄後，有關領導問他有何要求。他不願再擔任領導職務，只要求做些具體工作。稍事休養後，出任北京公路學院教務長兼圖書館主任。

以後的日子還是不平靜，他成了「老運動員」，運動一波又一波，他都有份。審查、平反，再審查、再平反。後來，對他總是不放心，把他從北京下放到南京，在航務工程學校掌管圖書。有意思的是，他的級別和工資比校長還高。平靜生活剛過未久，全民遭難

的「文革」又來了，他那能倖免。因為曹聚仁遠在香港，所謂海外關係，他是胞弟又受連累，再受囹圄之災，一度關在金華……平反後，上世紀八十年代安排在南京市政協任駐會委員（終身職位不辦離退休手續），又一度任文史委員會主任委員。

他畢竟是書生，對於個人需求從不啟齒。幾十年來僅住一單室套房。斗室雖窄，心地卻寬。他說自己不過是三十年代的過河卒子，偉大時代的龍套人物，所以無所介懷。直到離世前，單位終於給了他一套二室一過道廳的接龍房（舊房，原住戶搬去新房後上交之房），他非常滿足。

不過，曹藝晚年一直耿耿於懷，尋求對他歷史的公正結論。一九二九年他是中共的地下支部書記，雖然一度中斷組織關係，但抗戰期間朱德發展他為特別黨員，是應該續上去了。可是並沒有得到確認。他一直向有關方面要求復查歷史。因為和他單線聯繫的人已失蹤，始終不能解決問題。他是作過多方面努力的。當年他在北平被蔣孝先的憲兵三團逮捕，後由義勇軍後援會副會長何遂的保釋而出獄。為說明這段歷史，筆者曾看到他去世前年餘寫的一篇長長的文字。到他離開人間，他的願望仍未實現。

二〇〇〇年八月二十一日，曹藝先生因病去世，享年九十二歲。留下的遺言仍是要求對他的歷史作出實事求是的結論。古人云：「鳥之將亡，其鳴也哀；人之將亡，其言也善。」他是帶著遺憾而去的。悲哉！

>>> **注釋**

註1：《曹聚仁傳》先由南京大學出版社出版，增補後由河南人民出版社重出。2005年獲江蘇紫金山文學獎。

光怪陸離的韓國將軍李範奭

——無名氏與李範奭

李範奭，韓國人，曾任韓國光復軍[註一] 參謀長、光復軍二支隊司令。李範 奭是富有傳奇色彩的一位韓國軍人，他的 戰鬥經歷光怪陸離、驚險曲折。

　作家無名氏（卜乃夫，曾居台北） 是李範奭的好友。抗戰期間，在重慶吳師 爺巷一號，韓國臨時政府所在地，有五個 多月，無名氏與李範奭同住一室，「每夜 八點到十二點，我（筆者注：無名氏）聽 他哈姆雷特式的獨白，暢敘平生」。無名 氏還直接進入韓國光復軍任客卿，擔任對 外宣傳工作。他先後寫過《韓國的憤怒》 （又名《青山里喋血記》）、《中韓外交 史活》、《韓國光復軍小史》等有關韓國 革命的書。筆者著《神秘的無名氏》（上 海書店出版社出版）和無名氏有往還，根 據無名氏所談寫成本文以饗讀者。

韓國將軍李範奭

虹口公園炸死白川大將　仰慕韓國英雄首訪金九

　　一九三二年四月二十九日，上海虹口公園一聲巨響，定時炸彈爆炸。當時日本駐軍正在舉行「日中淞滬戰爭祝捷大會」，當場炸死白川義則大將（日駐滬軍最高指揮）與河瑞（日本居留民團團長）兩人。日本駐華公使重光葵少了一條腿。日本軍政高級官員炸死炸傷達十三人。參與這次爆炸行動的是流亡在中國的韓國反日復國運動成員金九、尹奉吉、安昌傑三人。

　　當時正在中學讀書的無名氏的年輕心靈，就為韓國英雄的這一壯舉所深深打動。後來韓國革命者李奉昌行刺日本天皇的事蹟，一直深藏在無名氏的記憶裏。

　　一九三九年抗戰期間，無名氏在重慶中央教育部圖書雜誌審查委員會工作，偶然想到要把李奉昌的事蹟寫成文學作品，他把這打算和該會主任秘書印維廉淡起。恰好印維廉和韓國臨時 政府成員之一的濮純（法務部長兼韓國獨立黨宣傳部長）相識，介紹他去見濮純。當時韓國臨時政府在重慶。

　　濮純原名贊翊，後來改名純，他是個中國通深通漢語，一直擔負著韓中之間的溝通交流工作。他告訴無名氏，當年李奉昌行刺日本天皇是金九所策劃，介紹他去見金九。

　　從一九三二年起，金九一直潛藏著，他的行蹤從未有人報導過，無名氏成為第一個見到金九的新聞記者。訪問後他寫了〈韓國臨時政府主席金九先生訪問記〉，發表於香港《立報》。這引起海內外的注意，也使韓國志士對他產生好的印象。不久後，他又訪問了韓國光復軍總司令李青天，也在《立報》發表訪問記。這樣韓國志士就把他當作朋友，交往更多了起來。

一九四二年，無名氏從《掃蕩報》辭職出來。一天，他接到濮純的信，説韓國臨時政府有兩位重要人物請他共進晚餐，並有要事和他相商。他如約到了重慶吳師爺巷一號，韓國臨時政府所在地。

邀請他的原來就是光復軍總司令李青天，和光復軍參謀長李範奭。李青天已見過數次，李範奭卻是初見，但那天他對李範奭的印象特別深。

出身韓國李氏皇族　青山里之戰威名遠揚

那天，李範奭身穿高加索式圓領短袖白布內衣，下著一條短褲，衣著極隨便。一顆青葫蘆溜光的大腦袋，戴著一剛墨鏡。操著東北口音講起他的經歷。

李範奭又名鐵驥，是韓國李氏皇族後裔。一九〇一年出生在漢城龍宮洞，「日韓合併」的亡國條約訂立後五年。這個十四、五歲的貴族子孫，還沒有成年，就憤怒地離開漢城，流亡到中國。跋涉數千里，從東北到上海，再從上海到昆明，進了雲南陸軍講武堂，學習軍事，曾和中共的葉劍英將軍是同班同學。以後他參加韓國「三・一」革命運動（復國獨立運動）。為著爭取斯拉夫民族的援助，他又參加俄國「十月革命」，擔任紅軍某步騎混合大隊隊長時，曾率眾攻下遠東重鎮雙城子，立下卓越戰功。由於他堅定的民族主義思想，不能適應紅軍部隊，終於離開。他又來到中國的東北。韓國抗日史上第一個大的戰役青山里（在東北吉林）之戰，李範奭就是前線指揮官。戰鬥中，他幾天裏不睡覺，別人強迫他才吃幾個飯團。這一戰役獲得大勝。日軍動用兩個師團五萬餘人，韓軍加上非戰鬥員僅二千八百餘人，韓軍一人戰日軍二十人。日軍傷亡官兵三千三百餘人，韓軍死亡六十餘人，傷九十餘人，失蹤二百人。平均韓軍一條命。換日軍三十條命。李範奭善戰之名，從此遠揚。

青山里戰役日軍慘敗後，懸賞十萬銀元，買李範奭的頭顱。他被同志出賣，幾乎落人敵人手中。脫險後，李範奭出奔外興安嶺，結交少數民族索倫人、鄂倫春人，打算組織他們打游擊。正要成功之際，「九‧一八」事變發生，他投效馬占山、蘇炳文領導的東北義勇軍，任上校高級參謀。東北義勇軍失敗，退往蘇俄境內，後來又輾轉回到中國東北。流亡期間，幹過各種行當，當過保鏢，給人看管種鴉片的田。

中國抗戰發生，先在中國某部隊當軍參謀長，又到中央訓練團（重慶浮圖關）任少將中隊長。這時他化名為王慕白。在重慶的韓國臨時政府籌備建立光復軍時，他應召到光復軍，擔任參謀長⋯⋯

李範奭講完自己經歷，就開始豐盛的晚宴。席上李青天鄭重提出，要借重無名氏的筆為韓國的革命作宣傳，請他到光復軍司令部工作，擔任宣傳科長。這得到無名氏的同意。就此無名氏成為韓國臨時政府的客卿，具體負責新聞發佈。

托木斯克「豔遇」少女殉情　小說《北極風情畫》暢銷後方

無名氏與李範奭「同居」在一個四五坪大小的小樓上，兩人相互敬重。無名氏稱他為「範兄」，他也言必稱「乃夫兄」。感情曰益增進。

無名氏說：「每夜八點到十二點，我聽他哈姆雷特式的獨白，暢敘平生，我則展紙速記。為他滔滔聲音伴奏的，是一支支無聲的煙捲的嫋嫋藍色煙霧，室內被攪得煙昏霧暗。那時我尚未吸煙，只得撐開肚皮。灌下左一杯右一杯紅茶相陪⋯⋯」

在多少次夜談中，李範奭在西伯利亞托木斯克的一次「豔遇」，深深打動了無名氏。這個故事李範奭整整講了兩個晚上。

　　日軍侵略中國東北的「九·一八」事變後，李範奭參加東北義勇軍，在馬占山將軍領導下，與中國將士並肩作戰（他擔任高級參謀），抗擊日寇，在一次血戰中，主力喪失殆盡，既無補充，又乏後援，被迫撤退到俄羅斯境內西伯利亞的托木斯克。托木斯克位於西伯利亞大鐵路的支線，是比較熱鬧的一個小鎮。某一晚，李範奭巧遇一位波蘭籍少女，她是中學教師。兩人一見鍾情，又基於韓國和波蘭同處於外族統治的悲慘命運，相知日深，陷入深深的愛戀中。不久，學校放春假，她和李範奭同到鄉間去旅遊。在鄉間別墅的七天，愛情發展到最高潮。定情之夜，兩人盟誓，願長相守決不中途分離。光風霽月的七天過去了，李範奭一回到托木斯克，就接到部隊通知，一批高級軍官在四天內必須摒擋一切，準備啟程，驟聽之下如五雷轟頂。李範奭計畫把波蘭少女和她母親藏在士兵中間一起出發，無奈計畫不能實現，兩人終於分離。李範奭剛到新駐地就接到少女母親的來信，說她女兒已經殉情自殺，附上女兒的遺書⋯⋯

　　無名氏為這真實的故事深深震動。李範奭講述時有時失聲痛哭，無名氏邊記邊流淚。素材寫完後，無名氏放在他的書桌上，考慮怎樣寫成作品。兩天後，無名氏的二哥卜少夫從貴陽到重慶來看他，恰好無名氏不在。卜少夫在桌上翻到了這段素材，讀後同樣深受感動。「這是很好的小說素材，寫出來一定能吸引人。千萬不可湮沒它。」卜少夫見到無名氏後就這樣說。

　　聽從他二哥的意見，在無名氏創作的衝動到來時。一九四三年十一月九日至二十九日，他以二十天的時間把李範奭這個愛情故事，寫成《北極風情畫》，約十三萬字。先在《華北新聞》（西安）連載，轟動古城西安。幾乎滿城爭說無名氏，接著出單行本，兩千本計劃，不到半月就預約出去一千五百本，出版後全部銷光，可見這故事的魅力。

胡宗南不發槍支彈藥　困處西安壯志成泡影

　　無名氏與李範奭在重慶吳師爺巷共室相處五月餘後，李範奭到西安去了。韓國光復軍有兩個支隊。第一支隊由朝鮮義勇隊改編。抗戰初期，它在戰場上很活躍。第二支隊約有百餘人，部分隊員是韓國僑民子女，部分是從敵後歸來的韓國青年，少數是朝鮮俘虜。二支隊駐在西安。不知什麼原因，二支隊隊長被人暗殺了。隊裏群龍無首，光復軍司令部派李範奭去西安兼任二支隊隊長。

　　李範奭一到西安就想幹出一番事業。他本想把二支隊擴展為一個連（表面上號稱一個團），配以必要的武器，立刻開到前線殺敵，以造成國際影響，並鼓動日軍中的韓籍士兵起義來歸，投奔革命。於是他發了封快信，請無名氏火速到西安，協助他工作。

　　無名氏接到李範奭的信，欣然應命去了西安。李範奭保薦無名氏擔任二支隊的上校政治組長兼秘書。上報中國政府的軍事委員會，結果軍委會以他非黃埔軍校出身為由而拒絕。好在無名氏並不計較名位，他仍表示為二支隊做 對外宣傳工作。他不拿工資，支隊供他膳宿，貼補他少許車馬費。

　　光復軍第二支隊部設在西安二府街四號，本是西安地方法院的舊址。因為支援韓國革命，法院遷到南郊杜曲，把全部三四十間房子都讓給韓國友人。李範奭帶領全體隊員，因陋就簡就地取材，把原來拘押犯人的號子，改成隊員宿舍。建築結構最堅固也最體面的原法院院長的辦公室改成李範奭的隊長辦公室，其餘房間就給支隊副、支隊會計和無名氏住。

　　光復軍二支隊的住處安排妥當後，李範奭按自己的擴充部隊的計畫開展工作。西安是第一戰區司令長官胡宗南的勢力範圍。李範

奭三天兩頭向司令長官部跑，要求發槍支發給養，他要求讓他的隊
員上前線和日本人拼個死活。

　　然而司令長官部只是敷衍他。儘管李範奭磨破嘴唇皮，跑爛
多少雙鞋子，花了一年多時間，胡宗南手下只是發給二支隊數量遠
遠不足的一點給養，至於槍支彈藥一點都不給，甚至操練用的步槍
都不發一支。上戰場的計畫自然不能實現了。隊員們無事可做，平
日忙於洗衣燒飯，以家務活動為中心。因為空閒，隊員們還常常鬧
無原則的糾紛。李範奭要忙著張羅隊員們的生活，還常常要調處糾
紛，苦不堪言。只能顧全大局，忍著打發日子。每個月讓無名氏開
個記者招待會，散發一些有關韓國革命與光復軍動態的宣傳材料。
逢到中韓兩國重大的紀念節日，李範奭發揮韓國同胞能歌善舞的特
長，開個文娛晚會邀請當地黨政官員出席以聯絡感情。

　　在西安待了二年多，經歷一次愛情的失敗，無名氏告別李範奭
於一九四四年十二月下旬離開西安去重慶。

日寇戰敗實現復國理想　重睹故國瘡痍涕淚橫流

　　一九四五年八月，抗日戰爭的勝利突然來到。當時在西南大後
方的人們都忙著勝利還鄉。無名氏與李範奭彼此中斷聯繫，雙方都
不知各自的消息。一九四六年元旦過後，無名氏在上海與一位在西
安時結識的朋友汪繼祖意外相遇。汪繼祖也是李範奭的好友。他倆
相互交換友人們的消息。

　　「你知道嗎？我們的朋友韓國將軍李範奭，聽到日本投降的消
息，就去找重慶的美軍總部。他自我介紹能操日、俄、華、韓四國
語言，對盟軍不是沒有用處，請讓他代表韓國臨時政府，隨第一批
盟軍飛往漢城。美國將軍答應了。不到一星期他就飛往漢城。現在

他是大韓民國第一任內閣總理兼國防部長。他耗盡一生精力追求的復國理想已經實現」。汪繼祖這樣告訴無名氏。

汪繼祖還說，他仍然經商，即將去漢城，開闢上海至漢城間的貿易路線。聽此消息，無名氏深為李範奭高興。

詎料一個月後（一九四六年二月），無名氏在上海竟能和李範奭重逢。李範奭從漢城來，此行以私人身份來中國求援。李範奭講起抗日勝利後回國的經過與感受。「盟軍接受了我的要求，我隨第一批盟軍勝利地回到祖國去。從重慶珊瑚壩機場登上波音飛機，剛一升空，我的靈魂就溶化了。一個剛掙脫三十四年枷鎖的奴隸的心情，誰都會理解的。路上遭遇黃海風暴，飛機幾乎失事，可是我一點也不驚惶，因為我的理想已經實現。由於飛行員的智慧和勇敢終於化險為夷，飛機在漢城機場降落。」李範奭接著說：「經過一夜飛行，各人都很疲倦，盟軍使節下榻漢城飯店。當時日本僅宣佈投降，降約還未簽訂。日本法西斯匪徒和韓奸還潛伏暗處蠢蠢欲動。我不管這些，趁大家休息，換了便衣悄悄離開旅館，我要去看看今日的漢城。一出飯店我的心就萎縮了。我的漢城呢？那座記憶裏美麗的城市會是這樣嗎？狹窄的街道，湫隘、零亂、污穢，兩邊是破破爛爛的鋪子。路上的行人，衣衫襤褸且不說，最教人痛苦的是骯髒和齷齪，好像一生一世從未洗過澡。也許眼前漢城街頭的破爛，是日本軍閥三十年殘酷壓榨的結果，應該同情。可是大韓白衣民族一向是愛清潔的。再說他（她）們臉上的表情為什麼這樣麻木呢？仿佛不知道『八‧一五』這回事似的（筆者注：『八‧一五』，指日本投降）。」李範奭來到多年渴望見到的漢江和南山。「啊！天！我怎麼說才好呢？呈現在我面前的是一條混濁的江水，幾乎比我所見的哪一條中國江水都渺小、平凡。漢江彼岸，是幾脈矮矮的山崗，平庸無奇，比起我所見的中國偉大山峰，只能算是幾座較高的土墩子……我生命中一切驚人的浪漫主義，一剎那間，化為碎

片，我坐在江邊哭泣起來。」李範奭重說這段感受時，又流了眼淚。李範奭最後說：「乃夫兄，中國是偉大的，一定要好好愛護你的祖國。」無名氏感到他的話很有意義很有價值，當晚便記在一個本子上，後來又稍加潤色，寫成一篇散文〈《北極風情畫》男主角的山河戀〉。

李範奭離開上海去南京前夕，對無名氏說：「我準備向中國政府建議，讓你擔任駐韓國大使。你同意嗎？」無名氏笑起來：「這怎麼可能呢。如果能讓我以一個中國公民的身份，請我去看看你們的祖國，我的心願就滿足了。」「這是完全可以做到的。」李範奭堅定地說。

一九四九年後，中國大陸解放，國民黨跑到台灣。韓國與台北有外交關係，與中國大陸完全隔絕。在杭州的無名氏與李範奭雙方音信阻斷，彼此不知道各自的情況。直到一九八三年，無名氏從大陸到台北定居，方知李範奭已於一九七二年撒手西去。李範奭生前還一度任過韓國駐台北的「大使」。

訪問韓國半世紀後踐諾　笑談往事深深懷念故友

一九九六年十月十八日至二十八日，無名氏應邀訪問韓國。

半個多世紀前（一九四六年），李範奭請無名氏訪遊韓國的許諾，至此成為現實。韓國前任國務總理李範奭紀念事業會會長姜英勳向無名氏發出邀請函。

無名氏訪韓期間的多項活動都和李範奭有關。他出席以李範奭為主角的他的小說《北極風情畫》韓譯新版的出版會，到李範奭墓祭奠，參加幾個大學的演講會，談李範奭事蹟……

一九九六年十月十八日下午四時三十五分，無名氏飛抵漢城金浦機場。李範奭紀念會副會長徐英勳、總幹事李秉洙等前來迎接。

車中，無名氏與徐英勳談起李範奭的軼事。無名氏說：「我最佩服範奭兄對待婚姻的態度。說起來他的夫人是配不上他的，相貌奇醜，又凶得像母夜叉，但他從未考慮過仳離。」「這為什麼呢？」「範奭在東北時，她救過他。多年來他一直扮演良心的化身，有點像托爾斯泰筆下的聶赫留道夫（《復活》中的主人公）。」徐英勳道：「他太太真愛吵，範奭只許她用中文吵，她就用中文，我們韓國人聽了，完全摸不著頭腦，只看他們的表情是在吵嘴。」無名氏也笑起來，說：「當年他倆在西安，吵起嘴來用俄文，我們一句也不懂，彷彿兩個外星人在對話。」車中的人都笑了起來。

　　翌日下午，無名氏到韓國國家公墓，去看望當年的好友，如今長眠地下的李範奭。整個墓園中，以李墓為最大最高。他獻花後，佇立默哀三分鐘，接著又行大禮，下跪叩首三次，起立後又長揖三次，久久不肯離去，經主人催促數次，他才怏怏離開！

　　到漢城明知大學講李範奭事蹟，是無名氏到漢城後的第四天上午。那天陽光明媚，明知大學的巨大教室，座無虛席。在李範奭一生的傳奇性史詩中，他擷取青山里之戰的一個片斷，這是一個以弱克強的大勝仗，講到動人處，滿場掌聲久久不息。

　　歡迎會與聚餐會是無名氏訪韓活動的最高潮。會場設於漢城最豪華的世宗飯店，席設十四桌，到會者百餘人，多為韓國革命元老、社會名流，以及退休的部長、國會議員等。李範奭紀念會副會長徐英勳主持，開場白中對無名氏加以推崇。無名氏致答詞，盛讚李範奭為韓國革命所做貢獻……

　　十月二十八日，無名氏帶著對李範奭的深深懷念回到台北。

　　這是一個韓國軍人與中國文人交誼的佳話。

>>> 注釋 --

註1：韓國被日本侵略佔領後，韓國革命志士流亡到中國，組建革命武裝，進行復國活動，該武裝稱光復軍。

軍統百日生死劫

引子

　　一般與個別，普遍與特殊，生活中有許多事不能以常理推定，往往有驚人的意外。比如國民黨有個特務組織「軍統」（全稱是軍事委員會調查統計局），它有特殊的家法：活著進軍統，死了離開軍統。

　　這就是説，進了軍統不能改換門庭，除非死了才能離開。

　　茅盾先生的小説《腐蝕》（曾改編電影），寫一個女特務，迷途知返，悔悟後想離開軍統，結果被密裁（秘密處死）。小説雖是創作，但也來源於生活的真實，並非全是向壁虛構。

　　一九四〇年，有幾個青年學生，從淪陷區千里迢迢去重慶投考國立大學，誤入重慶歌樂山軍統的駐地，明知是誤入，進來了就不能出去，被關進渣滓洞集中營。重慶解放時被殺害。

　　然而也有奇蹟，這當然是特殊的一例。

　　上世紀八十年代，我和曹聚仁先生的胞弟曹藝先生相識。曹藝是黃埔六期生，曾以少將銜率輜重兵汽車六團，去印緬遠征。他見多識廣，常以許多奇聞佚事相告。

由他介紹，我訪談一位八十高齡的老人，他就是誤入軍統一百天後活著出軍統的。

主人公自己說，這是一個險象環生，但又化險為夷的傳奇。

這位老人——葛明達，已於上世紀九十年代在南京去世。當年他和我談這段經歷時時而談笑風生，時而低沉歎息，至今仍刻印在我記憶裏。

半個腳跨進軍統

首次見到葛老先生，具體年月已忘，大約在上世紀八十年代。曹藝先生導引，走了不少路，才找到葛府。具體地點也忘卻，只記得在當年南京城內行駛的小火車軌道旁的一處高坡上。

記憶中的初見印象：葛老身體瘦長，精神矍鑠，沒有一絲白髮，腰板挺直，耳聰目明……他很重視儀表，那天穿著西裝，打著領帶。如果不是曹先生告訴我他已八十多歲，從外表看約六十多歲。

略事寒暄後，葛老就自我介紹。

「我是土生土長的南京人，不像你們兩位，一是浙江（曹老），一是江蘇宜興（他已知道我籍貫）。我一九一四年生。一九三三年，外侮日亟，日寇入侵。愛國青年都願報效祖國奔赴抗日戰場。我在高中（三民中學）畢業後，放棄考大學，選擇了黃埔軍官學校。」

「我是南京黃埔首期的學生。黃埔一期至七期都在廣州黃埔島入伍，從第八期至第十五期，在南京招生並入伍，所以稱南京黃埔。」作了一番解釋後，葛老又說：「我考進的就是第八期騎兵科，很優秀的一期，學生都是高中學歷，訓練很正規，不像黃埔初期受訓幾個月拉出去就打仗。」

葛明達從八期騎兵科畢業，身著軍官服騎著駿馬，蹄聲得得疾馳在南京東郊，路人羨慕這英俊瀟灑的青年軍官，回憶這段往事當時他仍激情滿懷。

騎兵科畢業的葛明達並沒有分配到騎兵部隊，卻到了國民軍事訓練委員會去報到。這是一個對青年學生進行軍事訓練的機構，也許因為他不久前就是學生，讓他去當軍訓教官更合適。

一九三五年秋的一天，京（南京）滬（上海）直快火車把葛明達送到上海。他去華僑中學當軍訓教官。雖然他比高中班的那些同學大不了幾歲，但背武裝帶，佩「軍人魂」劍，全副黃呢戎裝的他，顯得既有氣派又威嚴，贏得學生的尊敬。

不久後，他和一位同行又兼同鄉（南京）的人相遇，很快又成知己。這是他誤入軍統的一個契機。

這人是陶一珊，復興社骨幹，軍統要員，當時是吳淞商船學校軍訓教官。他是黃埔軍校軍官研究班憲兵科畢業生，此後歷任重慶、長沙、上海等地公安局稽查處長（都由軍統派遣）。解放前夕上海最後一個民政局長。去台灣後，任台北公安局稽查處長。

陶一珊已經內定葛明達為發展對象，讓葛明達參加復興社週邊組織的活動，政治上幼稚的葛明達竟毫無所知。

葛明達已經半個腳跨進了軍統的門。

戰地重逢

風雲變幻，一九三七年七月七日，盧溝橋事變爆發，抗日戰爭的序幕揭開。一個月後，八月十三日，淞滬抗戰也打響了！

上海軍民浴血抗戰，被稱為「血肉磨坊」的慘烈戰爭堅持了三個月，一九三七年十一月十一日，淞滬全線開始總撤退。

上海戰起的第二個月，華僑中學停課，葛明達離開上海回南京。臨行前曾和陶一珊告別，相約後會有期。葛回南京後，上峰安排他新的工作，去汽車兵駕駛二團任副官。為時未幾，又逢南京大撤退，輾轉到了湖南長沙。

一九三八年一月，葛明達在長沙巧遇陶一珊。戰地重逢又在異鄉倍感親切。陶一珊緊握著葛明達的手說：「老弟，你何必在汽車兵團屈就這小小的副官呢？」

「這好啊，仰仗兄台了！」葛明達立即回應。

「那你就在長沙等著，我會派人來通知你。」

葛明達又提出，還有一位黃埔同學周頌平，請一起重新安排。

陶一珊同樣一口允諾，兩人就此分手。

……

轉眼就是舊曆年的歲暮年終，陶一珊的消息卻像風箏斷線，葛明達在旅館裏望眼欲穿。

「爆竹一聲除舊，桃符萬戶更新。」羈留在異鄉過春節，又加上阮囊羞澀，企盼的消息無蹤影，葛明達長吁短歎、繞室傍徨。

盼星星，盼月亮，好容易過了春節終於盼到陶一珊派來的信使。

來人本是舊相識，復旦大學軍訓助教金樹雲，他帶來了陶一珊的親筆信。

信中略致寒暄後，就直敘本題。介紹葛明達、周頌平兩人到湖南臨澧的「軍事委員會交通技術研究班」去工作。信裏附了介紹信，還要葛、周兩人從速去報到，因該研究班已開學。

途中豔遇

接到陶一珊來信，葛明達喜出望外。翌日即匆匆上道。由於盤纏不足，他捨快速的車行，先乘輪船從水道到常德，再捨舟轉道乘

車去臨澧。雖途中時間要長些，但可觀賞湘江景色，這是葛明達的宿願，也可算一舉兩得。

在江輪上，葛明達有一次豔遇。

一天，葛明達獨自一人在甲板上憑欄遠眺，兩岸青山如黛，漫江碧透，人宛在圖畫中。遐想間，一個嬌滴滴的聲音發自身後。

「長官，你一個人旅行不寂寞嗎？」

他回頭一看，是一位妙齡少婦，打扮入時，身材苗條，那容顏在這條船上可謂「萬綠叢中一點紅」。

葛明達平素喜歡交友，又與新婚的妻子別離幾月，看到這美貌女子主動來和他交談，自然樂於接受。

「是寂寞，無人陪伴怎不寂寞呢？」他笑盈盈地給她回答。

兩人從甲板上談到艙裏，越談越投機。她住的是頭等艙，獨自一人，當即設宴款待葛明達，直到深夜，他才告退。

她是一位師長的小妾，琴瑟並不和諧，她有性苦悶。對面前這位英俊瀟灑的青年軍官動了情。

兩人的關係很快進入白熱化，他成了入幕之賓，住進頭等艙。天天歡宴，一路上所有花銷都由這位姨太太支付。

船到常德，一行三人離船登岸住了下來。葛明達樂不思蜀，周頌平提醒他，我們該走了。這位姨太太願隨他私奔。他終於懸崖勒馬，想到自己事業未成，拒絕姨太太的美意。他要去臨澧。最後彼此互道珍重而別。

結束了桃色的夢，葛明達與周頌平乘車去臨澧。在常德時，葛明達邂逅一位黃埔六期的學長。那學長勸他不要去臨澧。他殷殷告誡，那交通研究班是進得去出不來的鬼門關。葛明達為一探究竟，仍然決定去闖一闖這鬼門關。

關帝廟成了人間魔窟

臨澧，關帝廟，這是報到的地方。

葛、周兩人到臨澧已是午後四時。冬季日短，天漸漸黑下來。關帝廟雖找到了，但不得其門而入。

重門緊閉，門上沒有任何標記。門前也沒有人蹤。

好容易葛明達在大門左側找到一個小門，他輕輕敲了幾下，門應聲開了，出來兩個彪形大漢，一律著藍布制服，厲聲向道：「你們來幹什麼的？」

「我們來報到工作。」葛明達一邊送上陶一珊的介紹信。

一個彪形大漢接過介紹信，往裏走去。

門開了，兩人走進去。另一個彪形大漢要他們把行李放在院子中央，人站在行李旁。

少頃，出來一個體形魁梧、面色威嚴的人。他打量一下葛周兩人後，親自動手檢查行李。查得很細。檢查畢，彪形大漢拿來兩套藍布制服，兩雙布鞋。命令他們脫下黃呢軍裝、長統馬靴。換裝後，又喊來一位傳令兵，把葛明達送到二大隊四中隊去當區隊長，周頌平送到總隊部任教育副官。

事後，葛明達知道，那撿查行李、安排他工作的人叫謝力公，是這裏的總教官。他原是中共黨員，出賣陳獨秀的叛徒，由於立了這大功，被戴笠重用。

進了鬼門關，葛明達終於知道其中真相。

辦一個大型的特工訓練班，解決特工人才的不足，這是戴笠很久就有的心願。

一九三八年一月，戴笠這心願終於成為現實。那就是臨澧特訓班。

　　戴笠最初定名為「軍事委員會特別訓練班」，軍委會辦公廳沒有批准。當時戴笠兼任中央警官學校校務委員會主任委員，於是他把這訓練班改稱為「中央警官學校特種員警人員訓練班。」這又遭到警校元老李士珍的反對。戴笠置之不理，仍用這名稱。軍統內部稱它為「臨澧特訓班」。為招生方便，對外稱為「軍委會交通技術研究班。」

　　特訓班最初定址在長沙，因長沙經常遭日機空襲，不安全，軍統湖南站長李人士選定臨澧的關帝廟（原為縣立中學校址）。這裏離湖南重鎮常德不遠，又在湖南四大水系之一澧水的南岸，交通便利。戴笠派特務處第一科科長楊繼榮實地考察後，就定了下來。

　　配備特訓班的教學力量，戴笠煞費苦心。他自己兼特訓班主任。副主任派余樂醒擔任。這人可說是個多面手。曾留學法國，學過工業機械、化學，又在蘇聯學過情報方面的技術。尤值得一說的是他是神槍手。戴笠曾派他去河內刺殺汪精衛，結果曾仲鳴作了替死鬼。他的口才也不錯，講課受到學生歡迎。任總教官的是謝力公，也是辦班能手。戴的親信丁若萍任主任辦公室主任。還有王崇五、陸遂初、賀元、徐永年、吳景中等人都曾留學蘇聯，並是中共的叛徒。戴笠都讓他們各司其職。介紹葛明達去的陶一珊，是這個班的總隊長，但他到職時葛明達已離開臨澧。

　　這個班的生源大部分是流亡學生與失業人員，還有由各軍統組織保送的，從胡宗南主持的中央軍校七分校中，又撥出一部分（六十名）女生，總數有一千餘人。後來這些學生知道上當受騙，但已欲退無門，只好隱忍待下去。

　　訓練內容，分一般的入伍訓練與專業訓練兩種。余樂醒主講的「特工常識」，是不論任何專業都要聽的共同課。他的講義的內容，包括情報、行動、偵察、化裝、秘密通訊、毒物使用、爆破、郵電檢查等等，幾乎囊括所有特務工作的基本技術。

余樂醒講課時信口開河，他居然說諸葛孔明是歷史上最優秀最出色的特工。劉備三顧茅廬是孔明安排的圈套；隆中對策是情報判斷的碩果。孔明長兄諸葛瑾是潛伏在東吳的情報站長；徐庶和龐統是蜀漢安排在曹操身邊的高級特工⋯⋯這些謬論使這些聽課的學生心裏暗暗發笑，但嘴裏還是說講得好。

刑具實驗課使人驚心動魄，膽小的學生嚇得暈過去。葛明達就目睹過這樣的場面：武裝人員押上一群犯人。一對老年夫婦、兒子與媳婦，還有一個小孩，是個三代人的家庭。犯人的罪名是敵機空襲時放信號彈，指引空襲目標，當場從他們身上搜出幾個「大清通寶」是證據。第一個受刑的是老頭，刑具是上老虎凳。一塊塊磚頭加上去，老人幾次暈死過去，用冷水澆醒，還改用步槍彈頭括筋骨，醒後仍不招供；第二個受刑的是老婦，用十根竹簽插在她手指甲縫裏；第三個是年青的兒子，把燒紅的鐵鏈拴在他身上，皮肉吱吱作響，當場燒焦；第四個拉上來的是媳婦，扯下上衣，光了上身，把長針刺入她的乳頭，她大聲嚎叫，昏死過去，也是不招；最後把一個燒得滾透的油鍋抬上來，把那小孩抬起來要往裏扔，此時，四個犯人同聲高喊：「願意招供！」承認他們當了漢奸⋯⋯刑具試驗中，有幾個女學生臉色慘白，也幾乎暈了過去。在場的葛明達也出了一身冷汗。

上過這樣的課後，有些學生（從胡宗南那裏來的女生）膽怯了，提出要回中央軍校七分校去。這使余樂醒、謝力公等人慌了手腳，又是安撫、誘騙，又是威脅、恐嚇，最後都讓她們填了參加軍統組織的表。這一來，害怕紀律制裁，再也沒有人敢提退出臨訓斑。

一場鬧劇

關帝廟外是一片廣場，廣場臨河。特訓班在河邊築起一道兩米多寬的河堤。

余樂醒多方面討好奉承戴笠，平時極力宣傳戴的相貌不凡是貴人之相。又給這堤取名「雨農堤。」雨農是戴笠的字。

葛明達自到臨訓班，轉瞬已有半年，時序到了初夏。

臨澧的初夏非常燠熱，班本部磨煉學生的意志，規定集體在露天廣場就餐，而且必須穿好制服，服裝整齊，由值星官帶隊入廣場，到齊後席地而坐，一聲令下，方可動筷。六個人對付一盆連湯帶水的大鍋菜，而且必須在十分鐘內把飯吃完，到了時間又必須統一出場。

這天是大好晴天，沒有半點雲彩，灼熱的陽光直射廣場，也沒有一絲樹影。二大隊四中隊正好輪到葛明達是值星官，年少氣盛的他（二十三歲），沒有去廣場就感到熱得難受，於是自作主張，讓四中隊的學員，脫去藍布制服，一律著白襯衫穿短褲，一路小跑到廣場就餐。

四中隊剛進場，整個廣場的人都驚呆了。葛明達絲毫沒有察覺，照例喊口令：「立正！」自己跑到總值星官楊清植（二大隊隊長，浙警系骨幹）面前，報告全隊人數。

這時，楊清植突然火冒三丈，大步衝到葛明達面前，唰地一下，扯下他身上的值星帶，摘下他的帽徽，大聲喊：「來人，把這目無紀律的小子關起來！」

幾個武裝人員衝上來，架起葛明達。葛明達喊：「我有什麼錯，這樣不明不白關我！」

楊清植更為氣憤，大聲怒斥：「你公開違反紀律，這藍制服是可以隨便脫的嘛？如果不嚴辦你，我們軍統還有什麼鐵的紀律？我這個總值星官也不要幹了！」

　　全場的人都噤若寒蟬，沒有一個敢出聲。

　　葛明達被送進禁閉室。那禁閉室是關聖帝君的馬房。一匹泥塑的赤兔馬下面打了一個地鋪。靠著地氣倒還涼快，就是不通風。從這時起，葛明達就和赤兔馬為伴，代替了周倉的位置（周倉是關羽的馬夫）。

　　當天晚上，關聖帝大殿上演了一場鬧劇。近在咫尺，葛明達雖不能目睹，但聽得一清二楚。

　　余樂醒親自率領臨訓班的全體幹部跪在孫中山、蔣介石的像前。他怒氣沖沖，一言不發。時間一分鐘一分鐘過去，那地上是堅硬的方磚。有些年紀大的吃不消了，其中原東北大學校長王化一喊了起來：「余主任，究竟出了什麼事呀？你不講出來，我們怎能表態。」

　　余樂醒這才開口：「今天中午，『雨農堤』畔發生的事，大家不清楚嗎？這個黃埔八期騎科畢業的葛明達才來幾天，就無視我們團體的鐵的紀律，我們怎對得起先總理的在天之靈？怎對得起蔣委員長，還有戴老闆……」

　　他的話音未落，王化一就喊：「槍斃他！」二大隊隊長楊清植和浙警系統的一批人也隨聲附和：「把葛明達槍斃算了！」大殿上一片槍斃聲。然而黃埔出身的副總隊長王樂坡、一大隊隊長王班聯說出不同意見：「這事得請示戴老闆，我們擅自處理恐怕不妥，到時人死了還不出人來。」意見有了分歧，有些人乾脆不表態。

　　余樂醒沉默半晌，說道：「好吧，大家起來，等申報戴老闆批准後再就地執行。」

　　這樣，跪著的人才一個個站起來。有人咕噥著：「戴老闆還會不批准嗎？不過讓這小子多活幾天罷了！」

待決的死囚

關聖帝馬房裏的葛明達，知道自己已是待決的死囚，倒也不感到特別恐懼，只是想：「我才二十三歲，死在這裏不太可惜嘛！但插翅難飛也只有等死了。」有人送來鋪蓋，他就睡了下去。

一天，兩天，都沒有動靜。第三天晚上，不斷有學生來看他了，雖然門口有警衛，有的送他食物，有的送來香煙。開始時，學生只知道廣場上發生的事，不知道是待決的死囚。日子一長來的人就少了，消息已走漏。只有兩個學生例外，一叫黃炳炎，一叫袁銘鼎，幾乎每晚上自修課都要來一次，成為患難之交。葛明達活著離開軍統後，彼此還保持著友誼。這是後話。

長日悠悠，葛明達屈指數著日子，已經兩周過去了，卻不見發落。葫蘆裏究竟賣的什麼藥？葛明達心裏七上八下，整天坐臥不安。還不如乾脆些，他正想著，出現了意想不到的事。

自葛明達被囚後，沒有一個黃埔同學來看過他。這天上午，一大隊的政治指導員吳某突然來看他。

吳某上下打量他一下：「不錯，你的身體和精神看來還蠻好。」吳某又說：「我們來下盤棋，給你解解悶。」

兩人對弈起來，結果葛明達兩勝一負。

吳某哈哈大笑：「看來你真是贏家！」話中有話，只是葛明達不理解。

分手時，吳某問：「你要什麼？我給你辦。」

「嘴裏淡得出水了，我想要些魚、肉，如果有雞更好，還要香煙。」葛明達不客氣地說。

「好！一定給你送來。」果然這些東西當天就送到。

「柳暗花明又一村」的意外，勾起葛明達另一椿心事。莫非要處決我了，給我吃得那麼好，有菜有肴還有酒，葛明達這樣想。

接著幾天，還是送來菜、煙、酒，同時送來幾本書。葛明達這時也橫下心來，聽天由命了，反正不吃也是要死。

又是兩周過去。

又是一個意外。

那位吳指導員又來看他，突然宣佈：「從今天起，你可以走出禁閉室了，但不要跑得太遠。」

半自由的生活又過了兩周，葛明達又得到通知，要他搬出禁閉室，搬到女生教室對面的一間樓房裏，活動空間更大，與人交往和文娛活動都隨他便。接著黃埔同學都來看他，有的請他吃酒。

究竟怎樣發落，沒有人説得出。

他成了派系鬥爭的導火索

殺人魔王戴笠怎麼不動屠刀呢？

難道是余樂醒虛張聲勢，沒有告發葛明達？

原來這牽涉到派系鬥爭，葛明達事件是導火索。

臨澧特訓班內部有兩大派系。一派出身於浙江警官學校，這派人多居要職；另一派出身於黃埔軍校系統，人數雖少，但他們自恃「天子門生」，根本看不起浙警系這些人。兩派明爭暗鬥，各不相讓。

葛明達是陶一珊介紹來的，葛與陶是黃埔前後同學。余樂醒、楊清植等人原想借殺葛明達以打擊黃埔系的威風，而且要趕在陶一珊到職之前（已宣佈陶一珊為總隊長，當時還未到職）。於是余樂醒、楊清植、王化一等人以全班名義，發了個急電給戴笠，要求殺葛明達以肅班紀，防止效尤。急電發出兩周，杳無音信。這出了戴笠辦事的常規，戴向來辦事講究效率。

　　原來戴笠接到余樂醒的電報後，他覺得這是派系鬥爭在作怪，加上他對余樂醒已有戒心，防他的勢力過分膨脹，還有戴自己是黃埔六期騎科，因而壓下余的電報不給答覆。

　　兩周後，余樂醒再發一電，降低了調門，只是請示處理辦法，戴笠仍然壓下不覆。

　　又過兩周，余樂醒不見動靜，心知此事不妙。立刻與幾個心腹商議，定出一個就驢下坡的妙計。

　　這對冷眼旁觀的黃埔系也始料不及。

又生意外

　　臨訓班副主任余樂醒的辦公室，葛明達奉令來到。

　　要殺葛明達的余樂醒，這時臉上堆滿笑容：「你請坐！」

　　丈二和尚摸不到金剛的葛明達，誠惶誠恐地坐下。

　　「我現在有一個重要任務交給你，你把一件公事送到漢口去。」

　　余樂醒隨即拿出一個密封的封套，說：「你按這地址送去。」「還有你的行李也可以一併帶走。」余樂醒又說。

　　葛明達雙手接過，敬過禮，走出辦公室，看封套上寫著：「漢口日租界南小路一號洪渺先生親啟。」

　　葛明達滿腹狐疑不知此去是禍是福。

　　門外已有一輛車在等著。車上坐著幾個女學員，女生隊指導員吳舜華帶領著。她們陪同葛明達去長沙。葛明達打開行李，換了軍服戴上少校軍銜，佩著「軍人魂」的寶劍。上了車，兩個少女學員把他夾在中間，其中一個是麻子，身體壯實，兩人都帶著手槍。

　　車到長沙，她們給葛買了去漢口的火車票，送他上了車。火車起動了，吳舜華向他揮手告別，祝他一路順風。

出了牢籠，葛明達喜不自禁。到漢口後，他沒有立即去送公事，而是去瀏覽市容。這時漢口已是武漢會戰的前夕。每天都有日機空襲，街上見到成群的難民，不過商店都開著門。他渡江去武昌，在堂兄家裏住了一宿。

翌日清早，葛明達又渡江去漢口。剛在船艙坐定，忽然背後有人拍了他一下：「葛明達，你到哪裡去呀？」他回頭一看，是南京的一位中學同學，此人叫陳祚珍。

葛明達如實講了一番。

「你知道洪渺先生是誰嗎？」

「這，我哪知道。」

陳祚珍帶著神秘的神色輕輕說：「那就是軍統戴老闆的化名。」

「這樣說，你也是……」

陳祚珍搖搖手，示意他不要說下去。

戴笠破格「開恩」

九時許，葛明達到漢口，他心裏忐忑不安，恐怕此去凶多吉少。雖然可以就此走掉，但軍統耳目眾多，一旦被捉更是罪上加罪，只好聽天由命。

漢口日租界南小路是條偏僻的小巷，走進巷來，就看到一個特大的門牌：一號。高高的圍牆，重門緊閉，寂無人聲。他在大門與邊門之間找到了電鈴，撳了幾下。呀地一聲，大門上一個小洞打開了，裏面有人問：「找誰？」葛明達趕忙出示那個封套，裏面的人把那件公事接了去，旋即關上小門。

大約十分鐘，邊門開了，葛明達走進門去，看兩邊各站兩個彪形大漢，手持快慢機（德造卜殼槍的一種）。一個文質彬彬的青年出迎，很有禮貌地把他引進一間小會客室，邊說：「你在這裏稍等。」

葛明達往窗外看去，是一座花園。四周樹木森森，幾個花圃裏都盛開著花。園正中有一座西班牙式的小洋樓，兩層，為樹蔭所籠罩著。

大約抽一支煙的功夫，那青年又來了。他領著葛明達進了小洋樓，在一個客廳裏坐定。奉上香茗後，他逕自上樓去了。

葛明達環顧室內並無特殊陳設，只是正中壁爐上方，懸掛一幅蔣介石的戎裝肖像。這時樓梯上響起腳步聲，有人走進客廳來。

來人中等身材，長長的馬臉，穿著非常挺括的西裝。葛明達估計就是戴笠，他立刻站起來恭敬地行了個禮。戴笠揮了揮手示意他坐下。

戴笠在正中的皮靠椅上坐下，看了一下葛明達，用帶鼻音的浙江官話說：「你是葛明達嗎？八期騎科的？你在臨訓班的事鬧得滿城風雨，照我們的規矩你早就完了。我看你年輕，又是同科。這樣吧，我看你也不適合幹我們的事業，還是回軍隊去吧！軍隊也需要人嘛，你馬上到軍統局找李肖白，他會交代你怎樣做，去吧！以後要安份些，再見！」寥寥數語，說完戴笠回身就走。

仍是那個青年，把葛明達送出大門。

葛明達飛快走出南小巷，他並沒有急著去武昌找李肖白。先在一家飯店點了幾樣菜，痛飲幾杯，慶祝自己逃出鬼門關。

當天下午，葛明達到武昌，找到了軍統局。門房說：「李科長已等了你一上午，怎麼現在才來。」李肖白是軍統局的人事科長，也出身黃埔六期騎科，是戴笠的同學。

和李肖白的談話仍是寥寥數語。李肖白說：「老闆已有批示，准許你離開軍統，條件是必須對軍統的情況終身保密，否則給予嚴懲，即使你跑到敵人那裏，我們也能處死你。」

李肖白又以老學長的關切口吻說：「以後你無論在什麼崗位工作，都要嚴守紀律切忌犯上搗亂。你這次能有這樣的結局，實屬難

得。戴老闆這次破格的仁慈和容忍也屬非常罕見，在軍統是沒有先例的。」

葛明達連聲說：「是！」

「好吧，你可以走了，你應當感恩。」

餘波

回顧這近半個世紀的往事，葛明達無限感慨，他說：「我當時真感到意外，我總以為死罪雖免，活罪難逃，至少要坐幾年牢房，真沒有想到這樣輕鬆了結！」

當時我和曹老都說：「這是你的造化，你的命大！」

「其實無關造化，主要是戴笠不想讓臨訓班的派系鬥爭惡化，他不能坐視浙警系統勢力的膨脹，借我的事殺殺他們的威風。」葛明達說。

葛明達事後得知，不久後，戴笠電令免去余樂醒的副主任職，專任教務處處長。副主任職務由總隊長陶一珊暫代。那知這一來，引起臨訓班許多教官和學生的不滿，導致教學秩序的混亂。這更引起戴對余的猜忌。為著穩定教學秩序，他又一面讓余樂醒仍任副主任職，一面他自己親到臨澧來視察整飭。在臨澧的幾天中，他大發威風，處處找茬子，把所有官員都找來談話，把余樂醒、謝力公等人罵得狗血噴頭，使這些人不寒而慄。

筆者問葛明達後來的情況。他說，後來在武漢進了軍事委員會戰時工作幹部團，在桂永清（教育長）手下當戰術教官。時間一長，他把軍統要他終身保密的告誡忘得一乾二淨，把魔窟中的親身經歷，繪聲繪色地作閒談材料。原上海復興社的負責人鄭全山嚴重警告他：「你是答應對軍統的事終身保密才獲釋放的，現在卻到處

亂吹，真的不要腦袋了嗎？大禍即將臨頭，你還是從速離開武漢，遠走高飛吧！」

後來，葛明達從武漢到上海，另就軍職，軍統某些高級人員和他有過聯繫，沒有動殺機。這是戴笠又放他一馬！

應該說，葛明達的造化還是不錯的。一九四九年後，他這樣的經歷自然險厄叢生。他曾在上海工商聯任職，打成什麼樣的「分子」他並未說清，只知道去大西北勞改，可能是甘肅的夾邊溝，三千勞教人員在大饑餓中大半命喪黃泉。他活下來了，是因為他的字寫得好，隊長讓他寫黑板報，能吃到一點活命的食物。這段傳奇經歷，本來他準備另擇時間和我談的，卻錯過了機會。

上世紀九十年代，他搬進南京集慶門的新居（一個做廚師的兒子從德國回來，有了經濟力量），卻艱於行（不能走路），整日坐困高樓。此後我因諸事煩忙和他聯繫日稀，甚至他何時棄世我都茫然，說來遺憾。

不認輸的「戰俘」

——黃維被俘前後

「六十萬戰勝八十萬，奇蹟，真是奇蹟」。這是史達林記事本上寫下的話。解放戰爭中戰略決戰最大的一仗——淮海決戰，就是史達林所說的奇蹟。

這場戰爭蔣介石輸盡了老本，八十萬精兵潰於一旦，多年培養的一些能征慣戰的將軍，戰死、被俘、投誠、起義，不同的命運與歸宿。

在這已成歷史陳跡的往事中。一位兵敗被俘的將軍，最現鮮明的政治色彩。時光流逝數十年，一九八八年，一位記者採訪這位將軍，話題是那場戰爭，他說：「我這輩子，最大的錯誤是打了一場不該失敗的仗！」

「不該失敗。」無情的現實卻是失敗了。歷史就這樣寫定。

黃維

這位將軍怎樣被俘，是誰把他捉住，被俘以後的種種故事，一直是淮海戰役史中的秘錄。他是國民黨第十二兵團中將司令官黃維。

陳誠病中授命

一九四八年，九月。漢口。

幾場秋雨，驅走了炎夏的餘威，微顯新秋的涼意，中原大地雖剛顯秋象，而國內政局卻像暮秋，一派肅殺淒涼。許多戰場，國民黨連連失敗，到處告急……

火速來滬，有要事相商。這天，一份急電送到新制軍官學校校長黃維的手裏。

黃維是陳誠系統的骨幹。黃維從黃埔軍校一期畢業後，先在其他部任下級軍官。一九三二年至一九四三年。他一直在陳誠所屬部隊第十八軍系統任旅長、師長、軍長，深得陳誠信任。

「陳長官（即陳誠）剛在上海動了胃切除手術，正在養病，有什麼要事召見我呢？」黃維疑慮難解。但陳誠對他有知遇之恩，他只好匆匆就道。

一輛小車早在上海機場等候，黃維一下飛機就被接 到陳公館。

病骨支離的陳誠，就在病榻前接見黃維。

黃維問候了老長官的病情，等著陳誠發話。

「培我（筆者注：黃維的號）啊，有重任要交給你，希望你能接受。」

接著陳誠斷斷續續講了給黃維新任命的經過。

國防部在上月（八日）於南京召開軍事會議，研究重點防禦的方案，決定的措施之一，就是把現有部隊調整編配，組成若干大兵團，這樣出擊時力量強大，防禦時共軍也啃不動。

第十八軍和第十、第十四三個軍組成第十二兵團。

校長（即蔣介石）派林蔚來徵求我對第十二兵團司令官人選的意見，我推薦了你。

「這……」，黃維欲言又止。

對軍旅生涯漸感厭倦的黃維，這幾年有志於培養新制軍官，仗著他畢業於黃埔、陸大，又在德國學過軍事的經歷，他出任新制軍官學校校長兼陸軍訓練第三處處長，一時間頗得人望，現在又要叫他去帶兵，不免有難色。

「我考慮過了，還是你任司令官合適，可以協調各力面的矛盾……我讓胡璉協助你，他任副司令官。現在校長已點了頭，顧總長也支持你。你就放手去幹吧。」

陳誠的話說到這份上，黃維只好微微頷首，表示同意。

「你立即回去做準備工作。有困難，隨時告訴我，不過，過些日子，我就要去台灣療養。」

告別陳誠後，黃維已不像來時那麼著急，在上海看了幾位朋友，順便物色幾個部屬。然後乘火車回漢口。

這天，車到南京，上了輪渡，已是晚上。從窗口向外看去，遼闊的江面，月光撒上一層銀色的紗幔，江上點點漁火……「如此星辰如此夜」，黃維輕輕吟誦。

「唉！」黃維微微歎了口氣，如潮的往事閃現腦際。

錯過了的選擇

一九〇四年二月十三日，黃維出生在江西貴溪縣一個小康家庭。在他幼年，父親就過世了，母親節衣縮食，拉扯著他長大，還供養他讀書。一九二三年他在江西省立第四師範學校畢業，當了一年小學教員，就在貴溪縣城。

那年（一九二四年），縣裏駐紮著北洋軍閥張克瑤的一個旅。這支部隊姦淫擄掠，無惡不作。每天都有學生向黃維哭訴，激起他滿腔義憤。這時，正好有一位在廣州的朋友給他來信，要他到南方去投身革命。

以去上海讀書為藉口。黃維告別母親。第一站是南昌。在旅館裏，和一位青年意外相逢。他倆曾志同道合。後來卻是兩軍對壘的對手。

「你要去哪裡呀？」他比黃維年長四歲（一九○○年生）。一邊給黃維整理床鋪，一邊關切地問，像個寬厚的兄長。

「我要到革命的南方去，去考黃埔」！

「我也是去考黃埔的。」他自我介紹。江西弋陽人，方志敏。本是南昌工業學校的學生，因鬧學潮，被開除。這時，黃埔在上海秘密招生，於是兩人一路同行，方志敏像對弟弟一樣，一路照顧他。到了上海，豈料招考日期推後。黃維已囊空如洗。方志敏安慰他，託友人把他介紹到一家工廠打臨工，只管飯，不給錢，黃維更為感激。

一個多月後，黃埔果真在上海開考了。他倆同時高中，當黃維收拾行李就要啟程時。方志敏卻告訴他：「你去吧，我不能去了。」這使黃維心中不快，兩人就此分手。直到數年後，黃維知道，方志敏早已是共產黨員，黨把他留下做地下工作。

黃維離開上海，同行的隊伍裏，就有共產黨的陳賡、閻揆要，還有後來淮海戰場的主將杜聿明，都是黃埔一期的同學。

黃埔畢業後，黃維參加東征、北伐，也參加了江西的剿共戰爭。一九三八年九月，黃維率十八軍在九江至南昌的戰線上，和日寇岡村寧次的部隊血戰三晝夜，最後十八軍勝了，他灑淚離開戰場……又怎能想到，抗戰甫告勝利，內戰烽煙又起，他又捲入戰爭。悔不該沒有功成身退。

想到眼前的景象，大局日壞，敗象紛呈。他在想，如果當年不到黃埔，跟著方志敏在上海……想到這，他不禁啞然失笑。這條路不是已經走了嗎！

一到漢口，黃維立即投入兵團的組建工作，九月下旬大體就緒。除原議的第十、第十四、第十八等三個軍外，又增加一個八十五軍。總兵力有十二萬人馬。黃維志滿意得，在駐馬店集結待命。

集結蒙城未果

一九四八年十一月八日。江淮大地，雨雪霏霏，寒凝山川。

淮海前線解放大軍雲集，第七兵團黃百韜的十二萬人馬，陷入重圍。徐州告急！

「救援徐州！不准以任何藉口遲延行動」。國防部十萬火急的電令，到了黃維手中。

在駐馬店待命的十二兵團司令官黃維，就近問了一下十八軍的情況，連傳達任務的軍事會議都沒有開，就帶著部隊按照指定的路線，匆忙上路，經正陽、新蔡、阜陽、蒙城、宿縣向徐州東進。

雨雪載途，人困馬乏，正當黃維驅趕著他的隊伍擇路前進時，一路上解放軍的小部隊與地方武裝，憑藉逐條河流，進行攔截和追擊。

好不容易掙扎到了蒙城。

十八軍軍長楊伯濤來見黃維。「司令官你看，這都是共軍的傳單」。

「活捉黃維！」「你黃維哪裡逃！」花花綠綠的紙都是這些口號。

黃維看了一下冷笑遭：「捉黃維就那麼容易，共軍就會搞這一套。」順手他把這些紙往地上一摔。

「司令官，看來這次共軍志在不小。有幾個異常情況，值得我們注意」。楊伯濤道。

「哪些異常情況，你說！」黃維急不可耐。

「往常共軍劉鄧和陳粟兩大部都是各自為戰，據偵察現在兩部緊緊靠攏，意圖不小，看來大戰迫在眉睫。」

在黃維「嗯」了一聲後。楊伯濤又接著說：「過去共軍一貫採取側擊、尾擊或突然襲擊，這次一反過去戰法，對我軍迎頭堵截，過渦河時發現他們構築工事，堅固的掩體星羅棋佈。似有大打硬仗之勢」。

楊伯濤又指了一下地上的宣傳品，說：「過去很少看到這些公開的宣傳品，這次遍地皆是，看來對民眾的動員工作規模不小。據情報所知，許多地方武裝都動員到了徐海地區。」

「看來，我們兵團所處的形勢非常嚴重，司令官要早做定奪。」楊伯濤末了又說這樣一句。

黃維點了點頭，說：「依你之見，該怎樣？」

楊伯濤略加思索，即回答說：「我們不妨就在蒙城集結，一面等待隨後趕來的八十五軍（軍長吳紹周），一面就近在蚌埠補充糧彈與燃料。然後以蒙城為核心，深溝高壘，逐步向外輻射。」

「好！就這樣決定。」黃維做了相應的部署，並命吳紹周率部急速來蒙城。

集結蒙城當時該是較好的權宜之計，但蔣介石不讓黃維在中途停留。這時被圍在碾莊圩的黃百韜兵團，情況萬分危急。蔣介石嚴令第十二兵團速向宿縣攻擊前進。

於是，不待吳紹周部的到來，黃維帶著全部人馬急匆匆地向解放軍擺好的口袋裏鑽去。

「蹂躪戰術」失敗

大網張開，等待上鉤。

一九四八年十一月二十五日，黃維兵團被合圍於宿縣附近的雙堆集，三十萬解放大軍擺成天羅地網。

陳賡指揮東集團，率中原野戰軍四縱、九縱、十一縱和豫蘇皖獨立旅，攻擊黃維部第十軍和十四軍，直逼核心陣地平谷堆。

西集團由陳錫聯指揮，率中野一縱、三縱和華野十三縱，直逼雙堆集。

陳士榘指揮南集團，率中野六縱、陝南十二旅及華野三縱、七縱、直指尖谷堆。

雙堆集北面。由華野魯中南縱隊防守，作預備以隨時準備策應。

圍得水泄不通的雙堆集戰場，周圍十餘華里，是毫無隱蔽物的廣闊平原，加上又是秋收之後，視線所及更是一馬平川。黃兵團所占的十幾個村落都是土牆茅草蓋的小房子，當地老百姓已逃跑一空，不僅無法徵集糧食，連燃料、飲水和騾馬飼料都極困難。黃維預感到十二萬人馬已陷入絕境。

連續幾天，黃維在兵團司令部裏長吁短歎，繞室徬徨。這天，他臉色忽由陰轉晴，命副參謀韋鎮福前來見他。

「解決兵團當前的困境，你想出什麼辦法嗎？」黃維劈頭問了這樣一句。

兵團參謀長蕭銳，在十八軍中很久。有戰地經驗也熟悉解放軍情況，途中突患急性盲腸炎，送去蚌埠醫治。這副參謀長韋鎮福初臨戰場，事前又無準備，當下期期艾艾，無法回答。

「我倒有一個辦法，看是否可行？」黃維貌似謙虛，說出了他的設想。

「乘共軍立足未穩，我們應以攻為守每日抽調一至三個有力團配以戰車和炮兵的火力，向共軍陣地加以突擊。這樣就可以擴大我軍陣地藉以振作士氣，俘虜共軍以取得情報，並奪取一些食物……我名之為周邊蹂躪戰法。」

「還是司令官計高一籌，我們就照這部署。」韋鎮福與另一位副參謀長同時説。

從十一月二十三日被圍開始，黃維兵團逐日派出部隊向雙堆集周邊猛撲，十八軍的二十多輛戰車輪番出動，一時戰車轟鳴、炮聲隆隆。指揮戰車部隊的蔣介石的兒子蔣緯國，也飛到雙堆集上空，給戰車官兵打氣。空軍飛機也成天在空中盤旋，投彈掃射來配合。開始時，付出很大傷亡後，奪下了幾個村莊。剛佔領，後方勤雜人員成群結隊跟著進去，凡是可吃可用之物全都搜搶乾淨。尋找埋藏土地下的糧食，把地皮都翻轉來。但是，這樣的戰術並不完全奏效。攻擊雙堆集西南的馬莊，碰上了中野著名的「襄陽營」。解放軍憑著圍牆溝壕堅守，逐屋爭奪，付出極大的傷亡還是攻不下來。加上黃維屬下的那些將官都要保存實力，不想擴大陣地，寧願龜縮在一處挨打。正當「蹂躪戰術」失敗時，南京國防部卻對「蹂躪戰術」大吹大擂，詭稱解放軍已遭到沉重打擊。

冬夜，寒月無光，黑黢黢的大地，偶爾有曳光彈拉出長長的紅光。十一月二十五日深夜，黃維帶著韋鎮福夜巡戰場。

一個特務排在前面開路，黃維等緊緊跟在後面。前面是十八、一一八、三十三團的一個連哨。掩體內有人在講話。

「情況不妙啊。聽説被圍在碾莊圩的第七兵團已全軍覆滅，兵團司令官黃百韜戰死。」

「我們這裏外無救兵，內無糧草，説不定也要像七兵團一樣」。

寂靜的夜，兩人的話音非常清晰。

黃百韜的消息，黃維也是昨天才知道，怎麼下面已經知道了？看來軍心已經動搖。以他往常的脾氣。這兩個對話人，一定是按謠言惑眾處死。但現在「殺一儆百」怕也不起作用了……

「回去！」黃維命令。

又是兩軍激烈鏖戰的一天。十一月二十六日，三十萬解放大軍，步步緊逼，層層剝皮，以雷霆萬鈞之勢，撲向黃維兵團的陣地。

包圍圈日益縮小，解放軍近逼作業的戰壕接近黃維兵團的陣地，有時雙方的咳嗽聲都能聽到。情況危急，黃維苦思對策。

黃維失算　廖師起義

這是多年後，黃維仍然悔恨的一件事。

吳紹周的八十五軍，已經趕了上來。這個軍的第一一〇師和兵團司令部同駐雙堆集的馬莊。

廖運周是中共地下黨員，地下師黨委控制了這支部隊。

二十六日下午五時：廖運周奉黃維令一路小跑到了兵團司令部。

「運周，剛才空軍偵察報告，今天午後三時敵人對我兵團的包圍已經形成。你有什麼主張？」不容廖運周緩過氣來，黃維就這樣問道。

廖運周心想，大概黃維已有新的打算，隨口說：「司令官有何決策儘管下令，我師保證完成任務。」

「敵人目前立足未穩，我想打它個措手不及。決定挑選四個主力師，齊頭並進，迅猛突圍。」

「這一招夠厲害。真的這樣做，恐怕能突出去，但對我們起義倒是個好機會。」廖運周心裏想著。嘴裏立即回答，「好！還是司令官決策英明。我們師願打頭陣，當開路先鋒！我請求立即回去準備行動。」

黃維看到廖運周這樣主動請戰，心裏自然高興，慰勉有加。要廖回去好生準備。

廖運周回到部隊，把幾個隱蔽在部隊裏的地下黨的同志找來，說到黃維準備在明日（二十七日）上午突圍，趁此機會，一一〇師決定起義。為避免誤會，解放軍前沿部隊在突圍處的左翼要開一個口子，讓開一條路，等我們過去後再把口子封上。眾人沒有異議，就派一人去通報解放軍。

據廖運周事後回憶，當時黃維完全沒有察覺到一一〇師將有異動，而且幾次在廖的矇騙下按廖的部署行動。

「我又見了黃維，向他建議：四個師齊頭並進不如用三個師好，把十八軍的主力師留在兵團作預備隊，可以隨時策應……黃維見我敢於挑擔，又替他著想，很是高興。對我進行了一番讚揚，連聲說：『好同學，好同志，你要什麼我就給你什麼，坦克、榴彈炮隨你要。』他還讓兵團副參謀長韋鎮福通知空軍調飛機配合我們行動。」

起義前的兩小時，廖運周又一次跑到黃維那裏，再給他送去了一顆定心丸。黃維照例問起準備的情況。廖說：「我正要向你報告，我們發現敵軍陣地結合部有空隙可鑽，在拂曉前行動，特來請示。於是黃維覺得自己的決策英明，這突圍先鋒也

藏在12兵團黃維部中的共諜一一〇師師長廖運周，雙堆集突圍時陣前起義

選得對，哈哈大笑後，拿出一瓶酒，對廖運周説，「老同志，這瓶白蘭地藏之久矣，一直沒捨得喝。現在我特敬你一杯，預祝你取得勝利。」他又對一旁的韋鎮福説：「來，你們是同期同班同學，也要敬一杯。」廖運周暗暗高興，心裏説，智者千慮，必有一失，黃維你可失算了。

翌日（二十七日）晨六時，廖運周率一一〇師（缺一團），五千五百餘官兵，向解放軍預設的道路前進。對話機中，不時傳出黃維詢問部隊進展。開始，廖運周還應答著。慢慢地話機裏沒有聲音了。廖運周起義成功。

廖運周起義過程的回憶，八十年代，黃維的夫人有不同的説法。這位白胖胖的南方老太太説起話來像機關槍似地，她對一位記者説：「那個廖運周回憶錄，胡説八道，把黃維寫成傻子，把自己寫成神仙，胡編黃維喝洋酒……黃維一輩子不抽煙，不喝酒，不罵人！廖運周為抬高自己，醜化黃維，不擇手段……」兩種説法截然不同。此中是非，只有當事人才能辨明。但廖運周用計使起義並成功，是不易的事實。

正當黃維為廖運周起義煩燥不安，參謀總長顧祝同飛臨雙堆集上空。通信官接通了對空電話。

「培我兄，你要挺住，站穩腳，就地固守。」顧祝同給黃維打氣。

「總長，我們的處境太難了，糧彈兩缺，傷亡慘重，何以堅守？」黃維直截了當回答他。

「你們的困難，我們都知道，糧彈將空投補給，希望你們主動出擊，盡可能擴大陣地……」

黃維還待講話，只聽話機裏一片嗡嗡聲，顧祝同已經關機，接著飛走。

胡璉帶來毒計

十二月一日。一架小飛機，在包圍圈裏的小飛機場降落。

一位貴客從南京飛來。他是第十二兵團副司令官胡璉。兵團在駐馬店集中南調前，胡璉因父病危與自己的牙病，請假去了漢口。

胡璉被召到南京，蔣介石親自接見。胡璉坦率進言：「江淮決戰規模空前，共黨傾其全力，志在必得，如我軍取勝，尚可憑江淮之阻，拱衛南京。否則……」胡璉欲言又止。蔣介石示意他再講。胡璉建議放棄北方，固守南方，集中全力打好這一仗。胡璉還說，十二兵團還可堅守一個時期，等待援兵，他自己願去雙堆集，協助黃維鼓舞士氣，調整態勢。

對這位學生，自願見危受命，蔣介石非常高興，大大嘉許了一番，並答應立即調動兵力，兼程馳援。又連連囑咐：「固守下去，死鬥必生。」並派一架小飛機把胡送到雙堆集。

胡璉到了雙堆集，對被圍的十二兵團的官兵，無異打了一劑強心針！他傳達了援軍即將到達的消息，又到前沿陣地做了視察，並做了局部調整。

私下裏，胡璉告訴黃維。第七兵團黃百韜戰死，整個部隊（十二萬）覆滅，損失極大。從徐州向永城方面突圍的杜聿明大軍已受阻，處境極不妙。南京一片混亂，這在黃維心中蒙上了陰影。

幾天後，情況更加惡化。解放軍的攻勢更加猛烈，每個晚上都要丟掉幾處陣地。空投的糧彈大部分落到解放軍陣地，兵員也愈來愈少，工兵炮兵都擺上陣地，抽調一連一排的機動兵都極困難。黃維與胡璉議論起來。

「伯玉啊！我看你不應到前方來，要是留在南京，向校長轉達兵團意見。聯絡和催運空投補給，作用可以更大些。」黃維以埋怨的口吻說。

「培我兄，被共軍四面包圍，並非一次，這已是家常便飯。你不必憂慮。我們現在只要打下去，共軍還是一下吞不掉我們的。」胡璉頗有信心地答道。

雖然胡璉這樣說，情況卻更糟下去。空投補給有減無增，黃維覺得應該把十二兵團的實際情況報告蔣介石。黃維決定派胡璉再去南京。

「這次你去就留在南京。『千兵易得，一將難求』，這裏的情況是大勢已去，你應該保全下來。也可以給十二兵團料理善後……」臨行時，黃維悽愴地囑咐他。

胡璉為黃維的悽愴情緒所感染，但又強打精神安慰他：「司令官你要振作些……此去我一定伺機行事。」

「如果援兵有望，你就與援兵一起行動，可以規定協同作戰方案。如援兵無望，你就建議突圍。」黃維又囑咐道。

十二月七日胡璉再到南京。

蔣介石立刻接見。又是慰勉，又是許諾。結果援兵無法調到，糧彈也羅掘俱窮。蔣介石終於改變態度准許黃維突圍。

第二天晚上，蔣介石在官邸宴請胡璉和宋希濂，蔣經國也來陪客。席上，蔣介石大大誇獎了胡、宋這兩個學生，勉勵他們要苦戰到底。餐後又放映電影《文天祥》。映完，蔣介石頻頻說：「這片子好極啦！」言外之意是要胡、宋兩人像文天祥一樣，忠君報國、殺身成仁。

兩天後，胡璉又飛回雙堆集。臨行前，蔣介石令侍從室送一大批煙酒水果，給黃維與各軍、師長，以作慰勞。

「什麼？要我們自行突圍」。黃維聽到這消息感到非常失望。「沒有強大的空軍協助。沒有外面的大軍策應。突圍無非是自殺。」黃維發起牢騷來。

胡璉摒退了左右和黃維密談。

校長同意用空軍協助我們，將用凝固汽油彈大規模轟炸，在規定的時間和區域內造成火海，掩護我們突圍。」胡璉又放低聲音說：「校長還說，必要時空軍將送來毒瓦斯彈，可以使用毒氣，要我們做好準備。」

「這⋯⋯」黃維沒有再說什麼。

雄兵十二萬　頓作鳥獸散

噩運似乎跟著胡璉而來。

十二月十日晚，十一時許，雙堆集東南角發出一片喧嘩聲，十多分鐘後沉靜下來。

黃維得報：「八十五軍所屬第二十三師師長黃子華，率該師殘餘部隊已向共軍投降。」

二十三師原是湖南部隊，有地方封建色彩，官兵相當團結，接替十八軍讓出的雙堆集東南的幾個村莊後，遭受解放軍的強大攻擊，後方又是十八軍陣地，形似監視，加上空投糧彈勢配給該師的極少，黃子華不免怨望，於是他選擇了投誠之路。

二十三師一投誠，十八軍陣地就丟了一塊擋箭牌。猶如大門洞開，解放軍跟蹤而到。

福無雙至，禍不單行。十二月十一日，駐守雙堆集東北四公里處楊圍子村的第十四軍，在解放軍的強大攻勢下，該軍所屬的第十、第十四兩師的陣地被突破，大炮打到軍部門口。

十四軍軍長熊綬春，在抗戰中曾立功，率一〇三師血戰松山（在雲南邊陲），打開滇緬大門，歷時兩月，心力交瘁，生出一頭白髮。戰後蔣介石授予四等寶鼎勳章，一時名揚海內外，這時他看到十四軍陣地上崩瓦解，亂了方寸。

被俘後放回的第十四軍參謀長梁岱勸他投降，他猶豫難決，看著妻子的相片邊看邊流淚，一時泣不成聲。梁岱也不覺唏噓起來。

解放軍的大炮打個不停，彈如雨下。黃昏時分，炮剛停，解放軍衝進了村子，哨子聲、喊話聲、衝鋒和腳步聲響成一片。熊綬春默默站起來，獨自一個人突然向掩蔽部門外衝出。眾人來不及拉他，剛出門，一發炮彈落下，正好把熊綬春炸死，成為那在漢口的年輕少婦的春閨夢裏人。共軍清掃戰場時，陳賡司令員聽到熊綬春戰死。知道熊是黃埔三期同學，又有苦戰滇緬的一段歷史，下令好好埋葬，立個碑。這是後話。

……、

正當黃維、胡璉沮喪之際，蔣介石許諾的特種彈，空投到了雙堆集。在這之前，先空投了三百多份使用毒瓦斯彈與毒氣的說明書。這次投下了二、三十箱糜爛性的毒瓦斯彈和窒息性的毒瓦斯彈，每箱十二顆。每一顆都附有發射器，外形和構造很像日本製造的擲彈洞。

「全部交給十八軍，由楊伯濤軍長處理。」黃維下令。

他心想憑藉毒氣也許能稍解目前的困境。

事實恰和黃維所想相反。

黃維兵團的歷史之鐘只剩最後一圈了。

胡璉精心設計的核心防禦線，由大炮、坦克、子母堡構成，安排在兵團部的前門──馬莊。共軍中最聞名的「襄陽營」（屬中野）與「洛陽營」（屬華野）合力強攻，一舉突破核心防線，第十軍──四師五十四團（有「威武團」之 稱）全團覆滅。

激烈的爭奪戰，又在黃維兵團的後門——尖谷堆進行。尖谷堆，這個遠古人類的遺址，高出地面十餘米，在這一馬平川的地方，頗像拱起的脊樑骨。站在尖谷堆上，整個戰場一覽無遺，憑藉這有利的地形，國軍幾次阻遏解放軍的進攻，而解放軍志在必得。

十二月十二日黃昏後，解放軍的壕溝已挖到尖谷堆下，最後的爭奪戰開始。

尖谷堆上原先構築的工事，已被解放軍的炮火摧毀乾淨。守軍是十八、一一八、三五四團。用屍體疊起一道長達一百五十多米的半人多高弧形圍牆。殘肢、斷臂、頭顱都凍得硬梆梆的，血凝成長長的冰稜。戰爭史上罕見的掩體。

在四百米外，十八軍軍長楊伯濤親自指揮。他下了死命令，誰丟了尖谷堆，休想活命。已經換了三個團長、還是無法擋住共軍浪潮般的衝鋒。「敵人全上來了，快來炮火！抵不住啦！」這是第三任的廖團長在電話裏聲嘶力竭地喊。

「放特種彈！」楊伯濤咬牙切齒地下令。一團團白色的煙霧在尖谷堆冉冉升起，久久不散。這是毒瓦斯彈！只見解放軍停止了衝鋒，戰場上聲息全無，僥幸躲過了一夜。

第二天，尖谷堆西南。解放軍又開始了進攻。前面倒下去了，後面又衝了上來，攻勢並不比昨天減弱。毒瓦斯彈又用上了，但這回不再有效。解放軍有了妙法，尿濕毛巾，捂住鼻口，果然靈驗。尖谷堆上插上一面紅旗，紅得特別鮮豔……

尖谷堆丟失，黃維、胡璉和吳紹周匆匆撤到平谷堆。平谷堆原有一個廟宇，已是一片瓦礫。兵團部直接受到解放軍的攻擊，槍彈裂帛似地在黃維頭上呼嘯而過，炮彈打在掩蔽部附近爆炸，硝煙彌漫，屍體枕籍。

黃維和胡璉商議著最後決策。

「即使再抵抗一兩天，也無多意義，因為最後也將被殲滅。」胡璉説。

「如果突圍出去，還可保存部分力量，還可以重整旗鼓，東山再起。」黃維道。

兩人意見一致，決定突圍。「四面開弓，全線反撲，覓縫鑽隙，衝出重圍」。這是兩人定下的突圍方針。

十二月十五日上午九時，一架飛機到了尖谷堆上空，盤旋著似有特別任務。

地空電台裏，傳來飛機上空軍副總司令王叔銘的聲音：「……由於諸多因素，不能照計畫實施」。

黃維對著受話器堅定地説：「你不能照計畫實施，我只好自己斷然處置。」

王叔銘辭嚴語重：「總統口諭，你的突圍計畫必須改變」。

「請報告總統，我的計畫已無法改變。」黃維的回答斬釘截鐵。

飛機飛走了，黃維把送話器一丟，長長地歎了氣，對在座的胡璉與吳紹周以及覃道善、楊伯濤等軍、師長説：「就在今日黃昏時突圍。第一集合地蚌埠之南，第二集合地滁縣。」

「合肥千萬不能去。李品仙會收繳我們的槍械。」胡璉又補充了一句。

「要突圍了！快跑呀！」突圍令一下，未到時刻，各部爭先恐後逃命。

雄兵十二萬，頓作鳥獸散。

指認出了黃維

朔風席捲，大地死寂。一具具凍得僵硬的屍體，一堆堆未熄的餘燼……雙堆集的最後末日。

十一師打開一個缺口，黃維與兩個副司令官胡璉、吳紹周分乘三輛戰車，跟著突圍。吳紹周別有想法，放棄乘坐戰車，在兵團部附近坐以待俘。黃、胡兩人也知道此次突圍凶多吉少，帶了大包安眠藥，準備情況緊急時服藥自殺。

走在前面的黃維的戰車突然拋錨了，胡璉從車裏跳出來大聲喊：「快，快，司令官快上這輛車。」黃維突然沉下臉對胡璉：「跑不掉我就不跑了！跟著大家一起，聽天由命吧！」胡璉說：「那咱們都留下！」黃維急了，使足力氣把胡璉往車裏推：「不行，你得走，這裏的情況好歹要有見證人！」這一點說明黃維並非貪生畏死。

胡璉重新上了戰車，匆匆開動，直奔宿蒙公路，脫離了戰場。離開戰車的黃維，頃刻間消失在瘋狂奔逃的潰兵中，開始了兩個人不同的結局與不同的命運。

一九四八年十二月十六日上午。中野三縱戰俘軍官收容所。

一個矮個子的戰俘，被單獨帶進一個草棚，解放軍敵工科長燕登甲要審查他。

這人邁著八字步，走路狀似艱難，低著頭，鋼盔戴在鼻子上，一進來就找了個地方坐下。

「你叫什麼名字？是幹什麼的？」

「我叫方正馨，在十二兵團十四軍擔任上尉文書。」這人說話慢吞吞地。

「上尉文書月薪多少？」

「這，這……」他急得直搔頭，吱唔很久就是說不出來。

燕登甲兩眼盯著他，邊吸煙，邊喝水，等他回答，並不著急。

「我的記性太壞，忘了。是六十元吧！？」

「你說的不對。」燕登甲又問：「你單位裏有沒有傳令兵？」

「有，有，有。」他連說三次。

「傳令兵叫什麼名字？」矮個子又不吭氣了。

「你不知道他的名字，總該知道他是什麼地方人吧？」

「是四川人」。他問答很快。

燕登甲發現這人說話時，老是用右手去拉左手的衣袖口往下拉。「請你把左手的袖口捲起來。」燕登甲客氣地說。原來手腕上戴著一隻亞米茄手錶。

「看來你這位上尉文書，家中很有錢。不然你這個上尉就是兩年不吃飯，也積攢不了這塊錶的錢。」

矮個子連忙說：「是別人送的。一個親戚在緬甸遠征軍。」

看來問不出實話，燕登甲向他宣傳了三大紀律八項注意後問道：「你講的是真話嗎？如果不是真話怎麼辦？」

他若有所思，好一陣才有氣無力地說：「如果不是真的就槍斃吧！……」

「解放軍是不殺俘虜的，這政策永遠不會變。」

燕登甲順手拿了一張紙：「把你的名字寫下來。」他很快從內衣口袋裏摸出一支鋼筆，寫了「方正馨」三個字。用的是一支派克筆。

「不簡單，上尉文書要買一支派克筆，得一個半月薪水。」燕登甲說。

「不，不，也是那位親戚送的。」他急著解釋。

三天後，從已解放過來的戰士中，找到一個叫李永志的戰士。這人曾給黃維開過幾年小汽車。他圍著這矮個子繞了一圈一眼看到脖子上的一顆黑痣。

「他正是黃維！」

矮個子低垂著頭，汗珠直往地下掉，燕登甲把他那天寫的假名字撕掉了，又拿出一張紙，「你把真實的姓名寫下來。」矮個子伸出發抖的手，用派克筆在紙上寫了兩個核桃大的大字：「黃維」。

倔強的戰俘

胡璉逃到了蚌埠，以後又帶著重建的十八軍去了台灣。這個黃維在南平集附近的周莊被俘，身上那一大包安眠藥沒有用上。吳紹周也一同被俘，還有一批高級軍官。這裏還要補充的是俘獲黃維的是中野三縱七旅孔二川的四個戰士，立了一等功，被選為「殺敵英雄」。這原是歷史的空白。

中野聯絡部長楊松青（曾是黃埔生）打算用這些俘虜的將官打攻心戰，動員十二兵團的高級將領給被圍在陳官莊的杜聿明、邱清泉寫勸降信。八十五軍的參謀長陳振威寫好了信，請各人簽名，一個個都簽了。只有黃維不簽。

一個年輕的新聞記者找黃維談話，問到他為什麼不早些投降。他把桌子一拍，大吼起來：「只有戰死的烈士，沒有苟活的將軍！我為什麼投降，為了國家民族利益，我要戰鬥到一兵一卒……」這年輕的記者也火了：「你代表什麼國家民族！你只代表封建官僚！代表四大家族！」

「你胡說八道！」黃維失去將軍的文雅，他似乎要動手。

笨重的蒸汽機車，噗哧噗哧噴著濃煙，車廂裏是黃維和一些被俘的將領。天色微明時，這輛俘虜專列到達徐州北線的韓莊車站，要在這裡加水加煤。

一宿沒有合眼的黃維，這時正在迷迷糊糊之中，只聽得窗外人聲嘈雜，側身細聽，傳來的是一片叫罵聲，有一句他聽得清清楚楚：「讓老蔣的走狗黃維站出來！」他想，共產黨把我拉到這裏，大概是要當眾「處理」；後來明白根本不是。

原來這裏有解放軍的一個野戰醫院。傷員都是從雙堆集戰場上下來的，他們想看看黃維、楊伯濤到底是怎樣的兇神惡煞，一時間都聚集到車前，鼓噪著要看看這兩人。

押送的幹部耐心地解釋：「同志們，這不行啊！這是奉黨中央毛主席的命令，押送到後方去的……」

「不行，要他們出來！不行，我們一定要看！」喊聲還是不停。

押送的幹部動搖了。和傷員們約定，不能辱罵，只是看。

一位押送的戰士，走到黃維面前，語氣強硬地說：「黃維，你頑抗二十七天，我們的傷員對你十分氣憤，大家要求見見你。你要老老實實認識你的罪惡，現在，你站到車廂門口去，我們保證你的安全。」

他霍地站起來，挺胸、昂首走到車廂口，楊伯濤跟在後面。

「我就是黃維！」

車下的傷員感到奇怪。這個俘虜竟敢這個樣子。也有人嘟囔著：「他媽的……兩個小個子！」

不肯認輸而確實輸了

北京北郊功德林戰犯管理所，解放後黃維曾關在這裏。一同關在這裏的還有杜聿明、王耀武、康澤、宋希濂等國民黨的將領。

一九五七年五月二十八日，從香港回大陸的著名作家曹聚仁去功德林訪問，和杜聿明、王耀武、康澤、宋希濂、黃維等五人，談了一小時的話。杜聿明、宋希濂都暢談自己對新中國的觀感，談改造和學習情況。王耀武沉默寡言。黃維不發一言，只是靜靜聽。

一九六八年，黃維從北京秦城監獄轉送到撫順戰犯管理所，以後經過一段時候，一九七五年三月，得到特赦後回到北京，一九八三年

被聘為全國政協委員。長達二十七年的改造，他還沒有完全忘掉雙堆集之敗，在政協會上碰到兩個人，他的感情不同平常。

一個是郭汝瑰，曾是國民黨國防部的中將作戰廳廳長，中共地下工作人員。他設計了淮海決戰的計畫，送給地下黨，把黃維引進了包圍圈。

另一個就是隱蔽在他眼皮底下的中共黨員廖運周，率一一〇師五千餘官兵，突然在陣前起義，頓時亂了黃維的陣腳。

這兩人也都是政協委員，每年春天，三人聚集京城，商議國是。按通常理解，該摒棄前嫌，共同攜手，放眼未來。黃維呢，看到兩人總是瞪大眼睛，狠狠地盯住，以不同尋常眼神。

據說郭汝瑰看到黃維總是繞道走，廖運周因眼睛不好，常和黃維對面相逢，這就得接受黃維不同尋常的眼神。

時間到了一九八五年。北京西郊軍事博物館舉行抗日戰爭勝利四十周年展覽。與以往不同的是也有國民黨抗戰的內容（此前的宣傳都是國民黨不抗戰），承認了國民黨的抗戰。

解放軍上將楊成武將軍帶著十多位「特赦戰犯」前住參觀，黃維也在其列。也許是因為展出的是抗戰，黃維特別興奮。一九三七年，抗戰軍興，他中斷留學從德國回來，立即參加抗戰。在上海、皖南、廣西等地和日本人打過不少仗，最忘不掉的是一九三九年九月，率十八軍在九江至南昌一線，頑強截擊由岡村寧次指揮的日軍第十一軍的五個師團。雙方在箬溪激戰三天三夜，最後十八軍勝了。他登上山崖，淌著眼淚告別戰場。

參觀中間休息了，黃維端著茶杯邊喝邊侃戰爭。侃著，侃著，走火了。談起了一九五〇年金門島之戰（登岸的解放軍全軍覆滅），胡璉在那裏，得到勝利。接著，他竟手舞足蹈宣稱：「如果那時給陳毅一百萬軍隊，給陳誠一百萬軍隊，蔣介石不插手，再打一仗，誰勝誰負還難說呢，」

正說到得意處，距離不太遠的楊成武傳過話來，是針對黃維的那番高論：「共產黨承認國民黨雜牌軍和日本人打了幾仗（筆者注：長沙會戰、武漢會戰，許多正面大會戰都是國民黨正規軍打的），是我們共產黨人有尊重歷史的胸懷。不要看了這個展覽就忘乎所以，

黃維（右）

共產黨領導中國人民進行艱苦卓絕的八年抗戰，這個功績誰也抹殺不了！共產黨打敗了國民黨，是順乎歷史潮流，這案誰也翻不了！」楊成武上將疾言厲色當場回擊了他。

他端著茶杯，一動不動，這時他不想回答。

儘管黃維不認輸，戰場的失敗是無法改變的歷史，晚年的另一項失敗更是他終身的遺憾。

「永動機」是早被科學證明根本不可能實現的，然而他偏有研究「永動機」的浪漫設想。在一篇論文裏。他表述心跡：「在科學技術史上，許多重大發現，最初總是由大膽的猜想開始，逐漸得到證實，並發展成為科學史上重要成就。關於征服『重力』創制重力發動機的設想，不妨做如是觀。」在他看來，有了信心就能創造人間奇蹟。

整整二十年，他設計、製造、試驗、失敗；再設計、再製造、再失敗……他先後製造了四個「永動機」，一個比一個大，失敗也一次比一次慘。在他去世以後三年，一台兩噸半的「永動機」，仍然躺在他家所在那幢大樓的地下室裏。幾年前，拍攝（《大決戰》）影片的導演和演員出於好奇，舉著大燈，鑽進地下室看了一次，那老大老大的傢伙，著實把眾人嚇了一跳。「難以想像，難以想像」，眾人異口同聲。

這就是有鮮明個性不肯認輸的黃維。

這也就是有很多的故事的黃維。

他——在一九八九年去世。

黃維晚年境況

據黃維的女兒黃慧南説，一九七五年黃維經特赦恢復自由身後，與在獄外苦苦等待了二十七年之久的夫人蔡若曙僅有一年幸福團聚，夫人就投河自盡。對他是極大打擊。

蔡若曙是杭州姑娘，名門閨秀，父親蔡仲初是當地名流。當年黃維在北京陸軍大學特一班畢業後，路經杭州，到蔡府作客，與若曙相識，不久成為蔡府的乘龍快婿。夫妻恩愛，生活幸福。

此後黃維在淮海戰場被俘淪為戰犯，蔡剛生下頭生女兒。母女兩人苦相守。黃維囚禁於北京功德林時，夫人去探監，勸丈夫加快改造，聽政府的話，屢屢被黃維罵回來，説她幫助共產黨來教育他。夫人仍矢志不移，堅貞等待。歷經多番運動，組織動員、朋友相勸，要她離婚，她從不考慮。一九五九年與一九六六年兩次特赦均無黃維，她失望、痛苦，乃至精神失常。黃維特赦後，她的病態並未減輕，恐怖難釋，時時感到丈夫會被人帶走。最後精神崩潰，導至投河的悲劇。

黃慧南還説，黃維晚年仍保持軍人作風。作息按時，走路邁正步，腰板挺直。他關懷舊部屬，為死者造墓，寄撫卹金。此後與台灣有了聯繫，一九八九年為去台作準備。計畫去台後，看望陳誠夫人譚祥，足見他不忘當年陳誠提攜之情。詎料去台手續將辦妥時，他突發心臟病而離世。

一代名將，於此凋謝！

（黃慧南口述見《三聯生活週刊》二〇〇一年第一期）

黃百韜戰死之謎

一九四八年，江淮之間爆發了一場中國歷史上罕見的大決戰──淮海會戰。國共雙方投人兵力一百四十餘萬，決戰六十五天，戰役第一階段，國民黨第七兵團所屬部隊十二餘萬人全部覆滅，中將司令官黃百韜戰死。多年來關於黃百韜之死，或語焉不詳，或人言言殊。筆者堂兄李頤成為七兵團電台台長，隨二十五軍副軍長楊廷宴一起，跟著黃百韜突圍。楊廷宴目睹黃百韜之死，曾將現場情況告之筆者堂兄。堂兄再轉告筆者。現以紀實手法揭示這隱藏八十餘年的謎案。

一

遼瀋戰役敗局底定，蔣介石指定國防部擬訂一個「集中兵力於蚌埠附近以擊破共軍攻勢」為目的的「徐蚌會戰」計畫。

黃百韜

原決定由白崇禧統一指揮，白崇禧抗命，這樣任務就落在參謀長顧祝同身上。

顧祝同帶著作戰廳長郭汝瑰，於一九四八年十一月四日上午匆匆由南京飛到徐州，不待休息就主持軍長以上參加的作戰會議。

郭汝瑰講完作戰計畫，顧祝同掃視一下會場，會上氣氛沉悶。「請大家暢所欲言」，顧祝同把眼睛看著七兵團中將司令官黃百韜。

黃百韜出身低微，早年是北洋軍閥李純的傳令兵，李純看他眉清目秀，說話機靈，便把身邊的一個愛婢賞給他，又送他到金陵軍官教育團學習。李純死後，奉系軍閥張宗昌進攻江蘇時，黃百韜被俘。張宗昌曾擔任過金陵軍官教育團團長，與黃有師生之誼，黃歸降了張。蔣介石北伐，張宗昌潰敗，他又投蔣。一九四一年，三戰區長官司令顧祝同需要參謀長，何應欽推薦了郭寄嶠與黃百韜。蔣介石考慮郭是衛立煌的老參謀長不能他調，就選了黃百韜。山東孟良崮戰役，七十四師張靈甫全軍覆滅，黃百韜因救援不力，本要治罪。還是顧祝同幫了忙才平安無事。

「總座，據卑職之見，共軍主力由臨沂一線撲來，首在謀我七兵團。我兵團遠離徐州，孤軍突出，極易擊破，再目前我軍分佈在隴海線兩側，兵力分散，也難協同作戰，我建議以徐州為中心，集結各兵團，深溝高壘以烏龜戰術對付共軍……」

這早已是南京大本營的既定方針，目的是讓劉峙，邱清泉、李彌、孫元良、馮治安等人統一思想。會議爭論了一陣，顧祝同才宣佈：

（一）徐州守備部隊應切實加強工事，堅固守備。

（二）第二兵團以永城、碭山為中心集結，並在附近清剿。

（三）第七兵團撤回運河西岸，向徐州方向靠攏。

黃百韜心中暗暗高興：「總長是向著我們的。」

二

　　黃百韜於十一月四日下午回新安鎮，本擬立即召開部署西撤的會議，忽然接到劉峙來電，要他在原地等待遠在海州的四十四軍到後再撤。

　　此時華東野戰軍先頭部隊已迫近郯城，有合圍夾擊勢態，黃百韜正急得如熱鍋上的螞蟻，來了兩個不速之客。其一正是第九綏靖區司令官李延年（四十四軍隨他從海州西撤）；另一個是戰地視察官李以劻。後者是蔣介石的欽差大臣。

　　黃百韜把兩位將軍請到地圖前，說：「我兵團處於極不利的地位。要在新安鎮打，孤立無援；西撤徐州，不到徐州就會與共軍遭遇，而且運河上未增添橋樑，勢必遲誤我們的行動。四十四軍至今未到，讓四個軍等待一個軍，這是什麼戰術？如果我們被圍，徐州戰局就要陷入不利之境。真是將帥無能，累死三軍。」

　　黃百韜不點名的罵起劉峙來，他拉著李以劻的手說：「老弟，如果這次會戰垮了，將來怎麼辦？」他又帶著顫音說，「國事千鈞重，頭顱一擲輕。我個人的生死是不足惜的。」

　　「煥然兄，你不要把形勢看得太緊張了。」李以劻安慰他道。「你手裏有五個軍，十多個縱隊，共軍未必會拿你怎樣？」

　　「是啊！這也許是老兄建立功勳的時機了。」一旁的李延年說風涼話。

　　黃百韜沮喪地說：「今天的國共相爭，就像當年的楚漢之爭。都在這徐州會戰，結局難以預測啊！」

　　李以劻又安慰他一番，扯了一些別的事就準備告辭了。

　　臨別時，黃百韜說：「請轉告劉老總（劉峙），各兵團要快快集結，遲了必誤大事。」「如我被圍，希望別的兵團能夠相救。古

人說，勝利舉杯相慶，敗則死力相救，我們是做不到的。不過，這次戰事與以前不同，主力決戰，關係存亡。如果相互坐視，必同歸於盡。」

李以劻點了點頭，再也想不出更好的話安慰他了。

「老弟，你是總統派來視察戰場的，我黃某受總統知遇之恩，生死早置之度外，絕不辜負總統期望。我臨難是不會苟免的，請一定轉達總統！」

黃百韜哽咽著說完這番話。燈光下，李以劻看到他的淚光在閃動。

這時已是十一月七日晨一時二十分。

黃百韜最後又說：「國民黨是鬥不過共產黨的，人家對上級指示奉行徹底，我們則陽奉陰違。」

三

送走兩位大員後兩小時，黃百韜只用了兩小時就把七兵團撤出新安鎮，西逃徐州。

一時間，車輪滾滾，塵煙彌漫，人喊馬嘶。蔣軍士兵恨不得多生兩隻腳。

戰場情況，瞬息萬變。消息傳來，第三綏靖區的五十九軍和七十七軍，在何基灃、張克俠兩將軍率領下，於戰場起義。徐州告急！

第七兵團撤了一半路程，黃百韜接到情報，共軍七個縱隊已從新安鎮尾追上來，前面退向徐州的通道曹八集和大許家，有可能被解放軍堵住。黃百韜出了一身冷汗，他最擔心的是面前滾滾大運河，只有唯一的一座鐵橋，十多萬大軍如何通過。幸好六十三軍軍長陳章堅持自率部隊開赴窯灣鎮，在那裏徵集民船過河。

黃百韜下令按六十四軍、四十四軍、兵團部、二十五軍和一〇〇軍的序列通過，八日正午前必須全部撤過運河，在碾莊集合。

破曉時分，黃百韜親到運河橋頭，只見幾支探照燈像利劍一樣刺向橋上，照得橋面亮如白晝。密如蟻群的人流，前擁後擠，爭先恐後向橋西衝去。汽車鳴笛聲，步兵的喊叫聲亂成一片。

各部陸續在碾莊會師。兵團司令部剛安頓好，徐州剿總來了電話，因何基灃、張克俠投共，徐州門戶洞開。原駐大許家一線的李彌兵團要撤回徐州。

又一個不祥的消息來到。六十三軍軍長陳章來電告急，該軍沒有徵到船隻，受困於窯灣鎮。

黃百韜清楚，這種局面是國防部和劉峙要他等四十四軍造成的。他決定在碾莊集結休整。明天上午八時，各軍長到兵團部開會，決定下一步行動。黃百韜當即趕到十三兵團司令部去，他要敦促李彌顧全大局，不能放棄大許家、曹八集一線。

晚九時許，十三兵團司令李彌接待了黃百韜。黃百韜告訴李彌；「貴兵團千萬不能撤。現我兵團還沒有完全過河，你們一走，我們就要腹背受敵，斷了退路，不妨你我合作，打共軍一個措手不及！」

「這不好辦呀，劉峙今天一天就來三次電話，不撤不行呀，……」李彌裝作無奈的樣子。黃百韜帶著失望回碾莊。

第二天，四個軍長先後來到兵團部，聽黃百韜的部署。

「……現在形勢險惡，各部需晝夜兼程，乘東面共軍還未接近運河鐵橋，西面還沒有切斷隴海線，我們要迅速推進到大許家、曹八集，與徐州連成一片。」

黃百韜強打精神說完後，問：「大家有什麼意見？」

第一個說話的是六十四軍軍長劉鎮湘。他的部隊是有較強實力的廣東軍，抗戰時期和日本人打過硬仗。六十四軍最先過運河，沒有什麼損失，又接收了十三兵團第八軍留下的工事。他主張就地不動，快一些決戰，挽回劣勢。

「我看還是西撤一里好一里。留在這裏，萬一被圍，誰來救我們？靠邱兵團，有可能嗎？」二十五軍軍長陳士章主張西撤。

「哼，」黃百韜冷笑，説：「就是相隔五里也不會來救的。」

會場靜了下來。

四十四軍軍長王澤浚，因目前的困境就是由他的部隊所造成的，自然沒有説話的地位，因此默默無語。

一〇〇軍軍長周志道因為過橋時，他的部隊違紀，再説他本不是黃百韜的部隊，得罪哪一方都不好，也來個悶聲不響。

「司令官，你就做決定吧。要打就打。」這邊劉鎮湘又逼黃百韜下決斷。

黃百韜沒有立刻回答，他看了一下地圖，蹙著眉頭思忖，徐州距碾莊兩天路程，如果被圍，只要邱清泉、李彌、孫元良全力救援，裏應外合，是可以擊潰共軍的。到時説不定還可以建立一番功業呢。他正在沉思不決時，國防部又來了急電：「如有必要，可在碾莊略加休整。」這樣他就下了決心：兵團司令部置於碾莊不變；第二十五軍佔領碾莊以北之小牙莊、尤家壺一帶，向北防禦；第六十四軍佔領碾莊圩以東之大院上、吳莊，向東防禦；第四十四軍守碾莊圩車站及車站以南之各村莊，向南防禦；第一〇〇軍位於彭莊、賀台子，對西防禦。各軍炮兵集中使用。碾莊，距徐州不足五十里的小村，因黃百韜一著之失，成為兩軍劇烈鏖戰之地。當李彌放棄曹八集、大許家西撤徐州的翌日，華野戰軍第七、十、十三這三個縱隊滾滾南下，與隴海線南側的十一縱，江淮獨立旅南北對進，迅速佔領徐東這兩個重要據點。黃百韜的十二萬大軍被圍得嚴嚴實實。

四

一九四八年十一月十八日。

黃百韜在兵團司令部長吁短歎。困守碾莊已經十天，壞消息一個接一個傳來。十七日傍晚，碾莊西的彭莊、賀台子被共軍擊破，一〇〇軍周志道軍長負傷逃回碾莊；四十四軍第一五〇師師長趙璧光臨陣投降，全軍崩潰，軍長王澤浚被俘；第六十三軍在窰灣鎮渡河未成，固守不到三天，就被共軍擊破，軍長陳章戰死；第四十四師在曹八集進退兩難，師長劉聲鶴自殺……僅僅是十天，統帥的五個軍已被殲三個軍暨一個師，防禦陣地已丟掉二分之一多，真已面臨絕境。

幾天前，黃百韜還登上司令部的屋頂，遙看西方是否有援兵到來，一次次都是失望。盼望別人來救，這是渺茫的。

下午，黃百韜穿好全部戎裝，帶著參謀長魏翱，來到二十五軍陣地，現在只有二十五軍和六十四軍還建制完整具有作戰實力。他把希望寄託在這兩個軍身上，他親自來鼓舞士氣。

野地裏，許多士兵正在趕挖工事，見司令官走來都停下來敬禮。黃百韜笑著說：「你們加緊幹，援兵就要來了！」

天空忽然傳來飛機的轟響聲，一架銀色的飛機正在碾莊上空盤旋。黃百韜抬起頭，只見一個降落傘，飄飄而下，士兵們歡呼起來。他們以為空投的又是糧食彈藥。降落傘落地了，士兵們在地上拾起一個盒子，打開一看，是一封信。二十五軍軍長陳士章交給了黃百韜。

這是蔣介石給黃百韜的親筆信：

煥然司令弟勳鑒：

此次徐淮會戰，實為我革命成敗、國家存亡之關鍵，務希嚴
令所部切實訓導，同心一德，團結苦鬥，期在必勝，完成重
大之使命，是為至要。順頌戎祉。
各軍師長均此
中正手書

黃百韜看罷默默不語。

兵團部電台李台長，給黃百韜接通了地對空電台。話筒裏傳出
顧祝同的聲音：「煥然老弟，你還好嗎？」

「總長，謝謝您的關心，我很好！」黃百韜的眼睛濕潤了。

顧祝同又安慰黃百韜，竭力向他打氣，但說到增援部隊的進展
時，似有難言之隱⋯⋯

黃百韜自然心裏明白，他想到顧祝同曾對他的提拔與照顧，不
禁心中酸楚，哽咽地說：「總長，請放心，我七兵團一定戰到一兵
一卒，只是⋯⋯」

顧祝同被激起了同情心，覺得該說真話了，他說：「東援的
邱、李兵團，現被阻在大許家、薛家湖，困難重重，如果你能全線
突圍，還是自己突圍為好⋯⋯」

這樣一說，黃百韜知道連顧祝同也對東援消極，他絕望了。長
歎一聲說：「我永遠銘記著總統的厚愛和總長的栽培，我會對得起
總統、總長，犧牲就是了。」

高空中飛機消失了。黃百韜憤憤看了一眼。

五

一九四八年十一月二十一日。

碾莊的戰鬥到了最後關頭。

晚十時，黃淮平原像地震一樣顫動，數萬發炮彈突然傾瀉在碾莊圩所有的建築物上。三十分鐘後，這兩百餘戶的村莊夷為平地。

一條七八丈寬的水壕卻擋住了中共華東野戰軍戰士的去路。成了黃兵團士兵的最後屏障。唯一的通道是一座石橋，黃兵團用五挺機槍和火焰噴射器封鎖著。

二十與二十一日這兩天，每天都是上萬發炮彈的轟擊，石橋已經不存在。華野共軍潮水似地衝過水壕。

二十五軍副軍長楊廷宴衝進掩蔽部，對黃百韜大聲喊：「司令官，快走吧！」

黃百韜爬出掩蔽部走到院子裏，抽出長長的指揮刀，狠狠砍在一株老槐樹上，長歎一聲：「完了！」在一群人簇擁下離開碾莊。

這是二十一日下午。

黃百韜、楊廷宴與一干人員，出現在碾莊圩東北方向的吳莊。吳莊是六十四軍一五六師指揮所的駐地。整個七兵團就剩這一方土地了。

困守碾莊的四個軍，六十四軍的陣地最為堅固。軍長劉鎮湘利用了李彌兵團的既設陣地，又加以改造。他利用犬牙交錯的近十個村莊，構成蛛網式的陣地，村與村都以工事聯繫，槍眼從平地射出，成為層層火網，這使六十四軍在碾莊被突破下，仍能有相當範圍的陣地。

劉鎮湘看到黃百韜的來到，知道碾莊已失，自己陷入腹背受敵之境，抵抗已不可能。

當晚，黃百韜與劉鎮湘等商議突圍，沒有取得一致意見。

二十二日下午，吳莊已不可守。劉鎮湘也同意突圍。

冬日天短，天漸漸黑下來。黃百韜指揮著六十四軍的殘部開始向吳莊西北方向突圍，企圖與四十里外之塔山的李彌兵團會合。衝出不久，遇到炮火的猛烈阻擊，一行人就衝散了。筆者堂兄就在這時沒有跟上黃百韜，只有楊廷宴和少數勤務兵還跟著黃百韜。

前面是一片葦灘地，子彈密如飛蝗，黃百韜前後的人員都紛紛倒下。雜亂的槍聲中，只見黃百韜一個趔趄，身子突然撲倒。原來他腿部負傷了。

黃百韜掙扎著起來，含淚對楊廷宴說：「我已不行了，我實在糊塗。一是我為什麼那麼傻，要在新安鎮等四十四軍兩天；二是我在新安鎮兩天之久，又為什麼不在運河上架設浮橋……還有我想不通的是李彌兵團既然要來援救我們，為什麼當初不在曹八集附近掩護我們西撤……」

「一切都晚了。我是對得住黨國的。我的犧牲可以使別人知道，國民黨還有忠心耿耿的人。你不要管我了，你年紀還輕，希望你能突圍出去……」

楊廷宴正待勸他，忽見黃百韜猛掏出手槍，對自己的頭部開了一槍。槍響後，黃百韜沒有立刻死去，在地上左右翻滾，痛苦萬狀。看來救活無望，楊廷宴不忍見他掙扎的慘狀，用槍抵住他的胸口，扣動了扳機。黃百韜「哼」了一聲就此死去。

一個解放軍搜索過來，大聲問：「幹什麼的，他是誰？」

楊廷宴帶著哭聲回答：「我……我是伙夫，死了的是伙夫頭，是我的哥哥。」說著嚎啕痛哭起來。

解放軍看他滿臉淚痕，又穿著士兵衣服，也許又為他的親情所感動，轉身走了。

天已經完全黑下來。雙方炮火平息。利用這間歇，楊廷宴在地上拾到一件大衣，把屍體裹好，在一棵大枯樹下挖一個坑。又在黃百韜的口袋裏翻了幾下，摸到一個銅牌，借著炮火的光，見上有「來賓證」三字，另一面刻著「十七號」。這是晉見蔣介石的特別通行證。他仍把銅牌放在黃的口袋裏，草草掩埋。

這時已是二十三日臨晨四時。

楊廷宴一口氣跑到蚌埠。第一件事就是設法運回黃的屍體。找到了一位朋友的親戚，是一個姓王的青年。看上去還機靈老實。楊向他介紹了埋葬的地點和口袋中的信物。當場先付一根金條，言明運回後再給兩根。另給幾枚金戒指，便於他途中花用。還說好，楊在浦口等他。

那王姓青年，晝夜兼程，匆匆趕到吳莊。這時碾莊一帶戰火已停，曠野裏到處都橫躺著凍得僵硬的國民黨士兵的屍體。在吳莊葦灘地的那棵大枯樹下，他找人挖出黃百韜的屍體。

這姓王的還頗機靈，找來一個趕馬車的，好說歹說，說給四枚金戒指，先給兩枚，運到浦口後再給兩枚。於是兩人七天七夜，曉行夜宿，經靈壁、五河，繞嘉山、來安。終於把屍體運到了浦口。

楊廷宴早已等在那裏，屍體一到，用力剝開大衣一看，屍體凍得僵硬，光看一雙腳，竟沒有鞋子。一個兵團司令落得如此下場，楊廷宴哭了一場，然後去浦口街上給黃百韜買了一雙皮鞋穿上。

黃百韜配戴的臂章與照片

......

　　蔣介石先後聽到李以劻、楊廷宴報告黃百韜的死訊，連連歎氣，隨後說：「黃司令官臨難不苟免，臨危負重任，壯烈犧牲，功在黨國。他的事蹟記在黨史，我已下令公葬，厚恤家屬。」

　　幾天後，公祭黃百韜於南京白下路殯儀館，國防部派參謀次長林蔚代表蔣介石哀悼。事後厚葬黃百韜於南京太平門外的筆架山。

魂斷淮海

——邱清泉之死

　　將軍的事業在戰場，同樣，將軍的歸宿也往往在戰場。

　　甌江入海口的一個普通農村，一九二〇年左右，有位農家子弟投筆從戎，適逢時會，扶搖直上。中國創建第一支機械化部隊有他，以後帶著國民黨的王牌軍，轉戰南北，官居中將兵團司令官。蔣介石備加倚重……

　　然而他驕悍成性，任性行事。一九四九年初，淮海大決戰，在茫茫大雪中，他暴屍於野，結束了戎馬生涯。

　　他是誰？

一

　　一九四八年十一月十一日。冰封世界，河川斷流，鵝毛大雪扯綿揉絮地下著。江淮平原一年中最寒冷的季節。

　　徐州，九里山。「九里山前擺戰場」，當年楚漢鏖戰之地。如今國共兩軍又在這裏決戰。九里山此刻正是國民黨中兵力最雄厚的第二兵團的防地，擔負著拱衛徐州的任務 。

第二兵團司令官邱清泉接到部下報告，黃口的共軍正在向南撤走，正面的壓力大大減輕。邱清泉暗自高興。

第二兵團原駐河南商丘，商丘的諧音是「傷邱」。邱清泉一直憂心忡忡，因為地名不吉利。由於第三綏靖區的第五十九軍和七十七軍在張克俠、何基灃兩將軍領導下戰場起義，徐州告急。邱兵團才調來徐州，豈料共軍即尾追而來，同時又傳來黃百韜的第七兵團被困於碾莊的消息，這使邱清泉舊愁甫解又添新愁……現在總算有了共軍南移，他不免慶幸。

「司令官，徐州剿總剛才電話通知，請您即去徐州開緊急會議。」參謀長李漢萍匆匆跑來通知邱清泉。

「這劉經扶（徐州剿總司令官劉峙）又有什麼新花招？」

「是杜副司令官（杜聿明）通知的。」

「是他來了，好。就走！」杜聿明是邱清泉的老上級，是他通知的，邱清泉立即動身。

中午，邱清泉來到徐州剿總。同時接到通知的還有第十三兵團司令官李彌。

稍事寒暄，杜聿明把兩人帶進剿總作戰室。剿總司令劉峙、參謀長李樹正早在室內等待。

「請兩位來，有個重要任務要交給你們。」杜聿明開門見山地說。

邱清泉心裏嘀咕了一下：「莫非要我救援黃百韜。」

他嘴裏說：「什麼任務？老總您說。」

「第二、第十三兩個兵團立即東援黃百韜。」

果然被邱清泉猜中，他的臉一下陰沉下來。從鼻孔裏哼了一聲，說：「黃百韜咎由自取，行動緩慢，才被共軍套住，該叫他自己突圍。」

杜聿明兩眼盯視著他：「雨庵（邱清泉之字），解黃兵團之圍，這可是校長的命令。」

邱清泉不再吭聲。

邱清泉此人桀驁難馴，人稱「邱瘋子」。只有杜聿明摸透他的脾性，還能駕馭他。這是因為杜聿明對他有知遇之恩。

溫州龍灣區蒲州鎮，甌江入海口南岸的一個農村，一九〇〇年邱清泉出生在這裏。早年就讀上海大學，後來，轉入黃埔軍校二期工兵科畢業，參加過東征、北伐。十九世紀三十年代初，國民黨第三次圍剿中共的中央蘇區，他任宣傳處上校科長，撰寫給林彪、徐向前的「勸降書」，企圖在心戰上效力。後來他去德國柏林陸軍大學深造，因此他的兵學修養要比國民黨的一般高級將領要高得多。杜聿明受命創建中國第一支機械化部隊，首先就點中邱清泉當他的得力助手，因此兩人關係非同一般。而邱清泉作戰也極英勇，抗戰時期他率所部新二十二師，與戴安瀾的第二〇〇師等友軍曾血戰崑崙關取得大捷。以後他歷任第五軍副軍長、軍長。一九四八年八月，國防部以第五軍為骨幹組成第二兵團，邱任副司令官。後來接替杜聿明成為司令官。憑著他的這番經歷，他目空一切，連顧祝同都敢頂撞，唯獨對杜聿明卻不能不聽從。所以杜聿明說了一句話，就把邱鎮住。

要說為黃百韜解圍，邱清泉心裏老大不願意，同年七月的豫東戰役，區壽年的整編七十五師被共軍圍住，邱清泉的新五軍與黃百韜的整編二十五師同時奉命赴援睢杞，黃部陷入華東野戰軍重圍，邱部也被共軍阻於桃林崗一線，動彈不得，蔣介石親函指責，要邱「挽回全局，將功贖罪」。雖後來邱清泉率坦克衝鋒，救出黃百韜部，仍落得個被蔣介石「嚴厲申誡」，而黃百韜部卻得到老蔣親賜青天白日勳章的榮耀……

「雨庵，你怎麼不說話？」杜聿明又問了一句。

「沒有什麼好說的，按老總的命令辦就是了。」

杜聿明微微一笑，回過頭來問李彌：「十三兵團有困難嗎？」

「沒有問題，請兩位老總放心。」李彌部是只有兩個軍的小兵團，他的根基也遠比不上邱清泉，他自然唯命是從。

「好！我現在作如下命令：以第十六兵團（孫元良部）守徐州。第二、第十三兵團全力解黃兵團之圍。令十二兵團（黃維部）向徐州急進。」

「各兵團迅速照這命令行動。」劉峙也以剿總司令身份插了一句。

二

邱清泉帶著一肚子悶氣，當日下午匆匆趕回九里山兵團司令部，立即和參謀長李漢萍部署了攻擊方案。

十三日早晨。連日雨雪難得的一個晴天，太陽一早就露了臉，照著白雪皚皚的大地，紅裝素裹，分外妖嬈。

九時正，忽聽得天空一片轟鳴。數十架轟炸機，飛臨徐東鄧家樓至林佟山一線上空，這裏是華東野戰軍七縱、十縱、十一縱的防地。飛機俯衝、掃射，炸彈狂瀉。二十餘公里的地面成了一片火的海洋。

飛機剛離去，炮彈又像冰雹一般傾瀉，延伸射擊後。坦克出動了，戰車跟進，後面是蟻樣的步兵……

邱清泉恃強好勝，把他的嫡系部隊第五軍、第七十軍都放到第一線，親自帶著兩隻黑色的狼犬到林佟山前線督戰。他知道今天杜聿明來到前線，要打出個樣子給這位老上級看看。

邱清泉對著話筒喊叫，命令第五軍四十五師師長郭吉謙趕快攻擊前進。

「報告司令官，我們遇到強烈阻擊，傷亡很大……」郭吉謙這樣回答。

「我們是王牌軍，不是膿包，對付這些土八路都沒有辦法！？」邱清泉吼道。

郭吉謙看著面前一堆堆官兵的屍體道：「只有我自己帶著衝了……」

這時，李漢萍送來了蔣介石給邱清泉的電報：

> ……黨國存亡，在此一舉。吾弟應發揚黃埔精神，為國盡忠，為民族盡孝，不惜一切犧牲，將當面之敵擊潰，以解黃兵團之圍，否則軍法從事。

不看猶罷，一看邱清泉的牢騷上來了，憤憤地對李漢萍說：「今天來個『軍法從事』，明天來個『軍法從事』，我們在前方拚命，路隔千里的南京倒自相驚擾起來，準備往西南搬遷，真是滑天下之大稽！這種仗還有什麼可打？老頭子為什麼自己又不來呢？如果他自己坐鎮徐州，即使坐在飛機裏，誰又敢不替他賣命？」

儘管邱清泉這樣發牢騷，但蔣介石的親啟電卻不能置之不理，他親自跑到四十五師的前沿陣地，去指揮該師攻擊孫莊。

「給我組織敢死隊，一定拿下孫莊。」邱清泉命令郭吉謙。

「有種的參加敢死隊！拿下孫莊，士兵賞光洋三十，官長連升三級。」郭吉謙在陣地上大喊。

「我去！我去！」報名的只有六、七人。

「你們不報，我來指定。」

兩個營的敢死隊在坦克前導下，衝向這彈丸小村。

當天下午兩點，終於突破了孫莊陣地。剛待打掃戰場，解放軍的援兵就到了，孫莊得而復失。邱清泉垂頭喪氣，回到林佟山。

三

邱、李兩個兵團，像蝸牛爬行，付出慘重代價，兩天不過前進七、八公里。

困在碾莊圩的黃百韜兵團的包圍圈一天天縮小，覆亡在即。

南京的蔣介石，一天中發了兩份十萬火急電報，責令杜聿明救出黃百韜。

杜聿明急得像熱鍋上的螞蟻，眼看正面進攻，勢必曠日持久。無奈只好採用奇計，進行冒險。

杜聿明硬著頭皮，給邱清泉下了一道命令：

> 即日以有力一部，不顧一切犧牲。鑽隙迂迴，向大許家突進，限在一日之內確實佔領大許家，以解黃百韜兵團之圍。違則軍法從事。

「違則軍法從事」，杜聿明對邱清泉從來沒有用過這樣不客氣的字眼。邱清泉感到事態確實嚴重了，想來老頭子在逼他。但是「鑽隙迂迴」又談何容易，一旦被共軍揪住，勢必全軍覆滅。邱清泉是趴在地圖上沉思著。

「潘塘」兩字跳進邱清泉的眼瞼，他用鉛筆劃了一條線，腦中形成一條攻擊路線。決定讓第七十四軍領這任務，該軍軍長邱維達久經沙場，裝備也算精良。即使這個軍垮了，也不是自己的嫡系部隊。

主意定了，邱清泉拿起電話，對著話筒：「邱軍長，我命令你：給我馬上集合隊伍，今日下午五時輕裝出發，經潘塘鎮、張集、房村。不顧一切犧牲，鑽隙迂迴，向大許家突進，限定明天正午前攻佔大許家。」

邱維達一聽心裏發虛，顫聲地說：「司令官，這不是讓我軍孤軍深入嗎？」

「這是有些危險。但這是總統的命令，不能違拗，立即執行！」「啪」地一聲，他把電話掛了。

……

無巧不成書！

當晚，星月無光。一條公路兩端，一支部隊從西向東，一支部隊從東向西，各自銜枚疾走，快速前進。兩支部隊，猝然相遇。口令，不對！交火了。原是敵對的兩支部隊。從西向東的正是邱維達的第七十四軍，從東向西的是解放軍韋國清、吉洛指揮的五個縱隊，奉粟裕令。採用奇襲直撲邱兵團之後背，迫使其西顧徐州。

「這是土八路！」「這是土頑！」開始，雙方都認為是不難對付的對手，準備打了就走，交上火，才知各自碰上勁敵。混亂中，雙方扭結在一起，有些地方彼此相距只有里許之遙。

邱維達在慌亂中清醒過來，他想到部隊身後的潘塘鎮兵力空虛，萬一失守，徐州難保，兵團就要斷了歸路，立即命令：「佔領陣地，穩住陣腳，以潘塘為核心，作固守防禦。立即報告邱司令官，速派援軍！」

邱清泉聞報，急得六神無主。怎麼一下子冒出五個縱隊的共軍主力，幸好邱維達還老練，應變有方。邱原已睡了，這時一骨碌爬起。命令七十四軍在潘塘固守，又動用他的嫡系部隊第七十軍九十六師星夜趕到潘塘；第十二軍第一一二師不惜一切代價靠攏七十四軍，以鉗擊之勢夾擊共軍；另派七十軍第三十二師從柳集發起攻擊，吸引共軍。他又親用電話，向徐州要求空軍速派飛機轟炸掃射。

一場惡戰開始了。解放軍以三個縱隊的主力，向七十四軍發起六次猛烈衝擊，雙方進行近距離的白刃戰和肉搏戰。戰至午夜四時，第七十四軍五十一師的二陣集陣地被共軍突破，邱維達接到師

長王夢庚的告急電，一橫心，把僅有的一個團的預備隊一七三團配了一個坦克營衝向突破口，全部炮口向突破口轟擊！

炮火映紅朝霞。十七日凌晨，全線陣地終於轉危為安。

粟裕將軍聞報，估計邱清泉已把二線部隊拿了上來，把邱瘋子逼急了，並不上算，不如把他引出徐州，在運動中尋找戰機，加上正面阻擊部隊糧彈兩缺，於是他令韋國清從速後撤，正面阻擊部隊也相繼撤出。

這一下，有人立即抓住機會，「創造」戰功。邱清泉把第七十軍九十六師調上來，本是支援七十四軍，當七十四軍與共軍打得難分難解時，九十六師師長鄧軍林（邱清泉的寵將）按兵不動。聽到共軍撤退，鄧軍林急命坦克衝鋒，繞過七十四軍陣地追擊共軍，一面報告邱清泉。

邱清泉得到鄧軍林報告，大喜過望，一面叫鄧軍林快速猛追，一面打電話給劉峙：「潘塘前線。我軍大獲全勝，共軍潰不成軍，俘敵繳械正統計中……」

四

秋風掃淨了樹端的最後幾片枯葉，金陵古城一片肅殺淒涼。

江淮前線傳來的都是不利的消息，使蔣介石繞室徬徨，憂憤萬端。

十一月十七日下午，一份電報送到了蔣介石手裏，侍從秘書曹聖芬用興奮的語調說：「總統劉經扶來電，我軍潘塘大捷……」

「什麼？」蔣介石懷疑自己聽錯了。

「徐州剿總來電，潘塘大捷！」

蔣介石急忙看電報。劉峙繪聲繪色詳述潘塘大捷經過，說什麼共軍五個主力縱隊，經第二兵團猛烈反擊，一舉殲敵兩萬。現已潰不成軍，我軍前鋒直取大許家，距黃兵團不足十公里……

「好……好……」蔣介石喜不自禁，手顫抖著，一邊又喊：「速叫俞主任（俞濟時。侍從室主任）！」

俞濟時快步跑來。

「傳我的命令：潘塘大捷，應予嘉獎。特授予邱清泉青天白日勳章一座，所部官兵每人賞銀圓三塊。著中央宣傳部部長張道藩速率慰問團和新聞界人士，乘機前往徐州慰問。」

徐州城裏張燈結綵，鞭炮齊鳴。張道藩為團長、南京市長馬超俊夫人沈蕙蓮為副團長的中央慰問團到徐州這天，喜慶氣氛達到高潮。

這個慰問團剛走，十一月二十五日，由國防部組成的慰勞團（團長方治，副團長鄧文儀）又到徐州。這個慰勞團人員龐大，有參議員、立法委員、新聞記者、上海工商界所謂「聞人」、美國新聞處的軍官、國防部新聞局的處長等一行三十餘人，他們到徐州稍事停留後，即到柳集進行現場慰勞。

邱清泉親自接待，大吹大擂吹噓戰績。

「邱司令官，我們到前線去看看大捷戰績好嗎？」慰勞團成員提出要求。

邱清泉大吃一驚，慌忙說：「這，這，第一線可以去嗎？出了危險誰負責任！」

他目視參謀長李漢萍，李立即會意：「第一線陣地上常有敵人打冷槍，去了有危險。」又怕慰勞團不快，立即轉彎說：「就到軍、師部去看看吧？」

背著慰勞團，邱清泉立即分頭打電話給第七十軍軍長高吉人、七十四軍軍長邱維達：「從速準備戰績，限制慰勞團活動。」

這可把兩個軍長急出一身冷汗，要說戰績除了七十軍九十六師在追擊中，繳獲追擊炮三門，步槍十幾支外，其他實在沒有什麼。

「你們真是笨，不能想辦法嗎？」邱清泉在電話裏罵道。

這一下，下面心領神會。除九十六師繳獲的外，又把該師自用的輕機槍十挺，重機槍多挺，步槍數百枝都集中起來。分別拍照，作為戰利品。還把九十六師在十八和十九兩日俘獲的解放軍戰士四十多名。連同從三十二師第九十五團中抽出來的部分士兵拍成照片，冒充三十二師（屬七十軍）的戰績給慰勞團看。果然慰勞團看了非常滿足。特別是聽了三十二師師長龔時英講了一位英雄的事蹟，各人感動得頻頻拭淚。這是十七日潘塘大戰時，三十二師九十五團一個營在崔莊被圍，電話線中斷，有名通信兵，自告奮勇，冒著槍林彈雨，接通了電話，使團部瞭解情況，派了援軍，救出該營。慰勞團聽了經過，回到南京，為這位通信兵請功。授予青天白日勳章。勳章發下來時。邱兵團已落入陳官莊重圍。邱清泉為鼓勵士氣，親自授勳，豈料竟找不著這位「英雄」，原來這人進入包圍圈後，肚子吃不飽，發了些牢騷，被團長袁子惶以「共產黨」的罪名活埋了。不得已，龔時英臨時找了個士兵冒名頂替，接受了那枚榮譽勳章，這是後話。

正當「徐東大捷」、「潘塘大捷」的鬧劇演得著實熱鬧時，被圍在碾莊的黃百韜兵團，於十一月二十二日全部被殲，黃百韜命喪黃泉。邱、李兩兵團的東援任務，自然告一段落。但邱清泉自己在十天後（十二月三日），從徐州撤出時，卻被圍在青龍集、陳官莊一帶。將要步黃百韜的後塵。

五

天公開臉，晴了幾天後，淮海平原又是茫茫飛雪，天氣奇寒。

剛從徐州撤出，邱清泉還氣壯如牛，揚言有幾十萬人馬，打三、五個月沒有問題。那知走出徐州，原是要去救被圍在雙堆集的黃維兵團，豈料杜聿明帶著他們也鑽進了共軍的包圍圈。加上黃百

韜的被殲滅，邱清泉受到救援不力的申斥，撤退途中，他又損兵折將，使他的氣不打一處出……

開始，邱清泉還相信自己總結出來的規律，共軍吃不了我們，最多十天就要撤走。但眼前的事實卻不是這樣。十二月四日邱兵團用兩個軍為前鋒，用坦克、重炮向南攻擊前進，兩側由李彌、孫元良兩個兵團掩護，炮火的猛烈可以說絕無僅有。但共軍巍然不動，自己卻在陳官莊動彈不得。特別在幾天後，突圍的孫元良兵團一下子灰飛煙滅，更使他預感到前景不妙，驕橫之氣一下消失。

邱清泉整天以酒澆愁，脾氣愈來愈壞，沒有一個人敢勸他。

這天上午，太陽從雲端露出來了，他牽著寵犬走出兵團司令部。眼前不遠處，有個年輕的女人走過，白白的臉蛋，留著短髮，雖然是一身軍裝，但非常合身，顯出婀娜的體形。這使邱清泉眼前一亮，這包圍圈中哪來這樣的女人？

「司令官，您好！」這女人沒有避開，卻向他走來敬了一個禮。

邱清泉眼前一亮，細看這女人頗有一番姿色，邱清泉是有妻室的人，夫人葉蕤君沒有隨營，留在南京。

她是陸軍二十四後方醫院的護士，叫陳嫚，年方二十二歲。邱清泉把她帶到司令部。戰場失利，情場得意，邱清泉佔有了她。

算得是燕爾新婚吧，連續幾天邱清泉總是睡到日高三丈方起。這天，上午十點了，他還迷糊著，一雙纖手在輕輕推他：「司令官，起來吧！」他微微睜開眼：「有什麼事？」

「您不是說要請尹監察官來拆個字嗎？究竟我們能不能脫出重圍。」那是陳嫚，她一邊柔情地摩挲著他臉，嘟囔著：「看您這幾天又瘦了，不能少操些心嘛，把指揮的事交給李參謀長。」

「好，好，要傳令兵叫他來吧。」邱清泉邊從鴨絨被裏坐起來。說起這個尹監察官，名天晶，他原是十六兵團的。孫元良曾說

他擅觀天象，深諳五行，還善於拆字。當時邱半信半疑，後來孫元良跑了，十六兵團垮了，尹監察官留在二兵團。

尹天晶被請來到。邱清泉寫了個「笑」字。「你拆拆看。」他想笑總是大吉大利的。

尹天晶緊皺著眉不發一言。

「你怎麼不說話？你直說好了，我不計較。」邱清泉似很豁達。

「笑，上為二人，下為夭，即二人升天也。」

邱清泉裝作毫不介意：「吉凶禍福，自有天定，你不妨再說說近日天象如何？」

尹天晶兩眼看著窗外：「天象倒還可以，只是……司令官，您住的這個院子不吉利！」

「為什麼？」。

他指著院中的一棵槐樹：「四方的院中，中有一木，那不是『困』字嗎？」

「來人，快把那樹砍掉！」邱清泉怒喊。

這時，天空傳來飛機轟鳴聲，外面有人喊：「快看，南京空投物資了。」

邱清泉與一干人都跑出戶外，天空中五顏六色的降落傘，飄飄而下。

陳嫂在外面尖聲叫著：「司令官，我們有希望了。」

「是啊，老頭子總算沒有忘了我們。」邱清泉仰著腦袋看著天空。

六

戰場的形勢，瞬息萬變。一九四八年十二月十五日，被圍於雙堆集的黃維兵團全部被殲。陳官莊的杜聿明、邱清泉還蒙在鼓裏。

十六日，杜聿明召集將領們正在議事，一份電報到了杜聿明手中。「啊！」杜聿明禁不住驚叫了一聲，邱清泉接過來一看，是劉峙發來的：

> 黃維兵團昨晚突圍，李延年兵團撤回淮河南岸。貴部行動今後聽委員長指示。

「為什麼不叫我們雙方同時突圍？或許還有一線生機。現在黃維一垮，豈不都壓到我們頭上！」

「這全亂了套，這樣的指揮簡直糟糕透了。」

「我建議與其坐以待斃，不如今夜就突圍，集中全力衝出去。」

「不行，不行，我的坦克夜間行動會迷失方向。」

在場的人七嘴八舌議論開來，好半天才停止，眾人都把眼睛盯著杜、邱兩人。

「突圍，談何容易呀！」邱清泉長歎一聲。自從他的「共軍堅持不了十天」的論調不能兌現，幾次反攻又都失敗後，他再沒有輕易談論「突圍」。

眾人看他都這樣說，知道事態嚴重，都默不作聲。

一陣難挨的沉默。

還是杜聿明打破這沉默，他環顧全場，提高嗓子說：「我已決心堅守。各兵團加強工事，準備固守，以待局勢發展。」接著他又說：「舒參謀長，明日你給我飛南京請示！」

舒適存應聲說：「是！」

舒適存於十九日從南京歸來，同來的還有空軍總司令部第三署副署長董明德。眾人都要知道蔣介石的旨意，都跟著進了杜聿明的房間。

舒適存不斷用眼神示意杜聿明，要他把眾人趕走。最後剩下杜聿明、邱清泉、李彌、文強，還有舒、董兩人。

董明德從身上掏出一封信：「這是總統給你的手諭。」

杜聿明接過，很快拆開。信中寫道：

一、十二兵團這次突圍失敗。完全是黃維性情固執所致，一再要求夜間突圍，不照我的計畫在空軍掩護下白天突圍。二、弟部被圍後，我已想盡辦法，華北、華中、西北所有部隊都被共軍牽制，無法抽調。目前唯一辦法，就是在空軍掩護下集中力量，擊破敵一方，實行突圍，那怕突出一半也好。三、這次突圍，決以空軍全力掩護，並投擲毒氣彈，如何投擲，已交王叔銘派董明德前來與弟商量具體實施辦法。

杜聿明大失所望，問舒適存：「總統還有什麼別的指示？」

「總統指示，希望援兵不可能，一定要照計畫迅速突圍，別的沒有什麼交代。」舒適存道。

杜聿明目視眾人，聽他們的意見。

「空軍能配合好嗎？要知道這種大規模的行動是很難配合的，弄不好就傷了自已人。」李彌以懷疑的口吻說。

董明德回答道：「我不能做肯定回答，不過這次總統下了最大決心。王副總司令準備動員一百架飛機掩護地面部隊的行動，初步設想是：地面部隊按時準備好」

邱清泉急不可耐地打斷他的話頭道：「有沒有那種麵包式的炸彈？美軍在諾曼第登陸時，就用過這種炸彈轟炸很有效！」

董明德搖搖頭：「沒有這種炸彈。」

邱清泉大聲嚷道：「突圍沒有把握，我看不如死守。總座你看怎樣？」

　　杜聿明沒有回答。稍頃，無精打彩地說：「請你們兩位回京再稟報總統，我有上中下三策：放棄華中、華北，集中力量救援我部，在徐蚌與共軍作最後一次全力決戰，這是上策，要是能有充分的空投補給。在原地加強固守，爭取時間，在政治上運籌（意即和談），那也屬中策；照令突圍那是下策。恐難達到預期的希望。」

　　董明德為難地說：「那請總座寫封信吧，我負責親交總統。我們明天就走。」

　　杜聿明點點頭：「好。我就寫信。」他又回頭對舒適存說；「明天你就回去，順便要求多投些防毒面具。」

　　豈料第二天氣候驟變，風雪大作，飛機不能起飛。空投同樣停止。直到十天後（二十九日），董、舒兩人才飛回南京。

七

　　陳官莊上空，似乎有一個巨大的空洞，雪像傾瀉似地在幾十公里的範圍內，隨著凜冽的寒風整天不停息飄飄而下，大地一片銀白，掩蓋了血污和屍體。炮聲和硝煙好像也被凍結了。如果沒有雙方掩體內的幾十萬士兵，這裏真成了寧靜的田園。

　　武戰停止是毛澤東的巧安排。為了不使老蔣把平津的兵力海運南下，陳官莊在「兩星期內不做最後殲滅之部署」。

　　武戰暫停，文攻加強。「國民黨軍官兵放下武器投降一律寬大，願回家者發給路費，願做事者給予工作。」大喇叭日夜喊個不停。一到晚上，食品和宣傳品一起投贈過來。有一次，戰壕前發現一頭褪光毛的肥豬，開肚一看竟是「歡迎國軍士兵過來吃飯」的傳單。

　　這比當年項羽困於垓下時的四面楚歌還要厲害。

　　軍心動搖了！

空投全部停止，開始挖掘民間藏糧，接著宰殺牛馬。最後連騾馬皮、野草、樹皮、麥苗都搶吃一空。解放軍的麵包攻勢大大奏效，官兵三三兩兩，化整為零，向解放軍陣地跑去。

一九四九年元旦到了。同是陳官莊，這裏有兩個世界。包圍圈內死氣沉沉，饑寒交迫。包圍圈外殺豬宰羊，一片喜慶氣氛。

這些日子邱清泉的脾氣愈來愈壞，動輒就是罵人。元旦前兩天，聽說李彌兵團有不少人投奔共軍，他拿起電話大罵李彌：「像你這樣作戰無能，統御無方，簡直不配當黃埔的學生。」李彌並不買帳，大叫：「杜老總也沒有這樣申斥我，你有什麼資格來打官腔！」啪地一聲把電話掛了。

元旦這天，邱清泉一早就坐著生悶氣。經陳嫂好勸歹勸才把早餐吃了，剛吃完，電話鈴響了。杜聿明打來的：「雨庵，今天是元旦，到我這裏來共慶元旦。」「算了。杜老總，我沒有心情。」他正要掛電話，忽又想起：「昨天，陳毅給你送來一封信，我已把它燒了。」杜問：「內容說些什麼？」「還不是那一套！勸降嘛，誰降哩！」

邱清泉剛掛電話，門開了。七十四軍軍長邱維達跑了進來，他是來打聽情況的，並請示以後怎麼辦。

「你問我怎麼辦？那就是幹到底。」邱清泉邊喊：「陳嫂拿酒來！」

酒拿來了，倒了兩杯，邱清泉高舉酒杯：「來，讓我們乾最後一杯。」咕嘟一下，他一飲而盡，一邊掏出身上一支左輪手槍。「啪」地一聲放在桌上：「裏面有三顆子彈，我還可以親手打死兩個敵人。」

「不是有三顆子彈嗎？」邱維達不解地問。

「那最後一顆，萬一之時留給自己。」

　　邱清泉的話愈說愈多，眼睛都紅了。邱維達一看情況不妙，怕出事情，藉故告退。

　　邱維達剛走。參謀長李漢萍裹著風雪推門而入。

　　「你來得正好，我正要找你呢。」邱清泉神色淒然，他給李漢萍倒了一杯酒，繼續說：「現在情況已經到了絕望的關頭，不能不準備萬一，將來我萬一戰死。你是參謀長，可以代替我指揮。在你指揮時，也要和我一樣，指定代理人。」接著他又自言自語地說：「我今年已經四十八歲了，看也看夠了，玩也玩夠了。什麼都享受過，死也值得。」

　　真是愁人莫對愁人說，李漢萍真不知從何勸他，但對指揮作戰問題，覺得應該說幾句。他說道：「我受黨國培養，當然要為黨國盡忠。不過我是六期畢業，資歷比人淺。如果我來指揮，必然事事受人掣肘，還是選個合適的人為好。」

　　邱清泉考慮了一下，說：「也好，就這樣辦吧！我死後由高吉人指揮，高死後由舒適存指揮（舒是杜聿明的參謀長、第二兵團中將副司令）。」

　　「兵尚未敗，邱清泉的心理防線先自垮了。」李漢萍默默地想。

八

　　舒適存還在南京，一月三日，蔣介石的電報到了：「照原定突圍方案實行。自五日起投足三天糧彈。」杜聿明默然無語坐在椅子上。

　　這也許是有意的安排。對黃維兵團發起總攻是十二月六日，今天，一月六日又開始圍攻邱清泉、李彌兵團。

　　正午左右，突然發出雷鳴般的炮聲，解放軍的炮火從四面八方猛烈傾瀉，包圍圈內的工事一片狼藉。幾小時下來，十三個團的國軍被殲滅擊潰。

硝煙在陳官莊上空滾滾翻騰。二兵團司令部一片混亂。邱清泉恐慌萬丈，面對巨大的敵我態勢圖，喃喃自語：「真正崩潰了！真正崩潰了！」一邊拿出一瓶酒，咕嘟咕嘟直灌。

　　參謀長李漢萍氣急敗壞地跑進來，只見邱清泉喝得醺醺大醉。用被子蒙著頭，李漢萍急急巴巴地説：「司令官該重新部署一下才是啊！」

　　邱清泉一掀被子，睜著血紅的眼睛，怒氣衝天地吼道：「部署個屁，讓它崩潰好了！」

　　局勢真到了土崩魚爛的地步。七日晚上，李彌兵團所在地的青龍集陣地被突破，兩個兵團又被殲滅十一個團，二十多個村莊被解放軍佔領。這時包圍圈內已亂成一團。邱清泉要調七十二軍一個團作兵團預備隊又遭到拒絕。平日不可一世的他，這時像出了氣的皮球。

　　蔣介石為了對他的部下最後打氣，讓空軍掩護突圍。九日上午九時，密密麻麻的轟炸機群出現在陳官莊地區上空，炸彈傾瀉而下，大地哆嗦，但是約好投擲的毒氣彈，多半是瞎彈。地面部隊行動遲緩，陸空沒有配合。下午二時，突圍宣告失敗，而十三兵團陣地卻全線崩潰。

　　陳官莊全部籠罩在解放軍炮火下，邱清泉驚慌失措，跑到杜聿明的房間，拉起杜聿明：「快快，到陳莊（位於陳官莊一公里外）笑三那裏去，共軍的炮火都對準這裏。」

　　第五軍軍長熊笑三，杜、邱兩人一手培植的人物，邱清泉倚為心腹。兩人剛到陳莊，解放軍的炮火就延伸過來。熊笑三滿腹牢騷地説：「打了四十天，陳莊從來沒有落過炮彈，兵團部剛來，敵人的炮彈也就跟著來了，這就因為人來得多暴露了目標。」杜、邱兩人只能裝聾作啞、罔顧左右。

　　天色已近黃昏，李彌慌慌張張來見杜聿明。請示下一步行動方案，這時杜聿明亂了方寸，挨了半小時不發一言。李彌知道這裏都

是邱清泉的人，不宜久留，硬著頭皮走出掩蔽部。只見天已完全黑下來，周圍的炮火映得滿天通紅，輕重機槍和手榴彈聲一陣緊似一陣，各種顏色的曳光彈，宛如一道道流星在陣地上空飛來飛去。

李彌長歎一聲說：「炒豆子的時候到了！我早就知道有今天！」

一小時後，化裝成傷兵的李彌，在幾名士兵的簇擁下，如幽靈般在槍林彈雨中鑽縫覓隙向東北方向逃竄而去，成了漏網之魚。

這邊第五軍掩蔽部裏，在眾人相勸下，杜聿明仍不肯突圍。十一時左右，陣地上到處都是解放軍的口笛聲，抓俘虜聲以及稠密的槍聲。最後的時刻到了！

邱清泉對著電話狂喊：「我已不能統一指揮了，你們自己決定行動吧！」他對部屬們下了最後一道命令後，就來見杜聿明：「現在只有西南方有一個缺口，快走吧！」隨後杜聿明在邱清泉的特務營簇擁下，鑽進夜色中的戰場。

開始時，杜聿明在前，挨次是邱清泉，徐州警備司令譚輔烈第二二兵團參謀長李漢萍殿后。四人魚貫地右手搭在前一人左肩上走著。

剛出陳莊，突然槍聲大作隊伍亂了。邱請泉揮著手槍，時而向東猛跑，時而向西亂竄。再一看，杜聿明不見了，其他兩人也不見了，特務營也不見了，他慌了，只見四下都是火光，火光中人影綽綽。

一個披頭散髮的人緊跟在他身後，失聲叫著：「共產黨來了！」邱清泉隨手就是一槍！一看這正是這些天一直和他同枕共眠的陳嫚！

「共產黨來啦，共產黨來啦！」邱清泉也用嘶啞的聲音叫著，他的精神已經失常，又是一陣雜亂的槍聲，邱清泉猛地栽倒在地，幾顆子彈從他的腹部對穿而過。他又舉起了左輪槍，對著太陽穴……

黑夜過去，來了一個麗日晴天。有人在雪地上發現了邱清泉，他仰臥著，眼睛閉著，口張著，胸膛坦露著，腰間的皮帶也解開了，腹部五處明顯的彈洞，太陽穴的洞口已被血封住⋯⋯

　　這位中將司令官的這副「尊容」，中共作為貴重的歷史文物珍藏在「淮海戰役紀念館」中。

飛鴻入羅網

——李鴻冤案真相

「我是無辜的」

一九八八年八月十五日，台灣台南屏東市，一位抗日名將逝世。

兩天前，這位將軍已進入彌留狀態，依稀可辨的聲音，從他嘴裏不斷發出：「我是無辜的，不該這樣對我！」。

他蒙冤三十餘載，離開人世前，傾吐鬱積多年的心聲。

十八天後，九月三日，隆重舉行追悼會。他的親屬與部屬，特地選定這個不平常的日子——台灣「軍人節」。因為他是名揚中外，戰功卓著的軍人。

天空陰沉晦暗，秋風秋雨，給追悼會蒙上一層悲慘的氣氛。大廳裏，許多白髮蒼蒼的老人在頻頻拭淚；有的向遺像行禮，有的在低聲誦讀重重迭迭掛在牆上的輓聯……

> 統帥有權丟大陸，自可復職；將軍無力保孤城，當然坐牢。
> 誰敢講統帥無能，整個江山丟棄盡；人皆言將軍有罪，剩餘生命未拚光。

李鴻（左起第一人）

　　殘酷暴君之本質，在於殺戮功臣；獨裁家族之手段，不外排除異己。

　　憑咱光復神州？三千年逝去，仍然是兩人癡夢，問老少蔣，金身何處？

　　與公堅持志節！千萬里來歸，只落得一場冤獄，誤你我他，苦命終生！

　　字字血淚，句句悲憤，每一幅楹聯都是控訴與譴責。

　　這位蒙冤受屈的將軍是：李鴻，字健飛，一九○三年出生於湖南湘陰，黃埔五期生。一九四二年保衛緬甸和一九四三年反攻緬甸的兩次戰役中，李鴻英勇善戰，重創日寇，屢建功勳，被美國史迪威將軍稱為「東方蒙哥馬利」（蒙哥馬利為英國名將，「二戰」北非戰役中，打敗德軍統帥隆美爾）。

兵敗長春失孤城

　　時光倒轉四十年，解放戰爭在東北大地上進行。不久，國民黨軍隊就趨於敗勢。

　　一九四八年三月，長春成為孤城，被人民解放軍圍得水洩不通，與外界的聯繫斷絕。

　　守城的國民黨軍，主要是新七軍和第六十軍，約十萬餘人，屬鄭洞國第一兵團。

　　李鴻原是孫立人的新一軍新三十八師師長，陳誠到東北後，拆散新一軍，抽出新編三十八師加上兩個暫編師成立新七軍，由李鴻任新七軍軍長。第六十軍是雲南部隊，進入東北後，經過多次戰爭，元氣大喪，軍長是曾澤生。守城部隊以新七軍的實力為最強，李鴻兼任長春警備司令。

　　國民黨軍的指揮中樞，給長春守軍下達了八字戰略方針：「固守待援，相機出擊。」這一「待援」就待了半年多。

　　北國冬早，八、九月間就降霜飛雪，長春街頭時時見到在寒風中瑟瑟發抖的饑民。長春原有居民五十餘萬人，加上軍隊、軍官眷屬、公教人員達到七十餘萬。市區的水泥地上是長不出一顆糧食的。糧源斷絕，存糧日益減少，樹葉草根也吃光，於是發生了吃人肉的慘劇。進入十月，長春已到山窮水盡的邊緣。士兵因長期吃豆餅酒糟，被傷寒、浮腫、夜盲、饑餓折磨得奄奄一息，這樣的兵行走都難，遑論作戰！

　　蔣介石又下了催死的命令。

　　十月十五日，解放軍攻克錦州，全殲十五萬守軍。國民黨軍在東北的退路完全切斷。

　　次日（十六日）上午，天氣晴朗，萬里無雲，正午十二時左右，天空傳來飛機聲。一架戰鬥機在長春上空盤旋兩圈後，投下二個紅布包後飛走了。

　　數十分鐘後，第六十軍軍長曾澤生，新七軍副軍長史說：「軍長李鴻患傷寒病發高燒，不理軍事已有多日。」參謀長龍國鈞分別接到鄭洞國開緊急會議的通知。

史説和龍國鈞匆匆趕到鄭洞國的臥房，隨後曾澤生也趕來了，只見鄭洞國斜靠在沙發上，一言不發，手裏玩弄著一隻小花貓，面前的小圓桌上是空軍通信用的一個小紅布袋。

片刻後，鄭洞國從紅布袋裏拿出一封信，嚴肅地說：「總統來了手令，要長春守軍向清源撤退。他（指蔣）已派青年軍第二〇七師在清源迎接，他本人也在瀋陽停留三天，如再貽誤戎機，必依軍法重處。」

在場的人面面相覷。稍後，曾澤生沮喪地說：「我沒有什麼意見。不過，部隊士氣低落，突圍恐沒有希望。」「李鴻正患重病，新七軍的情況也和六十軍相似。」新七軍副軍長史說說。

羸弱之師要突圍，這等於趕著士兵走向死亡。病榻上的李鴻聞聽此訊，憂心如焚。他寫信給遠在湖南湘陰的父親說：「誰無父母，誰無兄弟，兒不忍百姓遭此浩劫，憂心如焚，勉力而為。若有他故，希父勿以不忠不孝責兒，則兒心安矣。」

李鴻是在十月初染上傷寒病的，病情日趨嚴重後，才將軍務託付副軍長史說代理，並鄭重囑咐：「要以長春數十萬蒼生為念，以新七軍全體將士生命為念。」他不願意離開軍部就醫，就在軍部地下室裏闢一病房，由他夫人馬真一護理。

這邊鄭洞國親自主持並指示部屬商訂了詳細的突圍計畫，而就在（十六日）當晚，情況突變，曾澤生領導第六十軍投共，新七軍陷入兩面受敵的地位。

第二天（十七日）早晨，史說到地下室把第六十軍投共的消息告訴李鴻，要他對新七軍的去向做出決定。李鴻掙扎著爬起來，淒然地說：「保全軍營，權衡利弊，相機行事。」史說與龍國鈞決定派人與解放軍談判。這時蔣介石派轟炸機飛臨長春上空，逼迫新七軍的軍官召來開會，聽聽大家的意見。會開了兩個多小時，突圍與不突圍的兩種意見相持不下，投下了炸彈。

　　新七軍與其他守城部隊，在派出的代表與解放軍談妥了相應的條件，得到生命與財產安全、去留自由的保證後，十九日上午自動放下武器。同日晚九時許，解放軍派了幾輛汽車將鄭洞國、李鴻等人接出長春。這時李鴻仍在臥病中。

拒忠告解甲歸田

　　哈爾濱，一棟俄式建築的樓房，環境清幽，並有花木之勝。

　　樓下住著鄭洞國與第一兵團的高級將領，樓上都是新七軍的將領，李鴻和他的妻子馬真一單獨住一個套間，陽光充足，其室融融。

　　李鴻的病逐漸康復，又得一愛女，取名哈生。暇時，李鴻讀書自娛，他隨身攜帶了卷帙浩繁的《四部備要》。他原喜好文史，這時也許想從史鑑中悟出時局盛衰興亡的道理。在病痊癒後，有時偕夫人在街頭閒走，他是完全自由的。

　　幾位解放軍的高級將領去看望李鴻。其中有第一兵團蕭勁光司令員，同是湖南籍的蕭華政委更多次造訪。他們很希望與李鴻傾心交談，關心他的今後出路，而李鴻不忘舊主。接著有同鄉之誼的何長工，也幾次來看望鄭洞國與李鴻，他代表中共東北局勸鄭、李兩位或參加人民解放軍，或參加政權建設，情意真摯，但兩人都婉言謝絕。李鴻坦率說了心裏話，願回故鄉，決不與國民黨軍兵戎相見，做個平民足矣。他似乎厭倦了軍旅生涯。

　　時光匆匆，轉眼已是一九四九年一月底。鄭洞國、李鴻以及長春投誠的諸將領，從哈爾濱轉到撫順。幾個月後，分手的時間終於到了。史說、龍國鈞還有一個兵團副參謀長楊友梅等，分配到解放軍的軍事院校去任高級教官。李鴻、彭克立、陳鳴人等人回原籍。當時鄭洞國也沒有接受安排，直到一九五二年才去北京，那是後話。

李鴻回湖南途中路經北京，中共領導方面再次相勸，陳以利害，要他參加工作，無奈他去志已堅，在北京逗留數日，即乘京廣車南下，順利回到長沙，與親人團聚。

這時長沙還未解放，負守城之責的是黃埔一期的陳明仁將軍，當年陳明仁率七十一軍守四平街，曾與李鴻率新一軍新三十八師並肩作戰。此時此地相見，別有一番感慨。陳明仁邀請李鴻協助守長沙，李鴻辭謝道：「敗軍之將本不堪任用，再者我與中共方面有約在先，今後既不與國軍為敵也不與共軍兵戎相見，不能言而無信。」事實上陳明仁已另有他圖（後在長沙起義），對李鴻的婉拒一笑置之。

蟄居長沙的李鴻，閉門謝客。日常以讀書、練字、整理戰史以消磨時日。到一九四九年七月、長沙局勢急轉直下，解放軍已進駐東郊，危城指日可下，李鴻乃帶著他的長子李定一（前妻所生）回到老家湘陰縣鄉間的李家大屋。別來二十餘年，當年他離家從軍之時所種幼樹已蔚然成林，他不免興歎：「樹猶如此，人何以堪！」

不久，兩個不速之客來到李家大屋，這一下改變了李鴻的命運！

戀舊情重做抉擇

來自台灣的兩個不速客，帶來了台灣陸軍總司令孫立人的親筆信。

孫立人對李鴻有知遇之恩。李鴻身為連長就在孫立人部下。一九四二年春，孫立人率新三十八師入緬甸遠征，李鴻任該師第一一四團團長，每戰立功，成為孫將軍愛將。一九四三年反攻緬甸期間，孫立人升為第一軍軍長，李鴻由團長直接升為新三十八師師長，未經參謀長或副師長之職。李鴻兵困長春時，孫立人曾要求蔣介石，用飛機送他去長春，親帶李鴻的部隊突圍，這為蔣所拒絕。

這時，孫立人在台灣任陸軍總司令，派原新一軍部屬葛士珩與潘德輝輾轉來到湘陰，促李鴻去台灣。

看著孫立人的親筆信，李鴻心情激動，幾乎不能自持。信中寥寥數語，云：「立人已面呈蔣總統，並蒙總統明示，聯繫來台，共赴時艱。」孫立人能寫這樣的信，還是冒了一番風險的。孫立人面見蔣介石，要求讓李鴻到台灣。蔣介石先默然不語，幾分鐘後說：「李鴻等人丟掉長春，又在共軍中多日，受其毒害，孫司令為他們說情，難道不怕受干係嗎？」孫立人當即回答：「立人對李鴻等部屬知之甚深，願以身家性命擔保他們對黨國的忠誠。」「好，好。」蔣介石變了口氣，「剛才只是戲言，他們都是我的學生，對黃埔軍人我哪會不信呢，他們如願意來台，還是可以在軍中服役的。」這樣，孫立人才派來信使。

心如止水的李鴻，此時不平靜了。去台灣呢，還是留在大陸？他思緒萬千，他本想做一個平民，過幾年安寧的生活，何況自己也許過「不與共軍兵戎相見」的諾言。再說，在哈爾濱時鄭洞國的一番話仍歷歷在耳。鄭洞國說：「蔣公為人，心胸狹窄，猜疑過多，你雖因病沒有參與長春投誠，恐怕還是不會理解和原諒的。」但對孫立人與新三十八師袍澤的眷戀，又有蔣公的承諾，又使他想去台灣。一時之間，李鴻無法決定，讓葛士珩與潘德輝走了。接著就是湖南全境解放。

九十個日日夜夜，李鴻反復考慮，終因孫立人情深義重並以「身家性命擔保」，在得到夫人馬真一同意後，決定去台灣。李鴻夫婦與哈生於一九五〇年二月三日起行，旋即到達香港。

這一選擇，終於導致李鴻身陷冤獄三十餘年的厄運！

覆雨翻雲無情構冤獄

去台灣途中，李鴻在香港逗留三個多月。這本是李鴻可以重行考慮的很好機會。當時有許多國民黨將領寓居香港，他們都不願再去台灣投入蔣介石的羅網。衛立煌曾是東北剿總的司令，緬甸戰場上又與李鴻並肩作戰，這時從大陸逃到香港。衛將軍坦誠告訴李鴻，台灣去不得，他說：「我對老蔣如何，天人共鑑，而老蔣對我寡情薄義！最近老蔣派吳忠信來勸我去台灣，我請他轉告蔣先生，『台灣有一個張學良足矣』。」另一個消息，反堅定了李鴻去台的決心。傳聞美國有意扶植孫立人取代蔣介石，為孫立人所拒絕。但這使蔣不免耿耿於懷，對孫立人是不祥的信號。李鴻想去台勸孫立人激流勇退以避禍，如有兇險為他分擔。

一九五〇年五月，一架港台班機，在台北桃園機場降落。伴李鴻夫婦走下機艙的是原新一軍副軍長賈幼慧，他奉孫立人之令去香港接李鴻。

李鴻夫婦剛下機艙，孫立人迎上前來，兩人緊緊相擁，各自含淚互問別後情況。

一輛小車送李鴻夫婦到下榻的賓館，孫立人仍然陪著，當晚設宴隆重招待。席上，重提往事，在座的都唏噓不已。

第二天，孫立人與李鴻出現在總統府。李鴻急切要求見到下野又復職的蔣總統。

蔣介石正襟危坐，接受黃埔門生李鴻的敬禮。他略一抬手，示意李鴻坐下。

「學生有罪，愧見校長，長春失守，請總統治罪。」李鴻説。

「算了，往事不用再提，你丟長春，我丟大陸。」蔣介石目視別處，低聲地説。

「請校長給我報效的機會，以贖前愆。」李鴻仍然以負罪的心情説。

蔣介石道：「孫總司令已和我提過這事，現在有兩個考慮，供你選擇，一是籌建光復大陸的成功軍，你當軍長；一是去當軍校校長，孫總司令説你長於訓軍。三天內給答覆。」

這時李鴻本應告退了，他又説：「新三十八師有十多位將、校級軍官，已先後歸來，請總統給他們報效的機會。」

「唔，他們由孫總司令安排。」蔣介石道。

這一番校長的接見，李鴻深以為校長的寬宏大量，心中著實懷著感激之情。哪知世事如白雲蒼狗、風雲變幻，僅僅三天，一個冤獄就形成了。

還沒有接受新任命的李鴻，卻被一紙通知到軍法局報到。隨後就被特務押送到軍法局，成了階下囚。孫立人聞訊前去保釋，被拒絕。

捕網還在擴大。先後到台灣的新三十八師的將、校級軍官陳鳴人、彭克立；曾長雲、潘德輝、胡道生、陳高揚、黎俊傑、吳頌揚、潘東初、孫蔚民、劉益福等十七人，全被逮捕。這時李鴻已懷孕的妻子馬真一也同時被捕。蔣介石在台灣喘息剛定，就不惜製造這震驚全台的冤獄。

七年後（一九五六年），除李鴻、陳鳴人、彭克立、曾長雲等四人外，其餘十三人都被釋放。坐牢的罪名是「知情不舉」。而李鴻夫人馬真一也同樣以「知情不舉」和她在獄中所生的兒子（取名獄生）一起整整關了七年。

台北桃園有一所牢房，卻有一個文雅的名稱──臥龍山莊。真成了臥龍藏虎之地，李鴻、陳鳴人、彭克立、曾長雲四人，換了幾個牢房最後到了這裏。同監的還有幾個軍統人員與外籍人員，有「大炮」之稱寫〈殺陳誠以謝國人〉的龔德柏也關在這裏。

漫長的歲月中，對李鴻等人不審不問。李鴻獄中出生的兒子，漸漸長大，與李鴻共度悠悠歲月。當時李鴻還不知道，他的老長官孫立人已在一九五五年因「莫須有」的「屏東兵變案」也陷身囹圄。

李鴻與孫立人是連環案，李鴻案是前奏。李鴻、陳鳴人等能征善戰的人來台，台灣當局看作是為孫立人增添羽翼，炮製李鴻案既可剪除孫的羽翼，又為整肅孫立人製造口實，一箭雙鵰。而孫立人是美國人囑意取代蔣家的人物。

熟悉此中內幕的人，曾談到這樣一個細節，孫立人在失去兵權，擔任總統府參軍長後，自以為不會遭人忌了，就向老蔣進言，要把李鴻保出來，在外察看。那知老蔣突然大怒，手往桌上一拍，厲聲呵斥道：「你想當總統啦，告訴你，我不當還有陳誠，陳誠不當還有蔣經國。這一輩子也輪不到你。」保李鴻怎麼會牽涉到當總統呢？原來李鴻正是權力之爭的替罪羊。

在沒有經過正式審訊的情況下，直到一九七一年五月，對李鴻等四人做出判決，罪名是將軍隊交共軍整編，與策反孫立人叛亂。四人各處無期徒刑。一九七五年四月蔣介石去世，又把李鴻等四人減為有期徒刑十五年，而當時已坐牢二十五年，只好再發一紙裁定書，將四人於一九七五年七月十四日釋放。

李鴻入獄時四十七歲，正當壯年，出獄時已過古稀之年，成了兩鬢蒼蒼、形容枯槁的老人。不久後，李鴻又中風癱瘓在床。四人中之一的曾長雲不久死去，彭克立於一九八八年回大陸湖南長沙定居，臨行時帶著曾長雲的骨灰上飛機，有人把李鴻臥病在床與彭克立上飛機的照片給已九十齡的孫立人看，孫立人泣不成聲，悲憤填膺地說：「李鴻他們何罪？一關二十多年，他們在抗日戰爭中立了那麼多戰功，竟一筆抹煞，公理何在？」又一連聲說：「是我連累了他們，我為什麼要召他們來台灣啊！我竟聽信蔣介石的承諾！」愧悔之情溢於言表。

沉冤未雪葉落歸根

一九八八年一月十三日，蔣經國在台灣去世。隨著政局變化，孫立人一案塵埃落定，這年三月二十七日，台灣國防部長鄭為元第二次到孫立人家中。孫立人直言不諱地說：「我當初對蔣先生是忠心耿耿的啊！我是清清白白的啊！那些部下都是冤枉的啊！」鄭為元宣佈恢復孫立人的自由。而這時李鴻已纏綿臥病於床榻多年。這年八月十五日李鴻去世，享年八十六歲，死時沉冤未雪。這消息本來瞞著孫立人，怕他不堪老懷悲愴。哪知似有心電感應，孫立人問家中人：「李健飛怎樣了？怎麼沒有他的信？」家人不能隱瞞，讓料理李鴻後事的潘德輝向他報告實情。孫立人老淚縱橫，哀慟不已，連續三天食不下嚥，不斷念著李鴻的名字，並一定要親到屏東為李鴻主祭，經家人與部屬一再勸阻，才親製輓聯由長子孫安平代為主祭。

一九八八年十月，李鴻的骨灰由夫人馬其一護送到香港，再由在大陸的長子定一及二子定國迎回長沙，安葬在長沙南郊湘水之濱。實現了李鴻生前的落葉歸根的夙願。

冤獄，冤獄，台北，北京，如出一轍！

「一諜臥底弄乾坤」

——記共諜郭汝瑰

楔子

一九八二年，仲秋。楓丹白露，秋菊如金。

重慶北碚，「蜂房水渦」的平民聚居區，就中有三間一套的平房，住著一位年過古稀的老人與他的一家。

他，這位老人，兵團級幹部，曾立過功，已離休十二年。本來他不需要充當閭左平民，到這平民區安家。即使不住花園別墅，至少也可進寬敞舒適的幹休所。他有自己的說法：「一個人離休或退休後，就變成普通老百姓，不要有什麼特殊照顧，也不該再給組織增添麻煩。」不進大城市，不住幹休所，就是這種說法的結果。

老人離休後，種花賞花，讀書著書，生活怡然，這天，他正和二位老友在庭院中觀賞那粉白黛綠、姹紫嫣紅的菊花。

門鈴響了，他從郵遞員手裏接過幾封信。他一一拆看，其中有一封無頭無尾的匿名信。內容是：

文天祥　洪承疇

史可法　傅作義

鄭成功　陳明仁

李香君　程　潛

張靈甫　×××

黃百韜　趙德樹

李仲辛

傅秉勳

人生自古誰無死，留取丹心照汗青

歷史裁判

老人看了，哈哈大笑，邊說：「妙，妙，這倒真是一份歷史裁判書，忠奸分明，對比強烈，不愧為傑作。」說罷，他把信擲於一旁。

「寫的什麼？讓我看看。」

那位老友看了也笑起來，說：「看來這連打三個×的就是你了。」

「好，讓我來補上。」他又說。

他拿起筆來，在右排第五行寫了「關羽、郭汝瑰」幾個字。「你不正是身在曹營心在漢的關羽嗎？」

「不，我郭汝瑰就是郭汝瑰，關羽嘛，我愧不敢當。」老人又發出爽朗的笑聲。

「毀譽得失本不足掛齒，你，汝瑰兄本也曠達，但問題在於解放已三十多年還有人這樣對你念念不忘。」另一位老友說了他的意見。

「你還不知道吧？台灣有人把蔣介石丟了江山歸罪於郭汝瑰。有一本書說：『在戰亂期間，政府參謀本部次長劉斐，與作戰廳長郭汝瑰均為潛伏共諜，其危害之大，有非局外人所能想像者……』」先前說話的老友說。

這位老人──郭汝瑰，陷入沉思。

……

郭汝瑰將軍，上世紀八十年代，我曾見他於南京解放軍政治學院，他是兵團級幹部，借住在一間普通的平房裏，自己起火做飯。當時他主編《中國軍事史》，到南京組稿。他自律頗嚴，不接受吃請，寫稿都自備稿紙。那次短暫相見，他給我講了他那驚險曲折、懾魂動魄的數十年軍旅生涯……臨別時送我一本《獨釣龍潭》，是別人給他寫的回憶錄。

共諜郭汝瑰
（國防部作戰廳廳長）

下面是這次談話的記錄。

狹路相逢　巧遇故人

時光停駐在一九四五年五月。

地點仍是山城重慶。

一輛雪佛蘭轎車從凱旋路軍政部軍務署開出，車裏坐著一位炙手可熱的將軍──陳誠的寵將，「土木系」的人物。

這位將軍身著黃呢將官服，背斜皮帶，肩章上一顆金星閃耀，模樣英俊。他就是少將軍務署署長兼國防研究院副院長郭汝瑰。不久前他從英國考察軍事回來，就立即榮膺兩大重任。

這天，郭汝瑰在軍務署處理公務後，想起國防研究院也可能有事，決定驅車去浮圖關院部。車駛出凱旋路，正待拐向較場口，郭汝瑰瞥見路邊有一位已有十多年沒有見面的熟人。他命令司機：「停車！」

車嘎地一聲在那人面前停住，郭汝瑰走下車來，走到他面前時，他才醒悟過來：「啊！汝瑰兄，我正要找你。」兩人緊緊握手。

「上車再說。」郭汝瑰把他拉上車。

這位衣衫不整、面容憔悴的來客，是郭汝瑰在黃埔五期的同學任逃猷。

多年來任逃猷的行蹤杳如黃鶴，此刻突然出現，向來重情的郭汝瑰喜出望外。他要司機加速開到國防研究院，略略料理一些事務，就帶著這位同窗，鑽進附近不遠處的一個山頭的灌木林裏……

為什麼這一將一校，不在國防研究院那豪華的會客室談，卻偏偏要鑽林子呢？

這裏得交待郭、任兩人的來歷。

雖說四川是天府之國，但郭汝瑰的出生地銅梁縣卻不像成都平原那樣沃野千里，只是貧瘠的丘陵山區。

一九〇七年九月十五日郭汝瑰出生在一個家道衰落的書香之家。父親郭錫柱，號朗溪，飽讀詩書，應過科舉，中了秀才。清光緒帝廢了科舉，郭朗溪斷了仕途。把希望寄託在兒子身上，曾給他取名如桂，無非是「蟾宮折桂」之意。然而希望只是希望，結果倒是武曲星降在郭汝瑰身上。

郭汝瑰有位堂兄郭汝棟，行伍出身，在川軍中縱橫捭闔，躋身軍閥行列。對這位乃弟家中時有周濟，郭朗溪也成了他的幕僚。這樣郭汝瑰得以讀完中學。一九二五年，革命風雲疾捲南方，有志青年都奔向廣東投身黃埔，郭汝瑰在郭汝棟幫助下也如願以償進了黃埔第五期。

黃埔——革命的搖籃，這時國共合作，惲代英、蕭楚女、吳玉章、周恩來等共產黨人，在黃埔或從事教學或從事校務，郭汝瑰身受教育，如沐春風如薰化雨，他立下心願也要成為一名共產黨員。

　　黑雲壓城，狂飆突起。一九二七年蔣介石發動了「四‧一二」政變，血腥鎮壓共產黨。兩天後（即四月十四日），黃埔的校務委員吳玉章把郭汝瑰請進辦公室。他提前畢業了。吳玉章給他秘密使命：立即回川，通過堂兄郭汝棟，阻止楊森派兵出川，以免武漢受蔣介石與楊森的兩面夾擊。和他同時回四川的有三、四位川籍同學，其中傅秉勳後來成了他的妹夫，還有任逖猷，任當時已是共產黨員。

　　此後不久郭汝瑰也參加了共產黨。在軍閥部隊中打了幾年違心的仗，隨著蔣介石清黨的加劇，郭汝瑰也無法掩護了，他只好東渡日本進士官學校。黨的關係由此中斷。

　　回國後他又進了陸軍大學。陸大畢業後，進了陳誠系統。「八‧一三」淞滬抗戰，以戰功為陳誠所青睞。以後在十八軍一帆風順，當集團軍參謀長，師長。軍銜也由上尉升到了少將。

　　多年的軍旅生活，使他看透了國民黨的種種腐敗，他想起當年黃埔的共產黨老師，多麼嚮往重回共產黨去！

　　任逖猷是鄰水人，一九二七年的黃埔同學，善使雙槍，一度名震涪陵。在郭汝棟的政治部裏又是同事，後任被劉湘囚禁，郭汝瑰曾多方營救，刑滿出獄，郭又資助旅費，後來不知去向。

　　……

　　今日天賜良機，任逖猷出現了，不是正好向他打聽黨的關係嗎？郭汝瑰喜不自禁。兩人在灌木林裏席地而坐閒談起來。

　　「這些年我流亡、飄泊，居無定所，倒楣透了。」任逖猷滿腔委屈地說。

　　「原來這樣，我一直得不到你的消息。那現在還好嗎？」郭汝瑰問。

　　「唉！」他歎了一口氣，說：「從何好起，別人不信任我。到現在不過混了個少校，在銅梁中央軍校混口飯吃。」

顛簸傴寒的生活使任逖猷完全喪失了當年的朝氣，但郭汝瑰對他懷有希望。

　　「你告訴我，你還有組織關係嗎？」郭汝瑰低聲問。

　　他搖搖頭。「沒有了。那幾年的囚禁生活，我也吃夠了。」任逖猷一副頹喪的神情。

　　「是真的？難道我會出賣你！」郭汝瑰似信非信進一步問。

　　「當然囉，真的，我不騙你。難得你今天官居高位，還想著……」

　　郭汝瑰看問不出什麼，資助他一些錢，一同走出林子，送他上了路。郭汝瑰當時很失望，但「柳暗花明又一村」，正是這一巧遇，新的希望跟著而來！

一心盼回歸

　　五月，初夏時節，火爐的重慶仍未進入酷熱。入夜，清風吹拂，明月高懸，真是良辰美景，賞心樂事。何況臨江門郭府（郭汝瑰寓所），有花木之勝，不遠處嘉陵江輕輕流過，波光月影；要不是此時是戰時，這景、色夠人陶醉了。

　　室內，郭汝瑰靠在躺椅上，他在沉思：這任逖猷來得突兀，使人難以捉摸……

　　忽然，院落外的大門有人輕輕敲門，在靜謐的夜裏，篤、篤、篤，這聲音相當清晰。敲了幾聲又停，又再敲。

　　郭汝瑰喊起勤務兵：「快去開門！」

　　「什麼人，這時候還來好不知趣。」勤務兵林明相低低咕噥著。

　　門開了，來人大步流星往裏走。

　　只見他身穿米色凡力丁西裝，打紫紅領帶，足登皮鞋，看這模樣似富商大賈，又像大學教授。

郭汝瑰已走下台階。

來人迎面一禮，說：「汝瑰兄，久違了！」

「你……」郭汝瑰抓抓頭，一時想不起來人是誰。

「您怎麼健忘了，我是任廉儒，任逖猷之弟。」他低聲說。

「是他，當年的共產黨員。任逖猷不負我所託，三天就派了人來。」郭汝瑰腦子裏想著，一邊緊緊握著他的手，請到小會客室。

他倆細敘別後多年的情況，引出無限感慨。

十八年前，兩人最初相會在涪陵。任廉儒逃避劉湘的追捕，改名易姓躲在堂兄任逖猷處。當時郭汝瑰身膺吳玉章的秘密使命也回到涪陵。因共同追求進步，很快就締結友誼。以後郭汝瑰東渡日本進士官學校，中斷交往，任廉儒被叛徒出賣陷身囹圄，五年後出獄又經一番曲折去延安抗大，畢業後又回重慶，目前任廉儒的公開身份是川鹽銀行的高級職員，又是天主教機關報《益世報》的經理，紅衣主教于斌的手下紅人。自然任廉儒對自己去抗大與目前的秘密身份隱而未說。

「你告訴我，你和『那邊』還有關係嗎？我在這裏待不下去了，我想去延安。」郭汝瑰急切地說出心中的隱秘。

任廉儒並未立刻回答他，只是點點頭。

他急了。「你莫非不相信我？！國民黨必敗無疑，這是我十八年的深切體會。我不願給國民黨殉葬。我對共產黨十分懷念，我請求組織恢復我的黨籍。我願意接受組織對我的任何考驗……我恨不得插翅飛向延安。」郭汝瑰的臉都漲紅了，越說越激動。

任廉儒以無可奈何的神情說：「我和組織也斷了聯繫，不過……」

郭汝瑰茫然若失，說：「不過怎樣，你快說嘛！」

「我可以給你打聽，也許還有瞭解那邊情況的人」。

任廉儒並沒有像任逖猷這樣完全關門，他還留了餘地。

……

漏靜更殘，玉兔西移。雖然兩人話猶未盡，也只能訂後會之期。郭汝瑰把這夜來客送出門外。

任廉儒的深夜來訪，應歸功於那位潦倒的任逖猷。他偶遇郭汝瑰後，就去找了堂弟，轉達了郭汝瑰想找組織的願望。堂弟囑咐他：「切莫多事，這不是鬧著玩的。」任逖猷唯唯而退。當然這位堂弟任廉儒，並非真正與黨無關。他隸屬中共中央社會部，直接受董必武同志領導。隨後他把情況彙報了董必武同志。

從此，郭汝瑰的個人歷史有了新的轉折。八十年代，郭汝瑰回憶當年兩人的深夜會見，仍激動不已，他說：「……我對他（指任廉儒）未弄清我思想狀態和真正立場就來相訪，對我進行考察；見面後機警冷靜不冒冒失失地相信我，又不讓我失望的那種膽大心細的作法和應付能力留下了深刻的印象。」

有了這一開始，來訪與交談繼續進行。郭汝瑰把心中的奧秘全都向這位老友坦露，他與黨組織的距離更縮短了。

他還有行動。

日寇還在垂死掙扎，抗戰還在進行，國民黨應對共產黨的計畫就在悄悄商訂。主其事的是軍令部。郭汝瑰心有靈犀，他以協調軍政、軍令兩部業務為理由，請准陳誠（軍政部長）讓他去參加軍令部的反共研究會，陳誠照准。於是，如何防止日寇武器裝備落入共軍之手，國軍如何進入日寇佔領區與部署等等機密就都進了郭汝瑰腦子裏。也很快送到了任廉儒手中。郭汝瑰自己主編的《國軍戰鬥序列》，這是高度的軍事機密，只列印了十三份，底稿由軍務署少將辦公室主任李文倫監督燒毀。然而其中一份卻送到了延安。

郭汝瑰的一片用心，用行動說明了！

郭汝瑰的回歸願望，也用行動說明了！

二度秘密會見董必武

秋宵月色勝春宵，這天仍是明月之夜。碧空如洗，銀光灑滿重慶山城。

這是任廉儒與郭汝瑰初次會見的兩個月後。

這天，郭汝瑰早就盼著金烏西墜，玉兔東升。今夜他要會見一個早就盼著要見的人物。

昨天，任廉儒到郭府。賓主坐下。

「郭兄，你要到延安去的願望，我已對董老說了。你想不想去會見他？」任廉儒道。

「這太好了，我早就想著見他呢。」郭汝瑰喜不自禁道。

「這，可會有風險的」。

「我把生死置之度外，什麼風險都不在乎。」郭汝瑰口氣堅決。

「好，不過我們會保證你的安全的。」

當下兩人商定，明晚郭汝瑰換了便裝，中途下車，然後步行繞道到夫子池，在一個小巷深處，進羅公館後門。羅公館就是會見地點。

天終於黑下來，郭汝瑰如約出發。他乾脆不坐汽車，裝作散步的樣子，緩緩步行而去。喜的是路上沒有碰見一個熟人，約摸半小時就到了羅公館，羅公館是大軍火商羅升之的公館，任廉儒的岳丈家。

這是高大豪華的深宅大院，後門在一個幽僻又不通行的小巷底，郭汝瑰輕輕推開虛掩著的門。「你來啦！」任廉儒早在那裏等著。他走在頭裏，經過幾個院落，進了一間小閣樓。

推開房間，一個瘦削清癯的老人，面帶慈祥笑容迎上來，說：「郭將軍，歡迎你！」

「董老，我來遲了。」。

「不遲，不遲，來得正是時候。請坐！」

任廉儒送進茶以後，退到外面去警戒。

做了一般性談話後，董必武問道：「你和陳誠相處很久，你覺得此人怎樣？」

郭汝瑰道：「這人徒有虛名，並無實際。以標榜不要錢而沽名釣譽。好攬事，攬過來既不能把事辦好，而且有始無終。這樣的人是成不了事的。」

「我同意你的看法。」董老又道：「陳誠任我們湖北省主席，事事都抓，結果湖北人說他『百廢俱舉，一事無成』，這八個字對他一針見血！」

「你對國民黨有什麼看法？」董老又問。

「國民黨已經爛透了，無可救藥！蔣介石自稱孫中山信徒，實際卻違背三民主義，違背總理遺教。這些年來，他們倒行逆施，殘民以逞，無怪抗戰以來多次戰役連連失利，這是他們反動政治的必然結果。」郭汝瑰憤慨地回答。

在董老問他對共產黨的看法後，他列舉共產黨施政、治軍等許多優秀事例，又說出自己的困惑。「當前共產黨為什麼要以實現三民主義為號召，而不以實現社會主義共產主義為目標呢？」

「你問得好。比如我們爬山是不能一步到山頂的，必須一步一步地登攀，每上去一步就更接近目標。實行三民主義不比蔣介石的法西斯獨裁要好多嗎？」董必武耐心地解釋。

「慚愧，慚愧，我就沒有想到這一點。董老，聽您一席話，勝讀十年書啊。」

……

因不便久留，郭汝瑰辭別，循原路回去。

事隔半年多，郭汝瑰第二次秘密會見董必武。

這半年中，許多「意外」接踵而來

　　在第一次會見的月餘後，一九四五年八月十五日，傍晚，忽然重慶浸沉在震天撼地的爆竹聲中。日寇宣佈無條件投降。

　　這勝利是來得意外。

　　郭汝瑰跟著何應欽到南京受降，風塵僕僕往返於渝寧之間。豈料抗戰剛停，內戰又起。在各方呼籲聲中，國共雙方談判，毛澤東親到重慶。隨後「雙十協定」簽訂，重重陰霾才微露曙光。誰知「雙十協定」墨蹟未乾，戰火又再燃起。這引起國際的關注，美國出面「調停」，馬歇爾以特使身份來華。日曆翻開新的一頁，一九四六年一月十日，馬歇爾、張治中、周恩來三人小組成立，達成停戰協定。

　　一旬後，郭汝瑰奉令作為張治中的副手，參加「三人小組」會談，這使他有機會見到周恩來。這是在重慶上清寺堯廬召開的整軍討論會。周恩來帶著翻譯章文晉一早就到會場，鎮靜自若的儒將風度，還像當年在黃埔時所見。

　　「老師！」郭汝瑰握著周恩來的手，喊了一聲。他有多少話要同周恩來說，但此時此刻有口難言。

　　後來，郭汝瑰隨軍事三人小組出巡華北。在張家口，他見到了聶榮臻，還認識了賀龍、蕭克、丁玲、蕭三。遺憾的是沒有作什麼交談。在濟南，他見到了陳毅。他一眼就認出了，因為陳毅和其兄陳孟熙面貌相似。他受陳孟熙之託，帶去一封家信。陳毅親切地以四川鄉音說：「謝謝你，給我帶個口信，我很好。」陳老總對他的評價是：「郭汝瑰相當精靈。」他在新鄉見到劉伯承，使他大感意外。早在中學讀書時，就知道劉伯承是四川名將，天下無敵。原以為是瘦長而多智，出現在眼前的卻是魁偉而沉默，宛如一座大山不知埋伏多少甲兵。

　　郭汝瑰最難忘懷的是延安之行。機場上，見到毛澤東主席、朱德總司令。檢閱儀仗隊時，他看到士兵的子彈袋不是滿的，那些民

兵手持的是刀矛梭鏢，他為共產黨實力而擔憂，恐難與國民黨的軍隊較量。

有著這番閱歷，他第二次見到董必武。

那是一九四六年三月十七日傍晚。他仍然按照任廉儒的安排，從後門進入羅升之公館。

會見地點卻不是小樓上，而是陳設非常豪華的客廳裏。

客廳裏，高朋滿座，燈火輝煌。五、六人正在高談闊論。

郭汝瑰心裏一愣：「這怎是説話的地方。」

「都是自己人，不礙事的。」任廉儒在他耳邊輕輕地説。

董必武也看著他微微一笑，似在説明不必顧慮。

一番寒喧後，董必武問道：「郭將軍，最近國民黨有什麼任務給你？」

「何應欽要我去美國，擔任中國軍事代表團團員，我不想去，請您老指教。」郭汝瑰回答。

「去，你應該去。」董必武當即答道。他又説：「我們不會誤你的事業的。你可以去美國，多多調查瞭解美國。革命要看遠些，我們早晚要和美國打交道，這就要先瞭解他。」

「我就是想去延安。」郭汝瑰低低地説。

董必武點了點頭，沒有當時回答。

兩天後，任廉儒傳來了董必武的答覆。

「你去延安的作用不大，你留在這邊可以為黨做更多的工作。我們的同志要想打入國民黨這機要崗位還不容易，怎能自動放掉呢。今後希望你為黨提供一些有價值的情報。」

任廉儒又説：「董老説，你要恢復黨籍，原則上可以，但要經過一番考驗，組織問題今後總是可以解決的。」

如飲瓊漿，如飲甘露，郭汝瑰聽了任廉儒的一番話，心頭舒坦。他説：「黨肯容納我，我可以把個人的安危置之度外。」

「今後我們單線聯繫，我以天主教作掩護，不會惹人注意，可以保證你安全。」

臨別時，任廉儒這樣囑咐。

自此後，這位國民黨的將軍，隻身潛藏在國民黨的機要中樞，為共產黨工作。

意外有了「護身符」

說來也巧，這時國民黨中樞對郭汝瑰的寵眷也與日俱增，這真是錦上添花。

他周旋於陳誠、何應欽、顧祝同、白崇禧四位中樞的軍事巨頭之間，如魚得水，得心應手。當然四人中最寵信他的是陳誠。

這還有一個太子蔣經國，給郭汝瑰作義務宣傳員。不過，蔣經國並非輕信之人，他是經實地考察的。

一九四六年五月一日，郭汝瑰隨軍政部全體人員由重慶到了南京。他雖也是從天上飛來的軍政大員，卻沒有搞「五子登科」。雖貴為中將，沒有住花園別墅，從一位米商手裏租一套兩層的弄堂房子。三十七歲的妻子方學蘭生了個嬌兒，他竟寒酸得辦不起酒席。

郭汝瑰住四條巷，蔣經國住三條巷，算得是近鄰。一天，兩個不速之客，闖進郭府。方學蘭與女兒、奶娘正在底樓（客廳兼廚房）吃飯，桌上只有兩樣小菜，並無葷腥。那廳上的陳設，只有兩個破沙發，一副寒傖的模樣。來客留下名片，方學蘭一看，正是大名鼎鼎的蔣經國與他的親信賈亦斌。事後，蔣經國喟然興歎：「要是我們的高級將領都能像郭汝瑰這樣，黨國就有救了！」

「人的名聲樹的影兒」，郭汝瑰有才、廉潔就此傳揚開來，使他的官階扶搖直上。

這時，一件意外的事情發生了！

一九四七年三月十九日，三百餘名將校級軍官著黃色呢制服，肩章將星閃耀，佩勳帶，一齊湧出中山門，來到中山陵。邁步進入祭堂，全體匍伏中山先生座像前，同聲痛哭。主祭人丁德隆（原三十四集團軍中將副總司令）抽泣著宣讀祭文，云：「……唯是喘息未定，橫生枝節，鳥盡弓藏，其心何忍，甚至排除異己，分割親疏，更非所宜。如此孤行，致使愛國志士流落街頭，妻子號寒，乏人過問……。如此不顧一切之措施，豈先生生前始料所及耶？言之痛心！最近，學生等均將解甲歸去，此後重擔，均付之當道袞袞諸公，衛國安民，希好自為之。學生等個人去留，無所介懷……」

事情的起因是，當時國防部正在進行整軍與改組軍事機構，大量軍官被剝奪兵權，編餘後「或農或商」、「自謀生路」。制訂與執行整編計畫的正是國防部第五廳副廳長郭汝瑰。

於是，這些黃埔學生就到中山陵來哭陵，同時攻擊的矛頭也指向郭汝瑰。有一張油印的傳單寫道：「爵以賞功，職以授能，有郭汝瑰者，僅因為陳誠親信，為其十三太保之一，『干城社』幹將，竟致一年三遷，紅得發紫。試問當朝諸公，天理何在？」

傳單說郭汝瑰，一年三遷，其實該是半年三遷。一九四六年九月，他先任國防部第五廳副廳長，主管部隊編制，旋即升為陳誠的總參辦公廳主任，板凳還沒有坐熱，復任五廳廳長，轉年（一九四七年）三月，又任國防部三廳（作戰廳）廳長。

在郭汝瑰炙手可熱，頗受重用之際，傳單也好，攻訐也好，一概沒有用。不過郭汝瑰倒非常感謝這些失意的將軍，為他身上蓋起一道護身符。而他這樣賣力，是在「為淵驅魚，為叢驅雀」，給國民黨多製造一些反對的力量。

還有，更重要的，那些軍事機密，作戰計畫，一份份地經郭汝瑰的手交給單線聯繫人任廉儒，再由任送給中共黨，送給解放軍的作戰指揮機構。

臥底的郭汝瑰，所起的作用，不亞於十萬雄兵！

蔣介石官邸晚宴

一九四七年五月十二日下午五時，國防部作戰廳廳長郭汝瑰的辦公室，電話鈴響了起來。

「廳長，侍從室俞主任請您接話。」郭汝瑰的秘書接過電話說。

俞主任即俞濟時，蔣介石的親信。他打來電話，必有什麼要事，郭汝瑰心想。

「今晚二十時三十分，請到總裁官邸晚宴並彙報。」俞濟時的話非常簡捷，剛說完就把電話掛上了。

蔣介石獨攬全國軍政大權，經常在他的官邸召集黨政軍的「要人」去會報，然後他裁決一切。這就是當時官場中流傳的「官邸會報」，凡能參加的都被視為榮耀令人羨慕。

時鐘剛指二十點，國防部二廳（主管情報）廳長侯騰前來約郭汝瑰一同赴會，他也得到通知。

蔣介石的官邸與國防部毗鄰，九分鐘就能走到。這是座磚瓦結構的兩層西式樓房。

郭汝瑰與侯騰，挨到二十點一刻才連袂走去。走進官邸大門就是過道式的內走廊，走廊盡頭一個全副武裝的侍從站在那裏。

「啪！」一聲立正。那侍從邊說：「請寬衣並取出武器。」

兩人脫下外套，揭下帽子，掛在進在進門右手的衣掛上。又把手槍交給了侍從。進門是一個過道小廳，迎面是樓梯，右側牆壁上掛著曾國藩的一副屏聯。左側有兩個門，一個通往大客廳，一個通往蔣介石的書房與小客廳，蔣的臥室在樓上。

一位侍從把他們領進大客廳。郭汝瑰環顧四周，見迎面壁上掛著齊白石的《蚪松蒼鷹圖》，另一邊壁上掛的是徐悲鴻的《奔馬

圖》。靠壁的一張長條案，陳設著古董玩好。他和侯騰走過去，其中一個玻璃匣子裝著一米多長的象牙一對，這是稀有之物。

正觀賞間，廳外腳步聲，走進來的是陳誠與劉斐，他們也來赴會。四人剛坐定，只聽俞濟時高聲喊：「總裁到」！

蔣介石走進廳來，後面跟著俞濟時，文官局長陳方。大廳裏的陳誠等四人，全體起立，敬禮。蔣介石點著頭：「好，好，大家坐！」

會報開始。這時山東形勢緊張，解放軍一度解放泰安，又以六個縱隊進入卞橋、梁邱山地一帶。郭汝瑰與侯騰分別彙報戰地形勢。陳誠、劉斐分別講了自己的意見。蔣介石歸納眾人意見作了指示：以湯恩伯兵團攻佔莒城、沂水，以歐震兵團攻南麻，王敬久兵團攻博山。郭汝瑰一一記下。這就是後來發生的孟良崮戰役。會報會剛完，宋美齡走進客廳，她用上海話說：「現在請大家吃飯。」

八人一同進入餐廳。在重慶中訓團時，郭汝瑰吃過蔣介石的飯。這次仍然是四菜一湯，沒有飲料，只有一隻蒸汽雞味道頗鮮。飯後，侍役送來新鮮的木瓜，這是用飛機從廣東運來的，在座的嚐了個新。

郭汝瑰回到四條巷住所，時鐘正指二十二時。他到樓上看了一下夫人方學蘭和出生不久的嬰兒，就進入他那小書房。他把門關上，自己沏了一杯茶，開始他的日課——記日記。

他把會報會的過程細細想了一遍，長長地歎了口氣，自言自語道：「這真難死我了。如果不出一點主意，或者盡出壞主意，蔣介石並非泥塑木雕的人，他就會察覺；出了好主意又會傷害解放軍……」

他找了張紙，用極小的字，把今晚決定的作戰部署寫了下來。等任廉儒來時帶去。

剛寫完，忽聽門上輕輕敲了幾下，隨後是妻子方學蘭的聲音：「客人來了。」

深晚了，還有誰來。他開了門，一看，喜出望外。

來人正是任廉儒。

「這真奇了，我正等你來，你就來了。」郭汝瑰緊握著他的手。

這時任廉儒的公開職業是川鹽銀行上海華山路辦事處主任，又在天主教辦的《益世報》（社址在南京）兼任記者，有這雙重身份，經常往來滬寧兩地，無人知曉他的秘密任務。

這天，任廉儒穿著毛嗶嘰長衫，頭戴博士帽，挺括的西裝褲，這一副派頭似官似商。他自己解釋：「本來早已來了，《益世報》的總編拉著到四川酒家去晚宴，剛一結束我就趕來。」

兩人寒喧畢，歸入正題。

「山東要有一番惡戰了，我正等著你把作戰部署帶去。」郭汝瑰一邊把幾個鐘點前官邸會報的情況詳細說了一遍。

任廉儒興奮地握著他的手說：「郭兄，你的功勞不小啊！」

「這是我該做的呀！」

「還有請你轉告山東的解放軍指揮官，這次的戰鬥序列中，有個整編七十四師是蔣介石的御林軍，深得蔣介石寵愛，全部美械裝備，轄三個旅，三萬七千多人，兵員足，戰鬥力強，師長張靈甫又特別兇悍頑固。」郭汝瑰又說。

「我一定轉告。」

……

郭汝瑰把任廉儒送出門外，他消失在濃重的夜色中。

幾天後，山東解放軍就採取了「從百萬軍中剟出上將」的戰術，以葉飛為主力第一縱隊對付七十四師，把張靈甫圍困在孟良崮，果然好一番惡戰。張部雖受挫，還成群成團地向共方陣地衝來。五月十六日拂曉，七十四師全軍覆滅，張靈甫也戰死。

老英雄捨命保機密

儘管郭汝瑰深藏在國民黨的軍事中樞，進行挖心戰，但中樞要員對他深信不疑。一九四七年五月下旬，他奉調去陸軍總司令部徐州司令部任參謀長，輔佐顧祝同。一年後，顧祝同繼陳誠任參謀總長，他又調回南京再任國防部第三廳廳長，於一九四八年七月七日到職。

然而，意外的事情發生了！

一九四八年十一月十日，蔣介石在南京黃埔路官邸召開高級將領會議，討論作戰計畫。這時遼瀋戰役剛結束，國民黨軍被殲七十七萬餘人。同時淮海戰役也已開始……國民黨政權搖搖欲墜，蔣介石企圖通過這次會議做最後掙扎。

這次高級將領會議後，郭汝瑰把九種絕密的作戰計畫（江防計畫、江南作戰計畫、西南地區兵力配備等）交給任廉儒，要他火速轉給黨。那知和任廉儒單線聯繫的陳家康不在上海，與任廉儒是好友加同志的梁佐華的地下黨聯繫人魯自誠也去了重慶，送出這些絕密件又刻不容緩，任、梁兩人多次商量決定把這些密件交給地下「民革」的華東軍事特派員王葆真。

王葆真是辛亥革命元老，這時在滬寧地區搞軍事策反，他與中共有聯繫。任、梁因工作需要參加了「民革」。

上海華山路川鹽銀行辦事處樓上，是任廉儒住所。王葆真應約來到這裏，與任、梁兩人見面。

任廉儒取出一個小紙包，經過多層包裹，說明詳細情況後，他鄭重地交給王葆真。

「我們要絕對保證郭汝瑰的生命安全。在任何情況下都不能洩漏機密。萬一發生緊急情況，可斷然處理，『毀件保人』，切斷敵人追查的線索」。任廉儒說。

「任兄說得對，只要郭汝瑰保住，即使檔毀了，甚至我們三個人都犧牲了，他仍然可以提供情報，在適當時候起義」。梁佐華接著說。

年過古稀但精神矍鑠的王葆真，以堅定的語氣說：「郭將軍冒著生命危險送出這些機密文件，我拼掉這老命也要保證他的安全，這才算對得起共產黨。」

王葆真取走這些絕密文件後，把它藏在上海新閘路的一個安全可靠的地點，等中共地下黨派人來取。

豈料事出倉猝，一九四九年二月二十二日，民革上海臨時工作委員會在王葆真寓所緊急開會時，常委吳榮過了一個小時都未到會，樓下馬路上又發現有可疑的人在轉動。王葆真做出斷然措施，把這些絕密件交給梁佐華，說：「你趕快喬裝離開這裏，到安全地點後，把這些絕密文件毀掉，保人要緊。」這一決定做得及時，吳榮早一天就被捕，當時只因特務沒有確切知道王葆真的住處。兩天後——二月二十四日王葆真被捕。

王葆真與吳榮等的被捕，起因是南京的地下民革被破壞。滬寧兩地的民革，在王葆真領導下曾策劃暴動，不幸因事機不密，南京地下民革的負責人孟士衡、吳士文等被捕，這就波及到上海。

這位王老英雄，在獄中九十五天，經毒打、逼供、誘供，都沒有供出郭汝瑰一個字。追查線索被切斷了，保障了郭汝瑰的安全。王葆真被判死刑，經多方營救才暫緩執行。後來上海的迅速解放，王葆真才出死刑獄。孟士衡、吳士文、蕭儉魁三人，由南京押送到上海後，於一九四九年五月九日被殺害在上海閘北公園。

四十年後，離休後的郭汝瑰，才知道當年王葆真「受盡酷刑，不惜一死」保全他的事蹟，他深有感慨地說：「可是我至今才知道，未能在生前見他一面太遺憾了」！（王葆真於一九七七年逝世，死前還戴著右派帽子）。

掌兵權待機起義

當王葆真入獄之時，正是郭汝瑰又被委新任之日，由國防部作戰廳廳長改任七十二軍軍長。這真是「山窮水盡疑無路，柳暗花明又一村」。

遼瀋、淮海、平津三大戰役後，蔣家王朝這艘破船即將沉沒了。

郭汝瑰相隨蔣介石多年，他深知蔣介石的為人，在一片敗績中他會遷怒於別人。同時在淮海戰役末期，蔣介石與杜聿明商訂徐州撤退計畫時，竟避過他這個作戰廳長，顯然對他已生疑端。萬一一旦敗露，後果不堪設想。（解放後杜聿明曾坦率告訴他，當時已懷疑他與中共有聯繫。）於是他乘機脫身，要求辭職。

任廉儒帶來黨的指示：「江南解放在即，估計西南必有一番惡戰，你爭取帶著部隊到西南去，到時相機起義。」

他個人的意見與中共地下黨的指示吻合。經過向顧祝同堅決請求與一番曲折，他被任命為七十二軍軍長。七十二軍原是被解放軍擊潰的一支部隊，蔣介石命郭汝瑰重建，立即開往四川。

他喜出望外，匆匆趕到上海，把這喜訊告訴任廉儒。「太好了，這下你自己掌握部隊，就可從蔣家王朝的心臟中殺出來！」任廉儒為他慶賀。

郭汝瑰一到重慶，憑著地利、人和（他是四川銅梁人），七十二軍很快組建就緒，而且兵員充實、糧械齊備。部隊駐紮在內江、瀘州、宜賓一帶，不久，他又以七十二軍軍長兼敘瀘警備司令，成為川南一隅的最強的實力派。

起義在密鑼緊鼓地進行的重要時刻，一九四九年五月，任廉儒從香港到重慶。黨派他協助郭汝瑰起義。

他的公開身份是重慶川鹽銀行的工作人員。

郭汝瑰想得是周到的，他要任廉儒轉告黨，要求黨派個軍事人員直接到他部隊協助他工作。他的要求被接受了。任廉儒帶著二野聯絡部的趙力鈞到宜賓來見他。經過密商，把趙力鈞作為顧祝修（顧祝同之弟）介紹的關係，安排在七十二軍重慶辦事處，自由往來於四川各地。

這時有人暗暗打起了郭汝瑰的主意。

陳誠的一位親信趙志堯突然來找他。

「辭公（即陳誠）希望你把家眷送到台灣去，作戰時可以無後顧之憂。」趙志堯說。

司馬昭之心路人皆知，這是要作人質。郭汝瑰那會不知，立即頂回去：「你曉得我是窮光蛋，家眷送到台灣去喝西北風？」

「辭公叫你送去的，他會坐視不管？」

「哈，哈！」他笑了。「辭公日理萬機，哪有時間管得這婆婆媽媽的事」。

「我早已計劃好了，情況緊急就把老婆送到娘家去，她家開藥店，不是共產的對象，免得我一死，她們母子無家可歸。」郭汝瑰又說。

「那我就這樣回覆辭公。」

「請轉告辭公，汝瑰一定盡忠黨國。戰爭如有閃失，我一定打游擊到底。」

他那誠懇的態度把趙志堯蒙住了，回去回覆陳誠。

一波未平，一波又起！

這天，張群的政工處長陳國儒公館裏舉行舞會。那位陳夫人正和郭汝瑰跳舞。這位策劃軍機稱為能手的郭將軍卻是個不舞之鶴。「噯喲，你又踹了我的腳了。」那位夫人喊。

郭汝瑰知難而退到一旁去休息。

第七編練司令羅廣文悄悄走過來，把他拉到一旁說：「鄧文儀（新聞局長）說你靠不住，要陳國儒暗中監視你，他告訴我了。」

正好陳國儒走過來，郭汝瑰就借機鬧起來。

「鄧文儀這龜孫子，幹嘛說我靠不住，我還說他靠不住呢。弄不好，我當面去責問他。」

「哎喲，你就是這脾氣！要是我們不相信你，能把這話告訴你嗎？」

羅廣文、陳國儒都勸他。陳國儒在南京時與他共事，關係就很好。他有恃無恐。

「兩位信得過我，就慢慢看吧，『路遙知馬力，日久見人心』。」

「哪裡，哪裡，這見外了。」羅廣文、陳國儒同聲說。

……

一個個關卡闖過來了，郭汝瑰的自我感覺良好，他自認為不會再有多大風險，只要小心謹慎就行。

其實他錯了。七十二軍參謀長許亞殷就是個軍統特務，蔣介石把他安放在郭汝瑰身邊，還配備了一部電台。只是這許亞殷當了「蔣幹」，傳錯了書——郭汝瑰準備打游擊。

郭汝瑰一個筋斗沒有栽到軍統手裏，可算僥倖。

流產的「捉蔣」行動

一九四九年十月，蔣介石從台灣飛到重慶。

蔣介石給西南的袍澤打氣，要他們拚命死守，苦撐待變。

作戰會議在西南行政長官公署召開。西南的要員和將領都參加，有張群、錢大鈞、楊森、胡宗南、羅廣文、陳春霖、劉文輝、鄧錫侯，郭汝瑰也應召到會。

照例是一番紙上談兵，謀士們主觀判斷解放軍將從川陝公路進攻四川。於是部署了一大圈幾千里的防線，郭汝瑰心裏暗暗好笑，他一言未發，好在他自己的部隊沒有移動。

郭汝瑰剛回瀘州，忽然接到蔣介石親自打來的電話，說要召見他。

他心裏忐忑不安，莫非是蔣介石察覺他了，但不去不行，硬著頭皮去了重慶林園。

蔣經國、陶希聖在門口迎接。這時他方知道同時接見的還有四十四軍軍長陳春霖。他心中的一塊石頭落了地。

走廊上放著幾張籐椅，郭、陳兩人還未就座，蔣介石就出來了。

蔣介石神情疲憊，面色陰鬱，接受兩人的敬禮後，示意他們坐下。

「郭軍長，你的部隊怎麼樣？作戰有無把握？」蔣介石問。

「請校長放心，西南戰役是有希望的。我這個軍雖然成立最遲，可幾個團都是老兵，最近又加速整訓，因此打仗有把握。」郭汝瑰信心十足地說了一大通。

蔣介石哦哦連聲，似乎還滿意。

隨後蔣介石又以同樣的話問了陳春霖。

……

郭汝瑰回到瀘州。

一個秋風蕭瑟的明月之夜，郭汝瑰、徐孔嘉（七十二軍參謀長）、傅秉勳（一〇四師師長，郭的妹夫）三人在密室裏商討一項驚天動地的計畫──活捉蔣介石。

設想是周到的。

傅秉勳的一〇四師派出一個力量最強的團駐守江津要隘，控制白市驛機場。通過重慶行營機要室，掌握蔣介石離開山洞林園的時間，一旦他的座車出動。事先埋伏的爆破組就炸掉退往山洞的橋樑，另一條通向璧山的路用一個加強的機槍排封鎖。這樣，蔣介石

既不能去重慶，又不能到成都，只有鑽進白市驛機場。傅秉勳團立即奔襲機場的警衛營。這是些老爺兵不堪一擊……

三人中策劃最力的是徐孔嘉，謹慎持重的郭汝瑰認為方案難以實現，而那個傅秉勳佯作應付，實質心中另有所謀。此後不久，傅秉勳就把部隊拉到重慶。西南解放時，他的部隊潰散，隻身逃往松潘，當上敵特的「三邊綏靖反共司令部」的副司令，在跟著藏族頭人蘇永和暴動中，飲彈自殺於小溪邊。

後來，元月二十九日蔣介石逃出重慶時，正是走的這條道路。蔣介石在當夜二十二時，從山洞林園起程，午夜到達白市驛機場，夜宿於專機上，次晨飛機起飛時，解放軍的先頭部隊距機場僅十公里。

捉蔣行動僅在計畫中，沒有實現！

起義大功告成

採取大包圍態勢的解放軍，一九四九年十一月上旬解放貴州後，即西出畢節，直迫瀘州、宜賓、樂山等地，又以有力的一部進抵川康邊境金口河、富林等地，截斷國民黨軍退向西昌、滇西的去路。

十一月三十日重慶解放。解放軍以一鼓作氣之勢徑取成都。

郭汝瑰起義迫在眉睫。他立即收縮部隊，命令新三十四師柏恒師長帶部隊由內江往宜賓撤退。

任廉儒與郭汝瑰之間本有密碼聯繫，時間緊迫，竟發來一個明電：「趙因交通阻隔不能前往，希按計劃行事。」趙即二野聯絡部派來的趙力鈞。

十二月三日，解放軍先頭部隊到達瀘州羅漢場。郭汝瑰接到了一個意外的電話。

「你是郭軍長嘛！」

「我是。你是哪裡？」

「我們是第十軍，軍長杜義德。」

郭汝瑰猛然想起，杜義德這個名字很生疏，他立即問：「你是解放軍嗎？」

「是的。杜軍長要你派人來接洽起義」。

「好！我按計劃行事。」

電話掛斷了。郭汝瑰要電話局再接過去，答覆是無法接通，電話不知從何處打來的。

他懊悔，沒有說清楚按什麼計畫行事。他的計畫是在宜賓起義，所有部隊集中宜賓，軍部從瀘州撤到宜賓去。

但這計畫除任廉儒知道外，他的僚屬也不知道，幾乎功敗垂成。

接到解放軍電話的當晚，郭汝瑰就率領部隊出發。中途，他的親信六九七團團長張緯帶著部隊前來迎接。幸而有這部署，免了一場慘劇。原來二三三師師長趙德樹，誤認為郭汝瑰棄守瀘州是準備打遊擊與解放軍為敵。趙德樹準備郭汝瑰的輪船到宜賓時加以炮擊，因為有張緯的一團人，投鼠忌器不敢動手，終於平安到達宜賓。

趙德樹與郭汝瑰曾是日本士官學校同學，郭汝瑰還曾救過他的命，有恩於他。但因郭汝瑰未將起義計畫告訴他，有所猜忌。

十二月九曰上午，郭汝瑰召開團以上軍官會議，出現了意外的情況。

「現在解放軍已經入川，政府軍無力抵抗，在此生死存亡關頭，我們的意見一致才能步調一致，大家想說什麼就說出來。」

郭汝瑰剛說完，趙德樹就搶著說：「仗是打不得了，我看還是和吧？」

「怎麼個和法？」郭汝瑰問。

「司令，你出來講和不行，人家不會信任。現在部隊都是我的，還是由我來和。你要走，我可以派一營人送你，派滑竿三班人

輪換抬你，晝夜兼程，三天就到新津，上了飛機去台灣還是國外悉聽尊便。」

這明明是要趕走郭汝瑰，他不免一驚。但轉念一想，部隊自己完全能掌握，全軍營以上軍官都由我委派，有幾個團長是我的親信，自己的侄兒在警衛團裏當副營長，憑著這些他趕不走我。

郭汝瑰立即鎮靜下來，提高嗓子說：「戰敗之軍還談什麼和，只有起義。不管起義也好，打也好，都要由我領導，在這生死關頭，我要和大家在一起。」

此話一出，趙德樹的話就變了：「軍長高明呀！我們應該起義！」

會場緊張的空氣立刻緩和下來。

六九七團團長張緯接著說：「仗不能再打，我主張起義！」

張緯的話猶未了，忽然一個粗嗓門高喊起來：「養兵千日，用在一朝，怎麼就不打了！？比如一個女人，男人還沒有死就嫁人說得過去嘛！」

這說話的是六九八團團長吳讓，桀驁不馴，做事魯莽。

郭汝瑰的袋裏原來裝著給解放軍的聲明起義的信，會場情況的逆轉，他當機立斷說：「會就開到這裏，大家對剛才的問題考慮考慮再說。」

郭汝瑰剛回軍部，高參徐孔嘉、二三三師師長趙德樹、六九九團團長廖覺雄等四人就找上門來。他們是來表示起義決心。

「報告軍長，我決心起義！」擔任著宜賓城防的廖覺雄團長說。

「好啊！那可不要後悔。」郭汝瑰說。

「在任何情況下決不後悔。」廖的口氣很堅決。

水到渠成，功德圓滿。

徐孔嘉帶著郭汝瑰親筆書寫的聯繫起義的信，連夜去瀘州找解放軍。首開金沙江不能夜航的記錄。隨行的還有兩個地方的代表。

翌日，宜賓城萬家燈火之時，徐孔嘉勝利歸來，解放軍某師的惠政委也一同來到宜賓。

隨後，郭汝瑰發出了起義告官兵書與向中共中央、毛主席致敬電。這是一九四九年十二月十日。

起義成功了！郭汝瑰多年的心願實現了！

同日，消息傳到成都，蔣介石氣得捶胸頓足，連連說：「我用錯人了，原來郭汝瑰是共諜，我用人不慎，致遭此敗。」

重慶解放後，蔣介石逃往成都。原計劃沿沱江、長江，配戰略前哨，掩護主力在成都附近集結，最後背城一戰。由於七十二軍的起義，接著鄧錫侯、劉文輝又相繼起義，成都平原的蔣軍紛紛作鳥獸散。

蔣介石在大陸的最後本錢都輸光了。就在十日這天，蔣介石、蔣經國父子倆在成都中央軍校禮堂與第二十二期的學生合唱了「三民主義，吾黨所宗」這國民黨黨歌後，含著悲音向學生們宣佈：「我失敗了，你們走吧！」隨後一車飛駛徑往鳳凰山機場，淒然離開大陸。

一九四九年後的坎坷路

風雲變幻，人世滄桑。

一九四九年後，按理郭汝瑰是中共的有功之臣，但他遭遇坎坷。他先任川南行署委員兼交通廳廳長，後調到南京軍事學院任教員、研究員等職。肅反運動中被人誣陷，遭關押審查。一九五七年反右開始，受人慫恿給彭德懷寫信，希望能吸取肅反時的教訓，要審慎對人。在南京市委的整風會議上，他慷慨直言：「劉邦入關，約法三章。李世民尊賢納諫，從善如流，才能鞏固政權幾百年。我們要厲行法制，才能長治久安。」這番話本是金玉良言，卻被人斷章取義，說他攻擊共產黨連帝王都不如，南京軍事學院把他劃為右派，上報中央

共諜郭汝瑰（國防部作戰廳廳長）

軍委，幸中央軍委批示：「情節輕微，不作右派處理。」到了文革，又在劫難逃，多次批鬥，送農場勞動。

原本共產黨員的郭汝瑰，解放後多次要求恢復黨籍，卻被上推下卸、長期延擱。在中共十一屆三中全會後，郭直接給中共中央組織部寫信，申述歷史，要求入黨，這才如願以償。此後成都軍區黨委評他優秀黨員。

上世紀七十年代郭汝瑰以副兵團級離休。晚年從事軍事史的著述。他無權無錢，東奔西走，主編六百萬字的《中國軍事史》以及《中國抗日戰爭正面戰場作戰記》兩大巨著，還寫成四十萬字的《郭汝瑰回憶錄》。

一九九七年，郭汝瑰九十高齡。郭有一子一女，子郭相操，女兒郭相慰從南京到重慶，祝賀老父九十大壽。全家團聚，天倫之樂，其樂融融。女兒告別老父回寧時，郭汝瑰親送女兒去重慶江北機場。橫生意外，中途發生車禍，搶救無效，於一九九七年十月二十三日去世。

一九四九年以來，對郭汝瑰的挖心行動，台灣一直耿耿於懷。台北官方指劉斐、郭汝瑰、衛立煌三人是「戡亂」失敗的重要人物……台灣報載：「『一諜臥底弄乾坤，兩軍勝敗已先分』。」這「一諜」就是指郭汝瑰。

是也，非也，歷史自有定論。

毛森浮沉錄

一九九二年五月二十八日。

一位白髮蒼蒼的老人與他的隨行人員，走進上海海鷗飯店。老人步履蹣跚，老態龍鍾。看他的外貌與服飾，似是海外僑胞。在飯店經理帶領下，一行人，進了電梯，電梯停在九樓，經理把他們安排在九○三室。

老人確實是從海外歸來，但並非一般僑胞，此人姓毛名森，國民政府時期有名的殺人魔王，有人給他的名字加上兩個字，成為「毛骨森森」。

毛森是軍統中將。抗日時期，在浙東一帶主持地下工作，抗戰勝利後任京滬杭警備司令部二處處長，之後，又任上海最後一任警察局局長。逃離大陸去台灣前，曾大肆捕殺中共地下黨員、民主人士與無辜群眾。去台灣後任國民黨行動委員會五人小組成員（另四人為：蔣經國、唐縱、毛人鳳、陶一珊）。

然而這樣一個「世人皆曰可殺」的人物又是怎樣重回大陸的呢？

毛森（右一）與妻子及兒子

從警校跨進軍統

　　説來使人難解，偏處浙江西南一隅的江山縣，本世紀集中出現了眾多的國民黨「特工人員」，最有名的是「一戴三毛」。「一戴」即戴笠，軍統頭子，「三毛」為毛人鳳、毛森與毛萬里。餘下還有周養浩（小説《紅巖》中沈養齋的原型）、姜紹謨、姜毅英（女）、何芝園、張冠夫、劉方雄等，全是軍統頭面人物，這大致是相互夤緣所致。

　　這裏單説毛森。

　　毛森，原名毛鴻猷，曾改名毛善森。一九〇八年，出生於江山縣界牌鄉和仁村，父毛錫湖生有三子，毛森即為第三子。因家境貧寒，毛鴻猷本務農，後家道漸興，十五歲時才讀小學，成績甚好，兩年後就想躐等投考省立衢州第八師範，因投考需高小畢業文憑。借了一位同姓不同宗的毛善森的文憑，後被錄取，從此改名毛善森。

　　毛善森一九三〇年從省八師畢業，在縣立江山小學當了一年教員，又不甘寂寞，想憑自己學識去考大學，一九三一年隻身到杭州，聽同鄉友人之勸，考進浙江警官學校正科二期。

　　當時戴笠是浙江警官學校的政治特派員，在校中設有特派員辦公室，並安插一些親信在警校，如毛人鳳、毛萬里兄弟與妻舅毛宗亮等，無形中控制著警校。

　　一天，毛人鳳聽人説，乙班有個學生叫毛善森，也是江山人。毛人鳳一愣，本家兄弟確有個毛善森，莫非他來了？親去察看，方知竟是冒牌貨。此人也不隱瞞，講了借毛善森文憑投考八師的經過，親不親都是鄉中人，毛人鳳並未責難，只叫他以後把名字改掉，這樣也把他引進自己的圈子，後來毛善森在警校畢業，先被送

進特訓班，又在南京雄鎮樓加入復興社，正式成為軍統的一員，填表時，毛森去掉中間的善字，改為毛森，以後一生沿用。

跨進軍統門庭的毛森，一九三三年戴笠給他的首次任命是派到福建，以一個軍事雜誌記者的名義，去暗中監視中央的駐閩部隊，防止他們參與福建戰事。當時蔡廷鍇、蔣光鼐的第十九路軍在福建揭起反蔣旗幟，建立人民革命政府。在蔣介石的十萬大軍圍剿下，十九路軍失敗，閩變結束，毛森因完成任務，留在福建，一九三六年調升福州市警察局特警組主任。初登警界的毛森，倒也善與各方周旋小有名聲，得到時任福建省主席陳儀的青睞。

潛伏杭州落入虎口

一九三七年七月七日，抗戰爆發，八月戰火燃及江南，不久京滬杭相繼淪陷。正在福建繫念著家鄉的毛森，突然接到戴笠電報，要他組建軍事委員會別動大隊，任他為直屬二大隊大隊長，去江山縣招兵買馬組建隊伍。

毛森接到命令，即向陳儀告別，陳儀贈送他一批軍用物資。接著，他日夜兼程，趕回江山。江山是毛森故鄉，得天時地利人和之宜，很快組建一支五百人的部隊，毛森親自訓練，一時聲勢大盛。兩個月後，毛森交出這支部隊，接受別動軍教導二團政治部副主任的新任命。

這時，軍統在浙江遂安辦了個特訓班，毛森被聘為兼職教員去授課。他本出身師範，掌握教學方法，加上當時不過二十餘歲，年少英俊，班上有個女學員對他特別注意。同時他也注意到了這位容貌秀麗、談吐不俗的女學生。她叫胡德珍，浙江海鹽人。一種特殊的情愫在兩人心中滋生。

不久，特訓班遷到漢口，已不在該班兼課的毛森，恰因病去漢口醫治，病中偶然外出，在熙來攘往的人群中，無意中竟巧遇胡德珍。異地重逢，更感親切，毛森家中本有髮妻鄭德彩，但感情不洽，雙方早有離婚之意，只是未辦手續。此刻，毛森暗下決心，一定要與胡德珍結合。從此毛森的腦海中經常出現胡德珍的倩影。

真是千里姻緣一線牽。一九三八年九月，毛森被派到淪陷了的杭州任杭州情報站站長。在敵人巢穴裏工作，時刻潛伏著危險，非常需要穩重、幹練、聰明、機智的人當助手。毛森立刻想到胡德珍，這是最合適的人選。他電請戴笠，調胡德珍到杭州。沒有幾天，已在上海的胡小姐就到了毛森的身邊。可喜的是，胡德珍的哥哥胡樸人，本是一位出色的新聞記者，在杭州人地兩熟，毛森請他先在杭州打點，覓得一處鋪面，開設火腿行、米店。自此，毛森以合法商人的身份出現於杭州商業界。

毛森的第二步是向胡德珍求婚。求婚尚算順利，胡小姐說要請示母親，未來的岳母也一口同意。按軍統家法，抗戰時期軍統人員一律不得結婚。毛森請示戴笠，以組成家庭更有利於掩護為藉口，得到戴笠特許，並批特別費五百元作為賀禮。毛森喜出望外，一九三九年一月十八日，毛森與胡德珍喜結連理。

喜慶過後不久，一天，杭州大井巷二號毛森寓所，突然被日本憲兵與偽軍圍住，猝不及防，毛森被日軍捕去。

事情來得突兀，毛森發懵，不知哪個環節出了事，幸好日軍就捕他一人，胡德珍與其他人員均以家屬身份而安然無恙。

事情的真相終於被搞清楚。原來軍統曾派一名叫趙懿義的工作人員到杭州工作。這人的父親在杭州鳳山門外開了一個打鐵店。這本是極好的掩護。但這人二十來歲，少不經事，常信口開河，暴露了身份。日本憲兵把他抓去後，一頓毒打，他便招供了是重慶來的抗日分子，還誘捕了與他直接聯絡的總交通員，這人是愛國的熱血青年，矢

口否認並痛罵日寇漢奸，日寇無計可施，把他斬首示眾，毛森落於敵手，也由趙懿義告密，但此人對毛森情況知道不多（真實姓名都不知），加上毛森平日佈置嚴密，未牽連任何人，也無證據被搜，敵人用盡各種酷刑，毛森不招，堅持説自已是個安分的商人。

外面開始營救活動。杭州商界頗有地位的朱文友，也是毛森部屬。他發動數十家大商店聯名要求保釋。毛森還有一位部屬，與駐杭州的偽軍第一軍軍長徐樸誠的第四夫人有關係，通過她打通偽軍關節，重慶方面也派人進行活動，三管齊下。因查無實據，毛森脱離虎口。

脱險後，毛森離杭州到金華，組織浙西行動隊。從事敵後破壞工作。

再次被捕　囚禁中指揮除奸

否極並未泰來。三年後（一九四二年），毛森在上海第二次落入日寇之手。

從重慶出逃的汪精衛，沐猴而冠於一九四〇年三月三十日在南京成立偽政府。

蔣介石責令戴笠加強淪陷區工作，爆炸、暗殺，使大小漢奸驚心喪膽。汪精衛以牙還牙。用原中統特務李士群成立上海極司非而路「七十六號」特工總部，開展反擊活動。軍統在上海的地下機構先後被破壞，上海的軍統首腦陳恭澍、萬里浪等被捕後投敵。

戴笠再次想到毛森。急電毛森組成上海行動總隊，從浙西于潛縣火速到上海進行打擊活動，填補軍統機構被破壞後的空白。

毛森的鐵拳行動開始。

日偽的倉庫被炸，日寇和漢奸被狙擊，重慶分子死灰復燃，京滬兩地日軍首腦高價懸賞捉拿為首的，但日本人不知道為首的正是毛森。

缺口終於被打開。毛森屬下的陳紀廉行動小組失了手，陳紀廉被捕，他供出了兩個交通員的名字，其中內交通周觀光經受不住日軍的酷刑，供出了毛森。當毛森有所察覺時為時已晚，他第二次被捕。

毛森被捕，一時群龍無首，行動隊停止了破壞活動，但組織沒有癱瘓。毛妻胡德珍是行動總隊的上校總書記，掌握著全盤工作。電台沒有破壞，仍然與重慶有聯繫，一切工作照常進行，只是因投鼠忌器，暗殺、爆炸停止了。

日本人察覺出毛森這位行動總隊長的作用，一時高興萬分。盛筵慶賀，日憲兵司令木下榮市少將、特高課長五島茂中佐頻頻舉杯，狂飲達旦，同時他們命令部屬加強對毛森的看守。

毛森在杭州的首次被捕沒有暴露真實身份，而得到保釋。這次情況不同了，敵人想軟化他，把他囚禁在狄思威路憲佐部隊。數十名憲佐，日夜分班看守著。憲佐中有些是中國人，毛森找機會用民族大義來激勵他們，同時又用黃金收買，居然有了一條與外間聯繫的通道。

縲紲中的毛森，竟還執行與指揮戴笠交下的一項除奸命令，軍統東南局的電訊督察李開峰（化名余玠），是善解密碼的電訊專家。此人向汪偽「七十六號」特工總部投降，成為軍統的心腹大患，戴笠非常焦急，下令毛森，務必除掉此人，懸賞二十萬元。毛森設計了除奸方案，交胡德珍執行。

不久，投敵的原軍統上海首腦陳恭澍的警衛員劉全德，槍殺余玠後，逃到江山領功請賞，就是毛森除奸方案的實現。

余玠一死，汪偽特工首腦李士群查出是毛森主謀，向日本人告狀，日本人以為監守中的毛森，無從行動，顯然是李士群捏造。李士群恨之入骨，企圖暗殺毛森。

日本人終於對毛森產生疑竇，進一步加強對毛森的看守。情況更為危急，到了非脫身不可的時候。當時日夜監視毛森的有日憲兵

曹長淺野隆佐和中國人憲佐邢俊才，一九四四年元旦。乘淺野隆佐不在場，毛森在邢俊才眼皮下逃出魔窟（邢俊才早為毛森收買），又在外面接應下，離開上海到達浙西後方。

這時戴笠正陪同中美合作所美方副主任梅樂斯在東南前線視察。戴笠見到毛森熱情接待，並與他共進晚餐，按軍統慣例，毛森必須經過特別審查才能任用，而戴笠竟打破慣例，授毛森以中美合作所東南地區指揮官，實授少將。從此，毛森同美國人直接有了關係。

名利雙收　大發「接收」財

一九四五年八月，突然到來的抗戰勝利，把毛森推入名利雙收的巔峰。

遠在廣西柳州的湯恩伯的第三方面軍的四個美械裝備軍，由巨型運輸機空運到上海。進行勝利接收，本在浙西前線的軍統少將指揮官毛森，成了湯恩伯第三方面軍第二處處長，處理漢奸問題。

毛森的任命來頭不小。蔣介石授權戴笠處理漢奸，戴把任務交給毛森。這把尚方寶劍，當時人人嚮往，誰都想發「接收」財。

毛森以最快的速度組建班子，以最快的速度到達上海。上海環龍路掛起了軍統局東南特別站的牌子。

毛森上任伊始，第一件事就是下達肅奸令，同時要大小漢奸到東南特別站聽候處理，大小漢奸自不敢違拗，心中七上八下，紛紛趕來聽訓。他們原以為毛森會先來一番「殺威棒」，哪知毛森笑臉相迎，對原軍統叛變投敵的萬里浪還慰勉有加。其實這是毛森的手段，隨之而的就是大逮捕。見於名冊的大小漢奸無一漏網。首批送提籃橋監獄的就有四百人。

大逮捕後就是大接管。當時盛傳的「五子登科」（房子、票子、車子、金子、女子）就是大接管的生動寫照。

毛森接管了汪偽「七十六號」特工總部的全部財產，還有李士群的衡山路公館。李士群妻舅辦的立泰銀行，還有萬里浪的高恩路公館（花園洋房）成為毛公館。

這些漢奸的財富驚人。單是周佛海一人，有存摺十三萬美元。黃金飾物約一千兩，股票三百二十萬元，房屋十六處。清末郵傳部大臣盛宣懷之侄，大漢奸盛幼盦，家裏的痰盂、腳盆、煙灰缸都是黃金製造。審訊時，法院宣佈他的財產有大金條七十四根，而查封登記簿上卻變成四十七根，這二十七根金條的差額的下落可想而知。

有一次，戴笠在上海杜美路召集五百多名高中級軍統幹部開會。這些人都乘著自備小汽車而來，全都是國外進口的小車，停滿附近三、四條馬路。會開到一半，戴笠有事先走，出來一看，全都是部下的汽車，他驚詫不已，連忙返回會場，宣佈一條紀律：除少數負責人外，所有人乘坐的汽車不准停在附近，以免別的單位眼紅，滋生是非，借此攻擊軍統，舉一反三，可見當時毛森及門下所撈到的財富。

毛森好在見好就收。不久，湯恩伯第三方面軍改為第一綏靖區司令部，毛森任第二處處長，司令部駐於無錫。毛森走馬上任離開了上海，跳出了是非之地。

破獲「榮德生被綁案」

又一件名利雙收的事等待著毛森。

一九四六年四月二十六日，上海十多家大小報紙都發出一條驚人的消息：「棉紗麵粉大王榮德生被綁。」

所謂「被綁」就是被盜匪綁架而去。

榮德生是當代著名的民族工商業家，無錫人，擁有棉紗、麵粉等二十三個企業（組成「三新財團」）。其子榮毅仁曾任大陸的國家副主席。

四月二十五日晨，榮德生乘自備汽車，離高恩路二一〇巷二十號寓所去申新棉紡總公司辦公。車剛開出，就見一輛嶄新的美國「別克」轎車堵住的路，車上旋即跳下一人，手拿紅色硬卡（逮捕證），稱：奉命逮捕經濟漢奸榮德生，把榮德生從車內拖出，架上他們的「別克」車。榮德生的兩名保鏢因被槍口對著無從動彈，眼看對方的車子疾馳而去……

消息傳到南京，蔣介石大為震怒，居然在上海這樣的都市發生綁架案。淞滬警備司令李及蘭被召到南京，蔣介石面諭，必須在一周內破案。而匪徒方面也來了通知，必須繳出五十萬美金的贖金，並不准向當局報案，榮家決定不與當局合作，準備贖金救出人質。

李及蘭領受任務，把重任交給司令部稽查處處長陶一珊。陶一珊立了軍令狀負責如期破案。事實上幾天下來，除抓了幾個不相干的小毛賊外，並無進展。

蔣介石想到了湯恩伯，湯恩伯匆匆趕到南京。蔣介石罵了一頓李及蘭、宣鐵吾（上海警察局長）後，劈頭就說：「我把破案任務交給你，你可不能辜負我對你的厚望。」

「委座，我推薦職部第二處處長毛森。此人辦事幹練，抗戰時期在上海屢建奇功，我相信他能完成任務。」湯恩伯說。

「既然如此，就這樣辦。不過，如果毛森也完不成任務，唯你是問。」蔣介石面容嚴肅。

湯恩伯領了任務，先到無錫，找到毛森，如此這般講了此事經過。說蔣怎樣重視，務必破案。毛森此人，城府很深，自忖不能貿然接受任務，推說自己身兼無錫城防指揮官，無錫地方也不安寧，治安責任重大……湯恩伯心中有數，安慰了一番，並說無錫的工作

可暫時放下。即使完不成任務也由他擔當，毛森當然不好再推，說勉為其難接受任務。

毛森回到上海高恩路樓浦弄二十三號自己家中，這裏距榮公館甚近，照理可去榮府做禮節性拜訪，順便瞭解此案的進展。但他估計榮家既已採取與當局不合作態度，準備花錢消災，這樣的拜訪就沒有意義。他只是到警備司令部去看陶一珊，摸一摸底細。

苦思兩天後。毛森召來當年上海行動隊的舊部，要他們注意在他們熟人中，有否最近表現異常的，如有，從速來報，但必須保密。正當毛森部署破案時，榮德生已在五月二十七日離開匪巢回家。前後被囚三十三天，花了五十萬美金贖出。而這時毛森也苦熬了十七個日日夜夜，竭盡全力偵破此案。

一天，舊部（原上海行動總隊第一大隊第一中隊長）黃福林來報，他發現松滬警備司令部的中校警衛隊長王晉唐近日驟然暴富，口袋中常有美金。黃福林與王晉唐兩入都是嵊縣老鄉，黃福林還說，嵊縣人劉瑞標有綁匪前科，本在臨安縣（杭州附近）做木匠。最近常來上海與王晉唐廝混在一起，在四馬路一帶嫖妓。

毛森一聽，心中暗暗思忖，上海原有三股綁匪。一是本地幫（包括浦東），一是江北幫（蘇北一帶），一是嵊縣幫，莫非是嵊縣幫作的案。他不露聲色，要黃福林再去探明劉瑞標在臨安何處。

不幾日，黃福林來報劉瑞標的確切地址。毛森大喜，親帶幾個得力人員到了杭州，在一部屬處落腳。以有一批木工活為由，把劉瑞標誆到杭州，劉瑞標自分得一萬美金後，本不思再幹活，但貪出價甚高，也想一試，哪知落入毛森圈套。毛森用幾個美女把劉瑞標灌醉，從他身上搜出三百五十元美金，帶回上海。以劉瑞標為缺口，又捕獲王晉唐。順藤摸瓜，經過精心策劃，捕獲匪首駱文慶、袁仲書、吳小開、吳志岡連同劉瑞標、王文晉等共七人。全部案犯

十四人，毛森捕獲一半，而且都是要犯。餘下的毛森讓給警備司令部和警察局，使他們也有些收穫。

榮德生綁架案破獲，毛森喜獲大功。毛森召開新聞發佈會，筆者時為記者與會，只見他喜形於色，十分張狂。

接著湯恩伯進京見蔣介石。蔣介石親自詢問偵破經過，當面批給毛森五萬美金獎賞。湯恩伯也因推薦毛森有功，獎福特汽車一輛。毛森拿到五萬美金後又大半分給部下，以此贏得外界的一片讚譽。事主榮德生親到毛宅道謝，饋謝金錶一隻，金筆一對以作永久紀念，賓主雙方並合影。毛森的一番苦心，果然沒有白費。蔣介石委任他為上海市的最後一任警察局長。這是後話。

恩將仇報　誘捕陳儀

又是兩年後，一九四八年秋，毛森再次立功。

原任福建省主席的陳儀，調任浙江省主席。毛森在福建時，給陳儀有極好的印象。陳儀接任伊始。立即委毛森為浙江省警保處長兼衢州綏靖公署二處處長。

然而毛森並非投桃報李之輩，而是恩將仇報。陳儀鑒於國民黨敗局已定，不願為蔣介石殉葬，曾上書蔣介石：「當前之勢已是敵強我弱，只可言和，不可言戰。」遭蔣介石怒斥。因此陳儀暗裏決定策反曾為他一手栽培的湯恩伯的部隊起義。

毛森探知陳儀的心事，密報軍統頭子毛人鳳與總統府軍務局長俞濟時，他接受了監視陳儀的任務。

陳儀蒙在鼓裏。不久，蔣介石免去陳儀浙江省主席職務，被迫閒居上海。毛森以保護老上級為由，派人嚴密監視陳儀。陳儀不知毛森的陰毒用心，還著實感激這位部下。

一九四九年三月。人民解放軍已厲兵秣馬，即將渡江。當時任京滬杭警備司令部總司令的湯恩伯奉蔣介石之命，指揮數十萬大軍妄圖阻止解放軍南下，陳儀看到事機緊迫，面勸湯恩伯起義。身受陳儀重恩的湯恩伯，出賣恩師，親到溪口向蔣介石告密。蔣介石下令扣押陳儀。這任務交給毛森。

這天下午，毛森來到上海四川北路志安坊三十五號陳儀寓所。室外已由特務及員警嚴密封鎖。

「公俠（陳儀字公俠）先生。近來身體可好？」毛森恭敬地問候。

「好，好，只是……」陳儀不知就裏，禮貌地回答。他本還想說「只是沒有行動自由」，欲言又止。

「現在時局不寧，我想請先生挪個地方。」毛森說出來意。

「不，不！我什麼地方都不去。」陳儀拒絕。

「這，恐怕不行。是總統的意思。」毛森沉下臉。當場命手下給陳儀整理行裝。

毛森親自押著陳儀上了飛機，送往衢州幽禁在湯恩伯在衢州的臨時公館，派了三個軍統特務日夜看守著，公館外又有一個班的武裝士兵。至此，陳儀完全成為囚犯。按湯恩伯初衷要加以優待，但毛森並不聽命。

大陸解放，陳儀又被押到台灣。一九五〇年六月，陳儀這位北伐名將，被殺害於台北馬場町。

台北通緝毛森真相

一九四九年五月十日，上海四周已聞隆隆炮聲。國民黨統治，已到最後時刻，上海究是誰家天下即將決定。

　　駐在復興島軍艦上的蔣介石準備逃跑，他命令毛森把關在牢裏的囚犯全部處決。上海公安局的監獄裏關著中共地下黨員與愛國民主人士及群眾五百多人。

　　五月十日，毛森將所謂「京滬暴動案」（在京滬兩地起義）的要犯孟士衡、吳士文、蕭儉魁三人，在上海宋公園殺害。十二日又殺害國民黨三戰區少將參謀長陳爾晉和妻子張曼霞（懷有身孕）。十四日又殺害中共建國後中共上海市委書記張承宗之弟，地下電台台長張困齋。解放軍京滬特派員劉鈞成、賈雲超都慘遭殺害。黃炎培先生的公子黃競武被活埋在牢中，共殺害四百多人，生還者僅數十人。毛森手上血跡斑斑。

　　五月二十四日。解放軍向上海發起總攻。毛森匆忙逃出市區直奔吳淞口（妻子胡德珍與家屬早已到廈門），登上艦船逃到廈門。結束了先後八天的上海市警察局長的職務。

　　蔣介石又給他新任務，擔任廈門警備司令部中將司令。然而屁股還未坐正，廈門又解放，毛森逃到台灣。

　　台灣失位的將軍與官僚多如牛毛，毛森沒有實職，家中子女眾多，生活困難。他得到了毛人鳳夫婦的借貸，維持生活及兒女的教育費用。後來兒女長大，有到美國留學的，得到高職優薪，才逐漸還清借貸。

　　一九五六年一月十五日，香港《真報》在報頭旁發了一則大字的「標題新聞」。題為：「毛森為何遭台北通緝」？

　　毛森最忠實於蔣介石，他被通緝，驚動四方。

　　曾是軍統的一位幹將，解放後寫過多部揭露軍統內幕的書的沈醉，曾著文說是毛人鳳與毛森兩雄相爭的結果。

　　按沈醉的說法，毛森任廈門警備司令不久，與美國發生直接聯繫，美國把槍支彈藥直接援助毛森，不通過政府機構。毛森實力壯大後，把美援武器裝備小股武裝，在東南沿海一帶滲透騷擾，一

旁的毛人鳳嫉妒了，要毛森交出美國的武器，毛森抗命，美國人也不肯。毛森因羽翼已成，根本不理毛人鳳這一套。兩毛鬧翻後，毛人鳳公開對付不了毛森，便決定派人進行暗殺。毛森本是搞的這一套，他豈能不知，就嚴密加以防範，後來跑到台灣。（沈醉：《軍統內幕》，中國文史出版社一九八五年版）。

沈醉之說有懸猜成分，是耶？非耶？還是讓毛森自己說。

一九八五年六月二十五日，毛森給江山人周邦恭一封信。信中說到他與毛人鳳本不相識，一九四〇年春初晤面於重慶，抗戰勝利後在南京再見面。「以後在滬在台又見過多次。他受蔣經國打擊，我從旁支持他，所以蔣對我也結下樑子。」毛森在信中還說，「退台之後，因不滿蔣經國作為，即離台去美國。」毛森自己道出真相。

到台灣後，蔣家政權局面小了，許多攤子常常爭奪。當年軍統是戴笠的禁臠，蔣經國插不了手。到台灣後，軍統已無昔日雄風，加上蔣介石有意向兒子傾斜，於是蔣經國便以總政治部名義來搶奪毛人鳳的保密局業務。在毛人鳳看來，他自己直接對蔣介石負責，且有宋美齡的「夫人派」與依附「夫人派」的毛森支持，足可與蔣經國的「太子派」抗衡，然而結果還是蔣經國得勢。毛人鳳失敗以後又氣又急，得肺癌而死；蔣經國又轉而向毛森算帳，要毛森把東南地區游擊隊的指揮關係全交出來，毛森抗拒。無奈毛森勢單力薄，只好逃出台灣。先到香港，台灣發出通緝令，毛森又到琉球。一九六八年毛森與妻胡德珍移居美國。

生前償了還鄉之願

美國，華盛頓郊區。蓊郁蔥翠的叢林，一幢幽靜的樓房，是毛森晚年的寓所。

　　毛河光，毛森的第三子，為胡德珍所生。毛河光是美國克萊因科學院的高級研究員，在超高壓研究方面有重大突破。毛森夫婦即倚毛河光定居美國，過著寧靜的晚年生活。

　　毛河光於一九八〇年、一九八四年先後應中國地質科學院、浙江大學之邀，從美國回大陸講學、觀光。返美後，向父親講述祖國改革開放的新氣象，毛森深為感動。

　　一九八一年，毛森於春節致函故鄉江山市僑務辦公室拜年，稱：「中國現在是賢明者掌權。」

　　按照黨的政策，江山市人民政府發還了毛森的祖宅，並批准了毛森留在大陸的女兒毛瑞美與父母團聚的申請，這深深打動毛森。新編《江山縣誌》收入毛森的傳記，記錄他當年殘害人民的鐵證，毛森讀了，連聲說：「這是事實，這是事實！」他一而再，再而三向江山市人民政府表示：「共產黨了不起，人民政府了不起。」他捐資支持江山育才中學，關心桑梓教育事業。

　　毛森在和鄉里親友與當年同窗的通信中，表達了對祖國建設長足進展的讚揚。

　　晚年毛森想念祖國，平時告誡子女不要忘記自己是一個中國人。在家庭生活中，他不准孩子用英語講話，同時鼓勵孩子們學好中文。毛森生病後，喜用中國製造的藥品。他早有回國探親之念，遲遲未能成行。

　　一九九二年五月，八十四歲的毛森偕夫人胡德珍，長子毛建光從三藩市飛抵上海，終於圓了回鄉之夢。上海略事逗留，即到江山市界牌鄉故里。對故鄉的每一處變化。毛森都不勝流連。他登上了江郎山，一九三八年，他曾在江郎山的石壁上題詞：「忍令上國衣冠淪於夷狄，相率中原豪傑還我河山。」雖風雨侵蝕，然字跡仍存，物是人非，毛森不勝感慨。

　　毛森回美國後，同年十月於三藩市去世。

中國的「德赫熱拉」

——吳化文起義真相

上世紀八十年代，曹藝（曹聚仁胞弟）先生，帶了一個中年人來看我。他説：「這是吳化文的長公子。想請您為他父親寫傳。」

説到吳化文我是知道的，原是馮玉祥部下，後投蔣。在濟南戰役時陣前起義，導致濟南失守，山東統帥王耀武被俘。濟南是中共首次攻下的現代化大都市。

一九四九年四月二十四日，南京易手時，把紅旗插在國民黨總統府門樓上的那支解放軍，就是吳化文的整編九十六軍八十四師。

把吳化文推上歷史舞台，可以看到曲折離奇的現代傳奇。

蔣介石聞變失態

一九四八年九月二十三日，南京黃埔路蔣介石官邸。

這是一幢兩層樓的樓房，樓下是職事人員的辦公室、客廳和飯廳。

侍衛長王世和從機要室拿了一份急電，匆匆向樓上跑去。

中國的「德赫熱拉」——吳化文

「總統，徐州剿總來電！」王世和在門外輕聲喊。

「進來！」

王世和應聲而進，遞上電報，電報上寫著：「吳化文率整編九十六軍及另部兩萬人投共，濟南失陷。」

蔣介石大怒，喊：「傳侯騰、毛人鳳立刻來見我！」

侯騰是國防部二廳廳長，主管情報工作。毛人鳳是戴笠死後的接班人，軍統局局長。數分鐘後，侯騰、毛人鳳幾乎是同時來到。

「你們去看！」蔣介石把電報丟在地板上。「你們兩個幹什麼了，怎麼事前一點不知道。」蔣介石雙目圓睜，聲色俱厲地問。

「這，這……」侯騰嚇得說不出話。

毛人鳳經歷過這種陣勢，他拍著胸脯說：「也許紹周（吳化文字紹周）一時迷誤，我可以像郝鵬舉一樣把他挖回來。」

「你說什麼？那郝鵬舉不是被共軍打死了。」

「那……我……」毛人鳳還想解釋。

汪，汪，汪……一陣狗吠聲，打斷了他們的談話，這是一頭德國種的狼狗，是蔣介石的寵物。它的吠聲本來是取媚主人的，但它選擇的時機不對。

「把它牽走！」這狗哪裡懂得主人的心意，還在叫著，主人的叱罵也不起作用。

王世和聞聲趕到把狗拉了出去。

還是在南京。

翌日黃昏時分，軍統局一處黃處長帶著四名武裝，直闖南京鼓樓黃泥崗吳公館。

當晚，吳化文之子吳新民被囚禁在寧海路十九號軍統局看守所，吳化文的妻子趙華珍與兒媳等眷屬，也於第二天一同關進鼓樓五條巷挹華里十一號，這是吳化文部隊的駐南京辦事處。

　　然而此時吳化文的部隊已全部由濟南渡過黃河，奔向中共統治區。在齊河、濟陽地區開始整訓。一個月後改編為中國人民解放軍第三十五軍。

　　毛人鳳把吳化文挖回來的保證落空了。

縱橫捭闔的軍旅生涯

　　舊中國的軍隊，除蔣介石的嫡系中央軍外，有許多雜牌部隊。如桂系、滇軍、川軍、東北軍等等，其中有一支力量很大的西北軍。

　　西北軍由馮玉祥所創建、統轄。一九三〇年，馮玉祥聯合閻錫山的晉軍反對蔣介石進行中原會戰，結果作戰失敗，西北軍解體，有的被蔣收編，有的投向其他軍閥，有的獨樹一幟，在夾縫中求生存。特殊的情況，使這支部隊的團體觀念極強，死死拉著隊伍，因而常有反復。吳化文的部隊就是西北軍。

　　吳化文字紹周，一九〇四年出生於山東掖縣一個農民家庭。幼年隨父親遷居安徽蒙城。一九二〇年（十六歲）因渦河連年水災，家計貧困，他投到馮玉祥部下當兵。先當伙夫、馬夫，因做事俐落，又不辭辛勞，被補上作為正兵。後來受到馮玉祥、張自忠兩人的青睞。先在張部當司務長、排長、連長，後又經馮保送進陸軍大學，畢業後派到馮所辦的洛陽初級軍事學校當教育長。一九二八年擢升為開封第二集團軍二十五師參謀長（張自忠為師長）。

　　一九三〇年中原大戰時，吳化文在第六軍韓復榘部，作戰失敗，隨韓復榘投蔣介石。韓部改編為第三路軍，韓任總指揮，移防濟南兼任山東省主席。吳化文被韓復榘賞識，委他為高級教導團團長，又升為手槍旅旅長兼濟南警備司令，這時吳化文躊躇滿志，春風得意。

但好景不長，一九三八年（抗戰第二年）韓復榘從濟南不戰而退，蔣介石借此把韓復榘處以極刑。繼任人孫桐萱，本和吳化文不睦，決定分化與收編吳部。消息傳出，吳部官兵有嘩變之勢，孫桐萱才改變計畫，委吳化文任獨立二十八旅旅長。這時吳化文深感自己的孤立，於是倒向蔣介石，要求留在山東抗戰。蔣感到吳部可以利用，給予新編第四師的番號，劃歸山東省主席沈鴻烈指揮，部隊進駐魯南。

　　一九四三年春，山東敵後的情況有了新的變化。八路軍不斷壯大力量，中共根據地逐漸擴大。而蔣介石、汪精衛、日本人三方都覬覦山東這戰略要地，蔣介石終於想出了一個絕妙的一石三鳥計。主意打在這支已逼得走投無路的西北軍舊部身上，一個秘密使者來到吳化文師部，呈上由軍統局長戴笠轉來的蔣介石手諭，要吳化文執行曲線救國方針去投靠汪精衛。蔣介石的意圖是把吳部送給汪精衛，讓汪利用這一部隊作基礎，搜羅各雜牌部隊去火拼共產黨。這樣既讓別人擔當「附逆」的罪名，又消除了共黨這心腹大患。在這事關民族大義的關鍵時刻，吳化文動搖了，他落了水，當上偽第三方面軍上將總司令。蔣介石要吳化文死心塌地為他所用，又命戴笠把自重慶脫逃的吳化文妻子趙華珍及兩個兒子中途扣押，作為特殊客人招待起來。這樣，吳化文部在日寇扶持下，成為山東偽軍的主力，總兵力達萬餘人，給魯中人民造成很大危害。對吳化文的部隊，中共八路軍先後發動三次討吳戰役，吳化文損失慘重，開始認識到共產黨力量的強大。

　　一九四五年，抗戰勝利，蔣介石要接收山東地盤，把吳化文部改編為第五路軍。吳任總司令，用這為誘餌，命吳部北去兗州接收日軍的飛機場和武器裝備。途中遭到八路軍的伏擊，所屬第六軍全部被殲，軍長于懷安被生俘，師長許樹聲被擊斃，吳本人化裝才逃出。

一九四六年四月，他的部隊又降為保安縱隊成了地方武裝，裝備給養得不到補充，他那落水附逆的一段歷史，又遭到各方面的譴責。

數十年的軍旅沉浮，使吳化文深切體會到，如果一旦失去部隊，他個人的榮華富貴，身家性命將無所依傍，他要死死保住這團體。憑藉他豐富的處世經驗，在屈辱和危險的夾縫中求生存。然而當時汪偽垮台，投靠蔣介石又屢遭排擠，而且還要聽命去反共，充當犧牲品。當然他也想獨樹一幟，單獨幹，但兵源、給養、裝備都一籌莫展。在進退維谷中，迫使他另找出路，他終於有了一個機會……

求生存尋找出路

一個陰險的殺機曾悄悄降臨在吳化文頭上。

蔣介石曾命令吳化文的兩個軍，從臨城、兗州兩線出擊，去增援被困於滕縣的蔣軍。吳化文為保存實力，按兵不動。

蔣介石光火了，密令王耀武運用當年誘殺韓復榘的故技，以召見吳化文為名，然後宣佈違抗軍令的罪狀，立即「就地正法」。偏偏這機密給山東省主席何思源知道了，他和吳化文私交很深，暗地給吳報信，吳化文逃了這一關。

這是一九四五年年底的事。

六個月後（一九四六年七月），吳化文突然接到蔣介石電令，速來南京述職。

這是否又是故技重演？吳身邊的智囊團著實研究了一陣，還是難決定是否成行。

在南京，吳化文有耳目。妻子趙華珍、長子吳新民，駐寧辦事處主任王一民，匯總各方面的情況，說明此行沒有兇險。

吳化文決定親闖虎穴，此行他還有一項極為機密的任務。

南京上海路一四三號，馮玉祥公館。七月十一日驕陽似火，馮將軍仍在園內草坪上打太極拳。有兩位客人求見。門上的警衛前來通報。馮將軍看了名片説：「讓他進來！」

來人正是吳化文與吳部駐寧辦事處主任王一民。

見到馮將軍，吳化文撲地跪下。

「紹周今天特來向先生請罪！過去我不該追隨向方（韓復榘的字）背叛先生，致使中原戰敗……抗戰中我又附逆投敵，實在罪大惡極……」

説罷，淚流滿面，伏地不起。

「紹周，你起來吧。」

馮將軍既責備又憐惜地説：「諸葛一生唯謹慎，呂端大事不糊塗，一個人在節操上是要三思而後行的。過去你確實是錯了，但過勿憚改，以後你好自為之吧！」

「我愧對先生，原先有四萬多人，損失了一半，現在處境艱難，找不到出路。」吳化文喃喃地説。

「雜牌部隊的前景是暗淡的，蔣介石一向排斥異己。你看看南京的情況就知道了，蔣的嫡系軍隊的待遇比雜牌部隊高得多，他們還搞『五子登科』（指搶奪房子、車子、票子、金子、女子），百姓深受其害。」馮玉祥氣憤地説。

「現在南京的情況非常複雜，為蔣介石賣力的大有人在。你要當心再中陰謀，萬事多動腦筋。」馮玉祥又説。

吳化文連連點頭，説：「紹周也這樣想。」

「好吧，你的主意要拿定。我不便出面，你去找李濟深吧，他會幫忙。我寫個名片給你，另外我再打電話給他。」

當晚七點，吳化文又偕王一民出現在鼓樓頭條巷一號李濟深公館。

李公館客廳上高朋滿座，除主人外，有陳銘樞、章伯鈞、王寄一。這些人雖都是舊相識，但吳化文不知就裏，面呈尷尬之狀，半

响說不出話。李濟深心領神會，連忙解釋說：「這幾位都是對蔣介石不滿的，也都是民主黨派的負責人，站在共產黨一邊的，是和共產黨聯繫的橋樑。」

稍作停頓，李濟深又鄭重地說：「你的情況，煥章（馮玉祥字）和我講了，為你設想。唯一出路只有歸向共產黨，這裏可以公開商討。」

吳化文這才打消疑慮，雙方談了起來。初次見面，只是溝通一些情況，具體問題難以涉及。吳化文告退時，李濟深說：「章伯鈞先生是負責與中共方面談判的，待他與周恩來先生商量後再約會回答你們。今天我們見面的事，千萬要保密。」

一周後，七月十七日下午，吳化文和王一民未帶隨從由鼓樓步行到湖南路大同新村九號，與章伯鈞等作再次會晤。李濟深未到場，請陳銘樞作代表。

略事寒暄，章伯鈞笑容滿面說：「我已和周恩來談過了，周先生快人快語，他說，吳先生願意到人民方面來，我們歡迎，以後進一步聯繫。」

吳化文困惑地說：「我部駐地在山東兗州，陳毅所部駐在魯南臨沂，我們怎樣聯繫呢？」

「周先生會密電通知他們的，你盡可放心。」章伯鈞說。

這樣，吳化文懸著的一顆心終於落了地，走著輕快的步伐回到住所，

當時，周恩來原準備與吳化文直接見面，考慮到特務的控制很嚴為安全而作罷。

隔天，蔣介石在官邸接見吳化文。

這邊，蔣介石異乎尋常地殷勤，竟和這雜牌軍的頭目稱兄道弟起來，詳細詢問了部隊的情況。

另一邊，吳化文深有戒心，小心謹慎地回答每一句問話。

接見結束，蔣介石滿臉堆笑，說：「紹周，我贈你先總理墨寶一幀，希望你時刻記住總理遺訓。」他揮筆題了上款：「紹周弟存念」，下款寫上蔣中正持贈。同時又格外慷慨地撥給吳化文一筆給養。

「謝謝委員長！」吳化文敬了一個禮，正待轉身。忽又聽蔣介石說：「你與夫人趙華珍分別很久了吧，這次來京就多住幾天吧。」

吳化文受寵若驚，連忙說：「紹周已來京多日了，兗州軍情緊急，急待回去，謝謝委座關懷！」

「這也好。」蔣介石起立。侍從送客。

回程路上，吳化文心想：「老蔣真有一手，難怪西北軍有多少人都入他彀中。」

不速客夜闖虎穴

一九四六年九月，兗州東關吳化文所屬徐日政旅旅部，來了個不速之客，來客在徐日政旅參謀長董子才引導下，黑夜從曲阜步行三十里來到這裏。他是華東軍區聯絡部長劉貫一，要面見吳化文，做起義的談判。

一小時，兩小時過去了……吳化文傳出話來，他突然腹痛，正在服藥。

劉貫一鎮靜如常，耐心等待。直到凌晨三點，吳化文才姍姍來遲。

主人一方：吳化文、徐日政、董子才。

意外地出現一個吳化文的客人，自稱來自郝鵬舉部。當時郝部已起義改編華中民主聯軍。

劉貫一警惕地看了這人一眼，侃侃而談。「吳將軍，考慮好了吧。我們希望立即起義。」

吳化文眨了眨了眼睛，沒有立即回答。

　　兩個月前，吳化文從南京回來不久，中共董必武就電告華東局，李濟深向他提出，請對吳化文部在「政策上開導，前途上照顧。」

　　華東軍區佈置魯南軍區開展對吳化文部的爭取工作，魯南軍區聯絡部長胡成放親到吳化文部，開展面對面的教育。本來，這次是吳化文派了董子才去魯南軍區聯絡，把劉貫一接來的。

　　然而，這時吳化文卻冷了場。原因在於那個郝鵬舉的代表，他遊說吳化文與郝鵬舉共同搞第三條戰線。吳動搖了。

　　「請吳將軍開誠佈公地談談您的意見。」劉貫一緊跟著說。

　　「兄弟倒沒有意見，只是下邊的兄弟還要做工作。馬上起義不容易，有困難。」吳化文推託說。

　　劉貫一想了想，說：「只要你的部隊不出來騷擾，不出城搶糧食，你可以暫時不起義，保存實力，我們也不會打你。」

　　「仗恐怕還要打，這自然是打假仗，不是真仗，是打給南京方面看的。」吳化文接著說。

　　話題逐漸轉入實質性問題，達成兩項協定，被圍在大汶口的吳部趙廣興團，魯南軍區讓該部撤離。另一項是建立電台。

　　按照陳毅司令的指示，劉貫一要吳化文在協議上簽字。

　　爭取吳化文起義的工作，在緊鑼密鼓地進行。

　　中共知道吳化文對父母至孝，對老師尊重。利用滕縣人士劉子衡，即吳化文的老師來遊說，劉與吳化文在泗水河堤見面時，對他陳說利害，要他棄舊圖新，幡然改正，投靠人民。華東軍區聯絡員李勇烈打入吳部，帶去劉子衡的信。信中說。你曾向我表示利民之心是休養生息，益民之願是反對內戰。你已深知萊蕪、蒙陰兩役戰敗的教訓，發動內戰的罪魁禍首必然自食其玩火自焚的惡果！望能不辜負周恩來副主席和馮玉祥先生對你的一片誠懇愛護和教導……。幾天後，吳化文寫了覆信，大意是：「……兗州泗河握別

數月，尚好。時事變化證明先生高見，當受指教，深知已到窮途末日，尋求光明正為學生之願……」隨後，當吳部趙廣興團被圍大汶口之時，華野一縱主動撤圍，趙團安全回到兗州，共產黨這一結好的舉動，感動吳化文，起義之心已經進一步形成。

然而意外的事又發生了。

一九四七年三月，蔣介石調動數十萬大軍，攜帶美式裝備，向中共山東解放區進攻，來勢洶洶，不可侵犯。在軍閥混戰中浮沉了數十年的吳化文是精於算實力帳的。他覺得解放軍難以抵擋國民黨軍隊進攻，勝負未分明之際，還是坐觀為好。

恰在這時，蔣介石由北平飛回南京，他居然屈尊紆貴，途經兗州時去看吳化文。

「紹周，你為黨國出力，我是有數的。我決定你部改編為整編八十四師，你就擔任師長，並晉升你為中將。餉械裝備我命國防部補充給你……」

接著又是合影留念。蔣介石戎裝端坐，吳化文軍容整齊，帶佩劍立在他身後。

蔣介石無非是籠絡羈縻之意，要他在重點進攻山東中賣命。那張照片，當時並未沖洗。蔣及隨員回南京後，八十四師的駐寧辦事處主任王一民幾次去索取，侍從室都扣住不發，可見這只是蔣的演戲。

這是後話。但在當時吳化文對蔣介石的幻想增大了，中斷了與解放軍的聯繫。

臨戰前夕毅然起義

春去秋來，又是一年。這一年吳化文在躊躇、猶豫、徘徊中度過。

無情的戰爭實力的消長，粉碎了吳化文對蔣介石的幻想。

失濰縣、丟兗州。他自己的一六一旅奉命援兗時　至大汶口附近，被共軍全殲。旅長徐日政被俘。他跟著王耀武撤回濟南，龜縮在這孤城裏。

一九四八年八月，濟南戰役一觸即發，解放軍的七個縱隊，擺出兩翼鉗擊的態勢，孤城指日將下。吳化文心中忐忑不寧，又想走起義的道路。

也許王耀武有所察覺，他以懷柔的手段來安撫籠絡吳化文。把濟南最優美與富麗堂皇的張維之花園（現萬竹園公園）送給吳化文居住。王耀武又在蔣介石面前極力保薦提升吳化文為整編九十六軍軍長，調撥一個旅給吳彌補他被殲的一六一旅。另外，蔣介石還　答應給吳部配備新式武器……如潮水湧來的這些恩賜，使吳化文起義的決心時起時伏。

一九四八年九月，秋風蕭瑟。

濟南城下，中共大軍雲集，古城解放在即。

濟南城外，共軍指揮部內，譚震林、王建安、張愷帆等幾位華野和山東兵團的首長，正在傾聽濟南市委副書記蔣方宇與另幾位同志彙報和請示工作。

「爭取吳化文起義非常艱難，我們做了許多工作，還未見成效。」彙報的蔣方宇說。

譚震林政委笑了起來，說：「吳化文嘛，他軍閥出身，久經風霜，善於應付，要他很快就下決心，這不現實。他在最後的五分鐘都可能動搖，而我們在最後五分鐘也不要放棄對他的爭取。」

「要內線同志轉告他，濟南是一定要打下來的，要他不要再有什麼幻想，越早行動越好。」王建安同志插話說。

「不過，我們認為在強大的軍事壓力下，吳化文起義或配合行動是有可能的，對他的要求，能大就大，如扣住王耀武、佔領飛機場等，否則，讓出一條路也是好的嘛！」

譚震林剛說罷又說：「要給他講明政策，我們絕對保證他的生命財產安全，所屬部隊起義後，就按解放軍的原則實行改編。」爭取吳化文起義的方向明確了，濟南市委又做出相應的措施，成立領導小組增派內線人員。

當時吳化文擔任防守濟南西區的指揮重任，這是濟南市區的繁華地帶（商埠），他的起義會有舉足輕重的影響。情況一天緊似一天，內外線的同志都在催促著吳化文起義，而吳化文那面卻不見動靜。

縱橫捭闔的軍旅生涯，養成吳化文老謀深算的性格，他要選擇萬無一失又極端有利的時機。

吳化文作出種種假像來迷惑南京方面。

九月四日，吳化文的妻子趙華珍與長子吳新民到達濟南。趙華珍是續弦，兩人共過患難。她嫁吳化文時，吳還是一個下級軍官，她促吳上進，用自己的工資（協和醫院護士）資助丈夫進陸軍大學，因此兩人數十年感情不錯，吳化文把妻與子接來，是怕他們被扣在南京。

吳趙兩人在阜陽里七號（駐寧辦事處主任王一民寓所。）

趙華珍侃侃而談：「如果我們撤出南京，無異是自我暴露。如果起義失敗，部隊被解決掉，那『皮之不存，毛將焉附』。」

「在南京太危險了，你們還是跟隨部隊行動吧。駐寧駐徐（州）兩辦事處全部撤離。」吳化文表示自己的意見。

「這不好。如果全部撤離，勢必全部暴露。單撤家屬留下『兩辦』人員何以對得起跟隨父親多年的部下。」吳新民也持異議。

趙華珍與吳新民帶著一筆金圓券飛回南京。國防部副官處與新聞署派員在明故宮機場迎接。吳新民在機場發表談話：「吳化文將軍的部隊將要戰鬥到最後一個人，濟南南郊將是八十四師的公墓。」

　　吳化文先是發電共方，他可以讓出一條通道，要共軍從大小金莊沿公路向商埠一帶進攻，這樣他可以控制飛機場南部地形，以伺機觀望。

　　前方共軍按譚震林的指示，必要時用強大的軍事壓力迫吳部起義。十八日夜十一點，西線共軍發起猛烈進攻。不到二十分鐘，吳部一五五旅在簸箕山的一個營被全部消滅。

　　吳化文惱羞成怒，拍著桌子大發雷霆：「給我打，只有打才有飯吃。」他命令所有炮兵還擊。

　　共方內部同志當即據理力爭，說明咎在他自己。勸他冷靜地考慮自己的命運。他終於接受意見。經過內部同志，一夜間兩次穿越火線聯繫，雙方停止衝突。隨後，吳化文和三縱孫繼先司令員通了電話，具體商討撤退計畫。

　　一九四八年九月十九日，蘊釀很久艱難曲折的吳化文戰場起義，終於成功！吳文化所率整編八十四師及九十六軍獨立旅共兩萬餘人，全部投向中共。

　　四天後，吳化文率起義部隊全部渡過黃河，在齊河。濟陽地區按共方意見開始整訓。

論功行賞　毛氏評價

　　一九四九年四月二十四日，南京雞鵝巷。

　　這是南京貧民聚居之區。平房鱗次櫛比，街巷狹窄。一輛十輪大卡車，彎彎曲曲開進來。車上端坐一位將軍，一個警衛班保護著他。

　　車在雞鵝巷六十二號停住，將軍從車上下來，門口迎候的人走上前去，擁抱著相互流淚……

　　他就是吳化文與妻子趙華珍及子媳們。

吳化文（右）

　　吳化文部開出濟南後，消息傳來，妻趙華珍與子媳等家屬及駐寧駐徐兩辦事處人員都陷身囹圄，吳化文數度痛哭。中共陳毅聞訊親為勸解。周恩來下令，盡力營救吳軍長家屬，對承辦此案的國民黨官員，要錢給錢，要什麼給什麼。家屬終於得救，這才出現前述的感人場面。

　　中共和政府非常重視吳化文對解放濟南的貢獻。正如宋時輪所指出，吳化文的起義縮短了解放濟南的時間（原計劃二十天結果僅八天），減少了兩、三千人的死傷，保護了濟南的工商業區（商埠），減少了人民生命財產的損失。其實吳化文部功還不只此，首先進入南京也是吳部。

　　解放後，吳化文歷任浙江省人民政府委員、浙江交通廳長，後任浙江省政協副主席、全國政協委員。

　　一九六二年四月，吳化文病逝於杭州。

　　毛澤東把吳化文比作「中國的德赫熱拉」。德赫熱拉是第二次世界大戰中南斯拉夫的一位游擊司令，與德軍、蘇軍、民族解放力量各方面都有密切的聯繫，後來為鐵托所爭取，在南斯拉夫民族解放戰爭的關鍵戰役中起到了作用。毛的評語，吳化文感到殊榮！

撲朔迷離的真假將軍

往事本如雲煙，這一起撲朔迷離的真假將軍案，四十六年前，卻曾在香港、倫敦、台灣與南洋一帶，鬧得沸沸揚揚。

一九六三年八月二十三日，香港警方出動大量警力，突然襲擊，一舉擒獲「冒牌將軍」林彥章。

假將軍被捕，引出了真將軍，同時使「二戰」中鮮為人知的一段中國軍人遠征緬甸抗日的秘史曝光。

英國前首相柴契爾夫人，於一九九二年四月初在美國芝加哥會晤了真將軍，更把這真實帶有傳奇性的故事推向高潮⋯⋯

冒牌將軍何許人也？

真將軍又是誰？

突然冒出的闊佬

香港新界，粉嶺。

荊棘叢生的小山丘。山下有少量農民棲身的小木屋。

一九六一年的一天，人聲喧鬧，大批建築施工人員來到粉嶺下。

「聽說有闊佬要在這裏興建花園。」

「不會吧。這裏道路不通，又缺少水。」

當地居民奔相走告，議論紛紛。然而就在眾人猜疑，倚山而建的一座私家花園以極快的速度建造起，一條坦蕩寬闊的馬路也隨之告成。

花園名曰「彥園」，規模確實不小。廣植花木，假山亭台，小橋流水。特別是在視水如命的地方，竟有一座人工噴泉。翌年春天，滿園奇花異葩、姹紫嫣紅，爭相鬥艷。一座坐北朝南二層的樓房掩映在花木叢中。

「這闊佬究竟是誰呀？有偌大的家私。」人們歆羨之餘，不免猜疑。

疑竇慢慢地解開了。「彥園」的主人，姓林名彥章。他從大陸來。據他自我介紹，曾是國民黨的一位少將。國民黨統治時期，將軍多如芝麻，這樣的經歷，其實並不足奇。而林彥章不同於眾人的是，當時英國駐香港的三軍司令菲士廷中將是他的好友。「我是菲士廷的救命恩人。」林彥章自己說。

「彥園」門前經常停著有港英政府與英軍標牌的轎車。園內經常樂聲盈耳，一次次的「派對」與聚餐會。有人親眼目睹，林彥章送菲士廷將軍上車……

難得的是「彥園」主人急公好義。附近居民有困難向林家求助都能得到滿意的解決。特別留於眾人口碑的是，炎夏時節粉嶺的居民經常斷水，這時「彥園」粗大的水管通向園外接濟，居民含著淚花感謝。

三月的一天，香港的報紙與粉嶺的要道口都有一張告示：

「彥園」主人林彥章謹告粉嶺眾鄉親，有鑒於粉嶺居住環境之困窘，擬在粉嶺建造菲士廷新村。所有房屋均成套且設施齊全，價格低廉。唯因工程巨大，擬集資金千萬元，入股者購房另有優惠；祈熱心人士踴躍投資，共襄盛舉。

告示出現，輿論沸沸揚揚，居民對此「盛舉」更是感激涕零，紛紛拿出積蓄前來投資。甚至澳門、新加坡、馬來西亞各地有財力人士也來「共襄盛舉」。

冒牌將軍被捕

一九六三年三月二十日，香港粉嶺，「彥園」。

南國金秋，景色倍加爛漫。「彥園」裏，丹桂飄香，一叢叢猩紅色的大麗菊開得鮮豔奪目。

花園小阜上的朝南正房，全部沐浴在陽光裏。倚在長沙發上的一個中年男子。陽光照得他懶洋洋的。雙眼微閉著，手輕輕撫摸著懷裏的白色波斯貓。他忽然睜開雙眼，嘴角拉開，露出笑容。

他就是「彥園」主人林彥章。

一位娉娉婷婷的中年女子，從隔壁房裏走過來，她嗲聲嗲氣地說：「老公，什麼事這樣高興呀？」她是林彥章的太太。

他微微抬起頭：「你知道嗎？籌建菲士廷新村的招股活動非常成功。」

「真的，投資入股的已有多少？」

「入股的已有百分之七十。這百分之七十就是七百萬港幣哩！」

「是的，是的。你是菲士廷將軍的救命恩人，這新村也是以菲士廷將軍的名字命名的，怎能會不成功呢？」

「妳這講對了。我想做的事沒有不成功的。」他樂滋滋地說，霍地把她推開，站起來，眼睛望著窗外，在思索什麼。

片刻，他回過頭來：「我決定開個『派對』，慶祝招股成功。」

「主賓是菲士廷將軍，其他來賓由你開出名單。」林彥章對妻子說。

三天後，「派對」在「彥園」如期舉行。

午後，鐘剛敲過三點。「彥園」門口，各式轎車先後開到，一字擺開，車裏走出西裝革履的男士和靚麗的女士。四點，「彥園」內外的燈都亮了起來。大廳上，樂聲陣陣，舞會開始。

天色慢慢暗下來，這時，主人林彥章心神不定。不時走出廳外，向侍候的僕人：「菲士廷將軍怎麼還沒有到？趕快打電話到公館去問。」

「電話早已打過，説將軍早已出來了。」

又過了一個小時。

三輛黑色轎車，風馳電掣地開到「彥園」。門口的侍役喜出望外，以為菲士廷將軍到了。近上前去，開啟車門。

車裏下來的卻是港英政府的警方人員。有反黑組的首領羅德、高級幫辦李洛夫、余達名以及一些幹探。不待通報，他們逕自闖進紅男綠女正翩翩起舞的大廳。

林彥章被請了出來。

羅德宣佈：「本警方奉命逮捕你，這是港督與行政局簽署的手令。」羅德揚了一下手上的紙。

一名幹探迅速地把林彥章銬了起來。

樂聲剎然停止，賓客紛紛如鳥獸散。

翌日（八月二十四日），香港的《華僑》、《大公》、《星島》三家華文報紙與英文《虎報》，都用極大的篇幅刊出「冒牌將軍」林彥章被捕的消息。

林彥章是冒誰的牌？這得從一場戰爭談起。

仁安羌救出英軍

一九四二年三月，日本的屠刀指向緬甸。

　　珍珠港偷襲得手，日寇以勁風掃落葉之勢，橫掃太平洋的英、美、荷聯軍，香港、新加坡、馬來亞迅即陷落，接著部署攻擊緬甸。

　　日軍十五軍團司令官板田祥二郎，率四個精銳師團十萬之眾。兵分兩路：一路由泰國侵入緬甸的毛淡棉北進；一路由仰光登陸，沿滇緬路追擊英軍。

　　把殖民地利益看作高於一切的英國，遲遲不讓中國軍隊進入緬甸，與英軍一起進行決戰防禦。無奈英軍太不濟事，在仰光孤城落日，降幡待懸之際，英方才接受美國建議向中國求援。同時開放了一度封閉的滇緬公路。

　　中國遠征軍到了緬甸。杜聿明的第五軍、甘麗初的第六軍，都是裝備最精的部隊先到緬甸。然而險象環生，回天乏術。四月二日，一支精銳部隊新編第卅八師（屬六十六軍）隨後趕到。師長孫立人被稱為「百戰軍魂」，戰必勝。攻必克。他畢業於美國維吉尼亞軍校，美國名將馬歇爾、巴頓是他的前期校友。

　　孫立人部的前身是宋子文一手扶持的稅警團，兵精裝備新，改編後共轄三個團：一一二、一一三、一一四。他們一到緬甸即奉命向曼德勒推進。曼德勒是緬甸的古都，緬甸國亡於英國前的舊京城。蔣介石任命孫立人為曼德勒衛戍司令，要他死守曼德勒。

　　日軍攻佔仰光後，兵分三路向北進犯，中英聯軍三面迎敵。左翼（東路）是中國的第六軍，當面之敵為第十八師團；正面（中路）是第五軍，當面之敵為第五十五師團；右翼（西路）是英軍第一師，面對的敵人是第三十五師團。後來成為駐香港英軍三軍司令的菲士廷中將，當年就是英軍第卅六師師長，駐仁安羌油田。

　　一場鏖戰開始，英軍不戰而潰，放棄普羅美、馬格威，直退到著名的仁安羌油田。

　　油田的融融大火，恰成為日本人的指路燈。日軍第三十三師團的兩個聯隊悄悄跟上來，以飛快的速度繞到英軍後方，猛地調頭把

英軍第一師全部與第三十六師及戰車營一部分包圍在仁安羌以北。日軍的另一大隊佔領平牆河北岸渡口，截斷英軍救援道路。七千英軍與美國傳教士、記者、各國僑民五百餘人，在層層封鎖中成了甕中之鱉。

喪失鬥志的英軍連續兩次突圍都被擊退。四月十六日已被圍兩晝夜，糧盡彈缺，加上飲水斷絕，情況危急萬分，英緬軍總司令亞歷山大將軍只好紆尊降貴向中國求援了！

慌急中，英軍指揮官竟不管中國軍隊的隸屬關係，直接向中國軍官下命令，新卅八師一一三團駐於喬克巴當。十七日上午，團長劉放吾接到英軍第一軍團長史林姆將軍的手令：「致一一三團團長劉上校：茲派貴官率領貴團全部，乘汽車至平牆河地區，在該處，你將與安提斯准將會合，他將以所有戰車配合你。你的任務是攻擊並消滅平牆河北岸約兩英里公路的兩側之敵。」

對這突然來的手令，劉放吾一時不知如何處置，他正向師部聯繫請示時，史林姆親自趕到一一三團團部。史林姆在數十年後回憶說：「我在喬克巴當村裏一棟殘存的建築樓上見到劉團長，他相當清瘦方正的臉上透出剛毅；他配戴一幅野戰眼鏡及一把駁殼槍。我們通過英軍的翻譯官介紹握手後，旋即攤開地圖言歸正傳。」這時劉放吾也和師長孫立人聯繫上了。當時孫立人也趕到前線。

次日（十八日）拂曉，劉放吾團向平牆河北岸的日軍進行兩翼包圍後，突然發起攻擊。這一來日軍包圍英軍，中國軍隊又包圍日軍，日軍腹背受敵，但他們自恃武器精良，負隅頑抗。中國軍隊以必勝的信念，從三面反覆衝殺。敵人終於不支，傷亡慘重，紛紛渡平牆河逃竄，丟下滿載輜重的卡車百餘輛，戰馬兩百餘匹。中國軍隊初戰告捷，據守平牆河北與敵人對峙。

包圍圈中的英軍急了，英第一師師長史高特聲嘶力竭地向中方求援：「我們已斷水三天。敵人的包圍步步縮緊，危在旦夕。」

孫立人從史林姆手中接過話筒，用英語說：「你再堅持一天，我方軍隊連我在內，即使戰到最後一人也要把你們解救出來。」

夜靜如水。戰場上意外沉寂。孫立人與劉放吾研究了出擊方案。

十九日黎明四時半，隨著三發紅色信號彈，一一三團全部強渡過了平牆河。熟睡的敵人，連眼睛都沒睜開，就成了活靶子或是俘虜。到午後三時，敵三十師團被擊潰，丟下一千兩百多具屍體逃跑了，而一一三團原不足一千的士兵也傷亡一半。七千多被圍的英國兵、騎兵、炮兵等全部安全脫出重圍。原已被日軍俘虜的英軍、傳教士和新聞記者計五百多人也被解救出來，還從敵人手裏奪回原英方的輜重汽車百餘輛，物歸原主。

狼狽不堪的英軍隊列，斷斷續續經過一一三團的陣地，英軍看到中國士兵，都翹起大拇指高喊：「中國萬歲！」眼眶中含著晶瑩的淚水。更有一些軍官抑制不住感激的熱情，抱著中國軍官跳起舞來。

仁安羌反敗為勝，大部分英軍官兵都記著劉團長是救命恩人，但他們並沒有和劉團長見過面。

劉放吾少將英姿

找恩人歹徒乘機

日月更易，幾度春秋。

一九五〇年，從仁安羌重圍中生還的英軍第三十六師師長菲士廷來到香港，這時已經官拜中將，不久又成了駐港英軍的海陸空的三軍司令。

菲士廷在香港，接觸的中國人很多，他是個喜歡追憶往事的人，想到在仁安羌救了他命的劉團長，便到處打聽他的下落。

英國人不知道漢字除表音外，還表義，劉只是姓，團長是職銜，菲士廷當劉團長是一個人的名字。幾次傳下來，以訛傳訛，劉團長變成林國章（諧音）。天涯茫茫，哪裡去找這林國章呢？

這消息傳到一個人的耳朵裏，他眉頭一皺，計從心來。這就是前面提到的香港警方逮捕的冒牌將軍林彥章。

林彥章是廣東高要縣人，所受教育不多，讀過初中。進入社會後，打流混市，不務正業，後來當了兵，在地方上當過自衛隊長。日本人打進高要後，他輾轉跑到雲南，先在一個小縣（曲靖）待了一個時期，又到了昆明。社會上混久了，他的鬼點子多起來。先搞了個兩廣同鄉會，又搞了個劇團，這時結識的人多了，其中就有一個曾去緬甸遠征的新一軍的吳待旦團長。

結識吳團長，林彥章自然知道不少緬甸戰場上的事，包括新三十八師一一三團仁安羌救英軍脫圍，自然當時他不知道後來有用處。

抗戰勝利後，林彥章回到故鄉廣東，他進了保安部隊，官運亨通。連長、營長、升到團長時，大陸解放了，他跑到香港去。沒有資本，在香港「撈世界」談何容易，於是窮途潦倒……

不知怎樣，菲士廷要找林國章的消息傳到林彥章的耳朵裏。他一想自己和林國章只相差一個字，不是天賜良機嗎？他煞費一番苦

心，打聽到某茶樓有一位掌櫃，曾擔任過新一軍的副師長，自己上門去和副師長攀親認友。

當然也下了些資本，於是你來我往，關係非同一般。這時林彥章提出要借那位副師長的軍服和勳章，說是要撐撐場面。副師長不疑有他，也就慨然相借。他倆平時交往中，林彥章又有意打聽了不少新三十八師當年的許多舊事。

萬事俱備後，林彥章毛遂自薦，找到菲士廷的門上。菲士廷找救命恩人心切，同時又從來沒有見過真的恩人，看著林彥章帶來的那些穿戎裝佩勳章的照片，又聽他講得頭頭是道，於是真把他當作當年的劉團長了。

從此，林彥章平步入青雲。有了菲士廷這個靠山，在香港無往而不利，錢越積越多，也就有了本文開頭大興土木建造「彥園」以及籌建菲士廷新村的活動。

有道是地球太小，再說香港又是國民黨敗退台灣後，那些失勢、下台的軍官們的集中地。林彥章要在些人面前，冒充他是在仁安羌救過英國人的中國將軍，這無異癡人說夢。

正當林彥章得意忘形時，香港幾家報紙都接到封讀者投書，題目是〈冒牌將軍與緬甸之戰〉，署名方寧。

方寧，中央軍校十四期畢業，曾跟隨孫立人參加遠征印緬的戰爭。他在信中敘述孫立人當年率新三十八師遠征緬甸抗日的簡要情況，並詳列了新三十八師，團以上軍官的姓名，以及改編為新一軍後高級軍官的姓名與下落。他指出：「新三十八師團級以上長官姓名，固然無『冒牌將軍』某某人，即香港報紙所載『林團長』云云，在全師的營連長中亦無此名。至於當年由將軍親率解仁安羌之圍的劉放吾團長，於部隊到達印度後。即由孫將軍保送考入陸軍大學特七期受訓（劉是黃埔軍校六期生），畢業後調新七軍為少將高

參，一九四九年後消息不明。假如他也能到香港的話，則名利兼收的新人物應該是他，而不是什麼冒牌其人了。」

同樣的內容。方寧還寫進他的著作《孫立人將軍與緬戰》一書。

這一來，冒牌將軍林彥章終於無法遁形。得到應得下場。

真將軍寂寞淒涼

假將軍爆光了，那真將軍在何處？

這成了台灣、香港兩地人士關心的熱點，新聞記者自然尋根探底。

出現了第一個知情人。

楊振漢。當年是一一三團第一營的營長。記者在台灣曲尺一個煤礦裏。花了三個小時才找到了他。

這位五十三歲的中年人，山裏人都稱他為楊團長。他退役時為上校團長。

解甲歸田後的楊振漢，處境坎坷為維持生活，與一位同胞劉立忠合夥打煤球。打煤球不景氣又轉為養雞。

說到香港的假將軍，楊振漢茫無所知，他已很少和報紙接觸了。而問起真將軍，楊振漢的眼睛放光，他肯定地說：「這是我們的一一三團團長劉放吾。」

展開如煙往事的回憶，楊振漢歷歷如繪談了他當年在劉放吾團長率領下為英軍解圍的故事。始終存在他記憶裏有三件事：一是他們部隊損失三分之二，為此他哭了很久；二是在日軍幾所臨時集中營裏，救出成千英軍（筆者注：應為五百七十二人）；三是曾虜獲數以千計的馬匹（筆者注：馬匹數有誤）。

楊振漢說，劉放吾團長是菲士廷的救命恩人，當時忙著打掃戰場還安要防止敵人再來，匆匆撤走的菲士廷沒有和劉團長見面。而所以有林國章的名字被林彥章冒用，這可能是菲士廷把劉團長當成

人名了。可以肯定說在遠征軍裏從來沒有
叫林國章的團長。

　　楊振漢提供了真將軍劉放吾的地址。

　　原來，踏破鐵鞋無覓處的劉放吾也在
台灣。這位抗戰立功的將軍，在屏東默默
地經營打煤球，號稱「將軍煤球」。

　　黃埔出身的劉放吾，和楊振漢一同
淪為煤球商，確實使人困惑不解。劉放吾
平靜地敘述往事：「中國遠征軍撤到印度

真將軍少將劉放吾

後，經孫立人將軍保送，我回國進陸軍大學特七期深造。抗戰勝利
後（一九四六年），先後到以他原來的部隊為班底的新一軍。後來
又去東北，提升為保安部隊與騎兵部隊的少將副司令、副旅長、代
理旅長，還在新七軍當過高參。」

　　「我是一九四八年底到台灣的。在一些訓練機構裏擔任職事，
曾因服務勤奮、成績優良得到獎狀，也無端由少將降為上校，後經
人力爭才恢復原職直到退役……總之，道路坎坷曲折。退役後變成
煤球商人。」他帶著無奈的神情。

　　說著這些往事雖然英雄氣短，但談到仁安羌之役，劉放吾卻
神采飛揚。他拿出了保存多年的史林姆給他的手令，還有在戰場上
得到的一面日本軍旗，上面簽著日軍將士的名字；另一樣遺憾的東
西，是因他「緬甸戰役著有功績」發給他的陸海空軍甲種一等獎章
的證書（有蔣介石簽名章），但他始終沒有拿到獎章。

　　假將軍在香港飛黃騰達，真將軍在台灣淒涼冷落，記者們的採
訪在傳媒公佈後，引起人們的同情與感歎。

　　一位在台北經營液化氣生意的老闆，聽到劉放吾的經歷主動找
上門來，要他改行做更能賺錢又並不繁重的液化氣生意。這樣他的
境況有所改善，加上他的孩於也各自長大，肩上擔子也輕了。

然而，當時還有一個死結不能解開。孫立人（原新三十八師師長）自一九五五年因「莫須有」的「兵變案」被軟禁在台中，作為孫的部屬的劉放吾，雖有仁安羌戰功，仍然不宜張揚。

　　這是當時無情的現實。

英前首相柴契爾夫人會見劉放吾

　　一九九二年四月初，仁安羌大捷五十周年。

　　美國，芝加哥，卡爾登酒店的大廳。九十三歲的一位老人坐在輪椅上，被推進來，他就是劉放吾。他面帶笑容，精神矍鑠。

　　八十年代初，劉放吾從台灣到美國洛杉磯定居，由他的二兒子劉偉民奉養。

　　又過了十多年，終於等來這喜慶的日子。這天，英國前首相柴契爾夫人，在美國前總統雷根的經濟顧問拉菲爾博士的安排下，前來芝加哥卡爾登酒店會見劉放吾。

　　著紅色上衣，黑色長裙盛裝的柴契爾夫人，快步上前，握住劉放吾的手，說：「我聽過關於你的許多英勇故事，當年你不但救了七千多名英國人的性命，同時也救了許多其他人的性命。」

　　「我今天代表英國政府與人民，對你表示深深的感謝與敬佩。」柴契爾夫人又說。

柴契爾夫人與真將軍少將劉放吾

　　老將軍頓時熱淚盈眶，連聲說著謝謝。賓主雙方坐下後，柴契爾夫人再次致謝。劉放吾用高亢的聲音說：「我是軍人，打仗是我的職責。英軍是我們並肩作戰的友軍，友軍遭危難，救援是應該的。」快人快語，軍人本色。柴契爾夫人與劉放吾的會見，留下了珍貴的照片。

　　美國政界也表揚與感謝當年在槍林彈雨中出生入死的劉放吾的英勇行動。

　　加里福尼亞州州長Pete Wilson於四月二十日仁安羌大捷五十周年的當天，寫信給劉放吾：「我很高興與你一同慶祝二次大戰緬甸仁安羌大捷……身為中國遠征軍一一三團團長，你曾面臨解救英軍、美國記者及傳教士的艱苦戰鬥，雖然兵員損失三分之一，你及官兵仍然克敵制勝，完成任務。你的英勇，促成戰役捷報。」

　　美國總統布希的信也到了老將軍的手裏，信說：「很高興從你兒子羅勃‧劉處獲悉，二次大戰仁安羌戰役中，你領導中國遠征軍一一三團的英勇事蹟。雖然不少勇士為戰役捐軀，在戰役大捷五十周年，我願意再代表國家，感謝你解救五百美國記者、傳教士及數千英軍之圍的英勇行為。」

　　英美盟邦的重視，台灣也有了相應的動作。

　　台灣華視新聞、台視「熱線追蹤」與《聯合報》等傳媒都重提當年舊事，肯定仁安羌之捷。許多記者採訪劉放吾時，他豪氣未減連連說：「這一仗打得真過癮！」

　　但這時，老人的人生之旅也快要走完了，一九九四年六月二十九日劉放吾因肺癌在美國洛杉磯病逝，時年九十五歲。

　　那位冒牌將軍林彥章，在度過一段鐵窗生涯後，不知所終。這是另話。

「調查網」與假欽差

蔣介石突然召見　徐恩曾惶惶不安

這是真人真事，抗戰時期流傳在重慶。

一九四一年一月的一天，中統首腦徐恩曾接到蔣介石侍從室的電話，說翌日下午四時，蔣介石在重慶的黃山別墅召見他。

對這突然召見，徐恩曾心神不安，前些日子，中央黨部發現一條寫有「總裁獨裁，中正不正」的標語，蔣介石勒令中統調查，結果沒有查出究竟，因此他不敢去見蔣。

回到家裏，徐恩曾悶悶不樂。他新娶的妻子費俠（中共叛徒）問他：「你有什麼心事？」徐答：「明天老頭子要召見我。」費俠笑了：「他召見你不是好事嘛，說不定又要提升你。」徐恩曾苦笑道：「老頭子喜怒無常，動輒就訓人。」「那你想想最近有沒有辦錯什麼事？」「沒有，不過我不知道部下怎麼樣。」片刻後，費俠又問：「就召見你一個人？不妨問問侍從室。」徐恩曾當即撥通侍從室電話，方知同時召見的還有陳立夫。他這才稍稍寬心，因為有陳立夫在場，老頭子就不會給他十分難堪，到時候陳立夫也許會幫他說話。

翌日下午，徐恩曾準時來到黃山別墅，由侍從引導進了小會客室，看到蔣介石正和陳立夫談著什麼。

「可均（徐恩曾字可均）你來啦，坐下。」蔣介石招呼他。他連忙謝過，坐下。

痛感耳目不靈　交辦特殊任務

蔣介石說：「今天我要你們兩人來，是要交辦一件事。前些日子華僑領袖陳嘉庚向我報告了許多發生在政府機關和黨內的貪污舞弊等不法行為，這很不好。他回南洋如張揚出去，將給本黨造成不良影響。」

「陳嘉庚是聽了共產黨的宣傳，特別是他去了延安之後。他的話不能全信。」陳立夫插嘴道。

「這，我知道。不過黨內也確實需要整肅和懲治一些不良現象。現在的問題是，我們的耳目不靈，到了閉塞的程度，各處出現的不法行為，我們完全不知，也就無從懲治。」蔣介石說完，看了一下徐恩曾。徐恩曾心中怦怦亂跳，心想：今天又要挨訓。如問起那標語的事，還是無從回答。他簡直坐不住了。

「總裁說得是。讓可均和雨農加緊工作，務必使我們能掌握各種情況。」陳立夫道。他是要中統和軍統協同工作，雨農就是軍統頭子戴笠。

我有一個想法……」蔣打了個頓，又說：「我要搞一個全國性的調查網，從本黨中挑選忠實可靠的黨員，擔任調查員，替中央做耳目，以供懲治奸邪，整肅貪污的參考。」

陳立夫心想，有了中統與軍統。還要什麼調查網呢。不過，這說不得，蔣定下的事只有服從。忙說：「搞一個全國性的調查網。確實需要。不知總裁意下交哪個部門辦？」

「交給可均。可均，你回去後擬出具體辦法，批准後即施行。」蔣介石看著徐恩曾說。

「回去好好考慮總裁的意圖，把辦法訂得完善些。」把任務交給中統，陳立夫自然高興，他借機說幾句討蔣介石的歡心。

「是，我回去就辦！」這出乎徐恩曾的意料，今天總裁沒有責備他，還交下了新任務，激動得站起來說。

「調查網」匆匆出籠　徐恩曾夾帶私貨

第二天，徐恩曾召集中統局局本部的幾個高級幕僚，如王思誠（二組組長）、謝永存（三組組長）與幾個專員一起開會，宣讀了蔣介石關於建立調查網的手令。

到會的都紛紛表示要把調查網建好，並做出成績。會上決定由謝永存等起草具體辦法。

謝永存等奉命後，立即著手草擬，經幾次修改送交徐恩曾。徐不敢擅專，又給陳立夫、陳果夫看後，提交CC系的高幹會議討論修改，最後送交蔣介石審閱。蔣看後認為不錯，予以核准。

調查網實質是特務的週邊組織，在中統策劃下進行。第一步先在重慶各個中央機關、學校、工商界開展建網工作，然後推廣到各個戰區、省、縣。選拔調查員的條件是：忠實可靠的黨員，由兩個中統成員作介紹。如果調查員本人就是中統分子，可免去介紹人。決定吸收的調查員，要經過調查網的審查委員會審查合格方予以接收。凡合格的調查員，發調查手冊一本，扉頁上是蔣介石專對調查網下的手令。手令大意是：調查網工作是維護黨紀國法的工作，每一忠實黨員都有義務與責任對黨的調查工作效力，務使社會風氣尚禮義，知廉恥。第一頁是調查網辦公室的一份通知，其中要旨：每個調查網成員進行工作時等於執行總裁命令，務必充分認識調查

工作的重要性並嚴守機密。手冊裏還有調查對象一項，除指出貪污舞弊、囤積居奇的對象外，還有「政治敵人」一項，把共產黨列為第一，還有其他進步團體以及國民黨內部的反蔣派系和地方軍閥集團、敵偽漢奸和幫會組織等等。

在建調查網的同時，徐恩曾又搞了一點私貨，他想插手經濟部門，辦了個經濟檢查人員訓練班，說是調查網的輔助。他對外揚言是蔣介石指定要中統辦的，後來怕承擔責任報蔣介石備案。

明裏暗裏雙管齊下　官僚政客紛紛猜疑

調查網雖然是在暗中發展成員，但世間焉有不透風的牆，一時間在重慶悄悄流傳開來。

「調查網是通天的，所有調查員的報告，都是蔣介石親自批閱。」

「調查範圍無所不包，政府機關、學校社團、軍隊與秘密組織等等。調查對象，上至皇親國戚，下至官吏庶民。」

「調查員見官大三級，實際上是欽差大臣。」

種種說法，一傳十，十傳百。

於是多少人都來鑽營找路子，想戴上調查員的烏紗帽。不到一年時間，僅在重慶就收羅了約三千人，其中高級官員（文官簡任級、武官少將以上）占百分之十，普通行政人員占百分之六十，學校教職員與學生占百分之二十，其他人員占百分之十。

徐恩曾私設的經濟檢查人員訓練班，在報上登了招生廣告，招生對象是失學失業青年，一次就招收兩百餘人。短期訓練結束就成立經濟檢查隊，開始活動。

暗裏是調查網，明裏是經濟稽查隊。一明一暗，悄悄活動。身上不乾淨的官員政客惶惶不安，相互猜疑……

繁華風月在屯溪　來了一雙蹺蹊客

　　且說新安江的一端是屯溪，抗戰時期是極為繁榮的一個城市，人稱「小上海」。

　　屯溪本來只是皖南的一個大市鎮，屬休寧縣，離縣城五十華里，它既是商業集散地，又是軍事重鎮。第三戰區司令長官部曾設於屯溪，後雖遷江西上饒，但仍為江南黨政軍重心。戰時體制的皖南行署與江南行署都設在這裏，第二游擊區總指揮部、第三十二集團軍司令部都駐於此。

　　這是一九四二年春天，一輛木炭車（戰時缺汽油，汽車都以燒木炭為動力），載著一高一矮的兩個人來到屯溪。

　　那高的身材魁偉，一臉絡腮鬍子，凹眼高鼻，像外國人，穿一身米黃色的卡其布中山裝，皮鞋剗亮，樣子頗引人注目。

　　另一個矮的，面容和常人一樣，只是眼睛忽閃忽閃，顯得很機靈，穿得也很光鮮，藍色嗶嘰的中山裝。

　　兩人走在人群熙熙攘攘的街上，那矮的攔住街上一個行人問道：「屯溪街上最大最好的旅館在哪裡？」

　　「大鴻運賓館是這裏最上等的，轉過兩條街就是。」

　　「你帶我們去，給你賞錢。」

　　他們來到面對新安江的大鴻運賓館，三層樓房，氣勢不凡。

　　旅客登記簿上，那高個子姓單名之江，四川廣元人，職業商，到屯溪觀光遊覽。那矮個子姓陸名必成，四川萬縣人，自稱是單之江的僕人。

　　賓館看兩人的服飾與舉止不同一般，按他們的意願，安排兩個豪華的單間。這兩間曾住過第三戰區司令長官顧祝同。

中午時分，單姓客人招來賓館茶房問道：「聽說徽菜是國內最佳菜肴八大菜系之一，你能說說徽菜的特點嗎？」

那茶房過去是飯館裏的跑堂，當然熟悉，說：「徽菜擅長燒、燉、蒸、炸。烹調有三重，即重油、重色、重火功。選、配材料極嚴格，刀工精細，重視色、形、味。還有把當地山珍、野味、土特產搬上餐桌。有兩句俗話：『沙地馬蹄鱉，雪天牛尾狸』，指的就是本地產的果子狸和甲魚製成的佳餚。」

單姓客人又要他介紹一些名菜館，他說：「正街有公和園、人和園、玉春樓、福新樓等，對街有萬利樓、得利館，橫街有海陽樓、佛照樓、拱月樓，共約二十餘家。而烹調技術最高的當推海陽樓、萬利館。如果先生要挨家吃，恐怕得吃一個月哩！」

且說單、陸兩人果真挨家吃了起來，出手也極大方，除付了當付的錢外，總付出一筆不小的小費。

酒足飯飽之餘，兩人又去歌場舞廳，花街柳巷。幾天後去黃山遊覽，帶著歌女舞女一大群，汽車送到山下，然後由轎子抬上山去，排成長長的一隊。

那單之江在和屯溪人接觸中，不時問起當地政府官員的情況，使別人感到他不是一個普通商人，似乎來頭不小。

奇言詭行費猜疑　忐忑不安眾官員

屯溪雖然繁華，畢竟地方小，來了兩位舉止行動有些怪異的外客，引起地方當局的注意，首先驚動的是屯溪警備司令部新任司令樓月，於是樓月派了稽查隊去大鴻運賓館檢查。去檢查的士兵傲慢無禮，不過這兩人證件一應俱全，看不出絲毫破綻。帶隊的還絮絮叨歎的問，你們這樣闊綽，哪來這些錢？單之江被惹惱了，說：

「還是去問問你們的樓司令吧，他那些錢是哪裡來的，我還沒有查他，他倒查起我來了。」

這樓月到屯溪不久，敲詐勒索引起地方上的憤怒。有一天，警備司令部的牆上貼著一張紙，上書：「樓頭月啊，樓頭月！西山逼近將沉沒！」這傾吐了群眾的憤恨，雖然樓月懸賞捉拿貼標語的人，但並無結果。

稽查大隊回來後向他報告了大鴻運賓館檢查的情況，一字不漏地重複了單之江的一番話。樓月火冒三丈，本想立刻把這兩人捉起來，一想他們來路不明，不可魯莽，先忍著。

屯溪有個中統的調查室，室主任魏壽永與樓月的交情不錯。兩人狼狽為奸，相互利用。這天，魏壽永來到樓月家裏，樓月無意中談到大鴻運賓館來了兩位外地客人，行蹤詭秘，説話口氣很大，居然還問他的錢是哪裡來的。魏壽永聽後把大腿一拍，説：「是了，可能是重慶派來的。」樓月忙問：「你怎麼知道是重慶派來的？」魏壽永把中統組織調查網，以及派調查員巡訪各地，這些調查員上可通天等等都和盤托出，又囑咐道：「這是我對你一人説，千萬要保密，不然上峰怪罪，小弟擔當不起。」

樓月慌了：「這，這，怎麼辦呢？既然屬於中統的，你總要幫我的忙，怎麼挽回？」

魏壽永問：「這兩人現在是否還在屯溪？」

「在啊，沒有走。……沒有走就好辦，保管他『上天言好事，下界保平安』。」

按下樓月這邊，再説那單之江、陸必成兩人。

接連幾天，單之江在賓館裏足不出戶，飯都由陸必成送到房間裏。陸必成有時在外面買些新到的報紙，以及紙張筆硯之類。一兩天後，單、陸兩人又到鄰近的歙縣，黟縣等地走了一圈。這些都被跟蹤的人看在眼裏，一一向魏壽永彙報。

葫蘆裏究竟賣的什麼藥？屯溪有一大群官員都在猜疑，忐忑不安：這時已經不僅是樓月、魏永壽知道，還有稅務局長（魏壽永的小舅子）、公安局長、財政局長等等，來了兩個中央的私訪的調查員，一陣風暗地傳遍屯溪。　，

觥籌交錯笑語盈　黃金美女酬貴賓

　　這一天，一張燙金的大紅請帖送到大鴻運賓館單之江的房裏。上面寫著：翌日中午十一時，設席於海陽樓，務請台端撥冗光臨云云。設宴的領銜人是警備司令樓月，以下是稅務局長、財政局長、公安局長等等，請帖被退了出來。陸必成對送帖人說：「單先生身體欠佳，不能赴宴。再說家主人近日就要離開屯溪，而且家主人與樓司令素昧平生，實不能領情。」下帖人回來一說，樓月等一干人不免著急起來。

　　魏壽永決定親自出馬，那天他來到了單之江的房裏，自我介紹說：「我和單先生一樣是徐局長（徐恩曾）的部下，都為我們的團體（中統）效力：單先生來到敝地，我們沒有事先知道諸多怠慢，今天就是來請罪的。」

　　「這恐怕誤會了，您說的我一句也不懂，什麼團體，誰的部下，我從來不問政治。我是一個商人。」單之江說。

　　「好了，先生不必隱瞞了，你我不都是中統成員嗎？您這次來的使命我也是一清二楚的。雖然我們過去未見過面，今天不是有幸相識了嗎？」

　　單之江仍然說不是這回事，但魏壽永不聽他的，從懷裏掏出一個很精緻的小盒子。「這是我和樓月司令的一點微薄小禮，務請您賣個面子收下。」單之江推了兩三回收下了。

魏壽永又拿出一份請帖，設宴的仍是樓月和幾個局長，不過多了個魏壽永的名字，單之江收下了請帖。

第二天，十時左右，魏壽永、樓月親來賓館，接單之江赴宴。

宴會開始，樓月致的歡迎詞是一般的客套話，沒有涉及什麼諸多照顧的內容。單之江的答詞也很平常，表示謝意。

宴席非常豐盛，海參、魚肚、魚翅、銀耳、烤鴨等八碗十二碟。席上觥籌交錯，個個都來向單之江敬酒。

鬧了兩三個時辰，方才酒終人散。全體與宴者又親送單之江回賓館。到了單之江的臥室，各人拿出禮物，有黃金、鑽戒、法幣等等，陸必成都一一記錄在冊。禮物中要算樓月與魏壽永的最厚，那精緻的盒子裏是黃澄澄的五條黃魚（黃金）。

客人陸續散去，單之江不勝酒力，橫在床上和衣睡著了。半夜裏，單之江迷迷糊糊地感到有個光滑的身子緊緊地抱著他，一陣陣香味沖進鼻子。怪事，他立刻拉亮電燈，睜眼一看，是個漂亮的女人，一雙突起的乳峰緊緊貼著他。他推了推她：「妳是什麼人？怎麼到這裏來的？」那女的撲嗤一笑，說：「是樓司令要我來的。」那嬌媚之態，使他心裏癢癢的，回身緊緊把她抱住⋯⋯「我姓吳名若蘭⋯⋯」她邊喘邊說。

事後，單之江從茶房那邊瞭解到，吳若蘭是屯溪有名的美人、交際花，樓司令的外室。樓司令豁出本錢巴結他。

「我們該走了！」陸必成幾次催促單之江。單之江在溫柔鄉裏一時不願離開。又過了幾天，兩人向樓月等人告別。眾人又送上一筆程儀，可算滿載而歸。單之江告訴樓月他將去蘇南考察。樓、魏等人送了十里方回。

單、陸兩人一走，樓月與魏壽永舉杯相慶，「這下好了，可以放心了，他們一定滿意的。」

大驚失色收密電　賠了夫人又折財

半個月之後，一份密電送到了魏壽永的手裏。

這是安徽的CC大頭目劉真如，從上饒第三戰區司令長官部政治部發出的。電文稱：據重慶可靠消息，近日將有調查員來屯溪，務必注意。

「啊！」電文落在地上，魏壽永大驚失色。他如實告訴了樓月等人。

「剛剛走了調查員，怎麼又來了？一批批來，怎麼辦？」

「單之江身上，我已拿出血本，再來我哪裡還有錢！」

眾人議論紛紛，面面相覷。

「且慢。我想，會不會……」魏壽永的妻舅那個稅務局長欲言又止。

「要說就說，吞吞吐吐的幹什麼！」魏壽永指責他。

「你們該知道俄國作家果戈里寫過一個《欽差大臣》的故事吧？莫非人家並不是調查員，是我們自己把他當成調查員……」

這一說，刺進樓月的心。「對，肯定是單、陸兩人故作姿態，造成種種跡象引我們上鉤。一定是騙子，自己上當了！」

樓月的變態，魏壽永看出了。「是真是假，我馬上進行調查。不過，這次真的來，總該應付。」

眾人相互埋怨而散。

事後查明，單、陸兩人確實是騙子，他們得知有調查網這事後，就蓄意行騙。從重慶出發，一路上行騙多起，不過在屯溪的收穫最大。

這真和果戈里的《欽差大臣》異曲同工。

　　上世紀九十年代，筆者曾同當年在安徽省黨部工作的一位老人說起此事。他說屯溪當時確有樓月、魏永壽這些人，也曾風聞他們受騙的事，問過他們，他們否認，這就是「啞巴吃黃連，有苦說不出。」

戰犯所裏的假戰犯

在軍隊中，軍官最低的級別是准尉

上世紀五十年代有個大騙子，李萬銘，就是一個準尉。他冒充是抗美援朝前線下來 的師長，居然矇騙了多少機關多少人，當上中共中南軍政委員會的林業部長，組織又給他挑選女幹部做他的妻子，真是飛橫騰達。當然最終露了馬腳，騙子被判刑。

著名作家老舍，用這真人真事寫了個話劇《西望長安》。

在李萬銘之流的宵小之徒的算盤中，冒充解放軍的高級軍官可以帶來個人的種種利益，這似乎順理成章，可也有意想之外的事，居然還有人冒充戰犯，心甘情願進了戰犯管理所。

戰犯是階下囚。自由最可貴，充當戰犯失去自由，可有人樂於當戰犯。

為什麼？

理髮師　妓院老闆　少將

一九四七年，上海。

數百名理髮師，砸爛一家電影院。上映的電影《假鳳虛凰》，諷刺了理髮師。

五年後，也是一名理髮師，以少將身份進入中共在東北撫順所設的戰犯管理所。

　　戰犯所的北面高牆下，緊挨著大浴池，有一間小小的平房，掛著理髮室的招牌。

　　每一個去理髮的人，任何時候走進理髮室，都會得到一位矮矮胖胖的理髮師的殷勤招待。

　　「老萬理的髮是沒有話說的，理得好又理得快，這手藝不亞於外面開業的理髮師。」人們津津樂道。

　　他的姓名和明神宗（朱翊鈞）的年號相同，叫萬曆。

　　相熟了，自然有人問他：「你怎樣學得這一份手藝的，該不是科班出身吧？」

　　「哪裡，哪裡，見笑了。我不過隨便學來的，我和大家一樣，好歹也是個少將。」他笑著回答。

　　背後有人議論。

　　「看來他胸無點墨，很簡單的東西他都看不懂，這樣的人能……」

　　「看他這樣的文化，能當少將？」有人乾脆說出了對他的懷疑。

　　「那倒不一定，有些行伍出身的軍人，文化是不高的。」有人反駁。

　　「行伍出身當上少將，總該是久經戰場的，該懂得軍事的一些術語，也講得出幾場自己得意的仗，但他……」

　　還是讓他自己來說吧。

　　「我原來是國民黨少將。自從共產黨解放東北後，我隱瞞身份跑到鞍山，開一家理髮店，作為藏身之處，心裏直想著國民黨能再回來，總得有個證件吧，我把少將的任命書藏在理髮鏡的後面。一九五二年全國開展轟轟烈烈的鎮壓反革命運動，我那老婆害怕極

了，怕我連累她，悄悄地把我檢舉了，接著我被捕，又抄出少將證件，判我十五年徒刑，當作高級戰犯送到這裏來了。」

別人不好再問下去，但心裏仍有疑竇。這是一九五八年，戰犯管理所開展大認罪運動。認罪的認罪，坦白的坦白，只有萬曆按兵不動。

不少人向所方反映，萬曆的種種可疑處，要求重審萬曆，要他交代歷史。

小會批，大會轟，萬曆開始交代。

「我真學過理髮，家裏太窮了，就到理髮店當學徒。我受不了這苦，逃出理髮店，到張作霖的部隊去當兵，自然是個小兵，我想這要混到什麼時候才有出息呢。」

「於是想方設法，請託人情，終於進了張作霖的衛隊連。這就有機會接觸到老帥、少帥。

「我有理髮的手藝，不知怎樣被上頭知道了，調我去侍候老帥（張作霖），當專職理髮師。因為我手腳靈巧，嘴巴子也能說，老帥很喜歡我。

「大概不到一年，老帥提拔我當少校承啟官（內傳達）。後來，出了皇姑屯事件，日本鬼子把老帥炸死了。少帥進了關，主持軍事委員會北平分會。少帥提拔我，到特務第三團當少將團長。

「後來，張學良派我到安東（今丹東市）、南滿一帶搞地下活動……再後來，東北解放，被關起來就到這裏來了。」

他說得順利流暢，有頭有尾，真可以使人信以為真了。

真人面前莫說假話。萬曆哪想到同一戰犯所裏有二十多名戰犯，都是東北軍政界的重要人物，一連串的問題，像連珠炮向他射來。「東北軍編制裏，從來沒有少將團長，你說說清楚？」

他——于澤霖，東北軍一〇五師師長，怎能瞞得了他。

「我跟少帥多年，從來沒有見到你這少將團長，你的部隊駐在北平哪裡？」

問話的人也有來頭，最後一任國民黨的長春市市長——尚傳道。

「你說說你這一團裏三個營長的姓名，全團的編制？」

李寓春——吉林師管區司令，他提的問題自然老到。

「你說的根本不對。東北軍的人事花名冊曾在我手裏，哪有你這個少將團長？」

這是張學良手下有「戴笠」之稱的陳旭東，直截了當揭他的老底。

「我，我……」萬曆大汗淋漓，臉色由紅轉白，他實在沒有想到有這麼多知情人，他連連說：「我有罪，我有罪，我以前講的都是假話，現在我講實話。」

萬曆戰戰兢兢，又說了下面一番話。

「這次我講的全是實話。我在張作霖帶奉軍第一次進關時，混進奉軍部隊在輸送連當了一名班長。」

「輸送連就是運送軍需彈藥，我想想沒有出息，就跑了出來，到營口去開了個暗娼的窯子。有一次，有個嫖客想白嫖不花錢，我不放過他，把他打成重傷，我也被關進新民的監獄。」

「『九‧一八』事變發生後，東北躲不住了，我又跑到北平，過了些日子還是重操舊業，又找了幾個妓女，來到牡丹江。妓院開張沒有多久，有一個妓女想從良，我堅決不答應，那個妓女硬是要走，我把她活活打死，我第二次進了監獄。我花錢買通了辦案的人，得到假釋。假釋的日子裏，我就在監獄門口開了個雜貨店，想不到生意挺好，賺了些錢，娶了個老婆，就是後來檢舉我的那個。」

萬曆說到這裏，在座的人聽得不耐煩了，有人說：「不要繞圈子，快把你為什麼要冒充少將講出來。」

「好，好，我就講。」接著萬曆講了下面一段情況：

　　一九四五年，日本投降以後，萬曆回到鞍山。不久，鞍山成了解放區，他偽裝積極，混到當地的民主政府裏，當一名小幹部。時間不長，國民黨進攻東北，抗日民主聯軍撤退了，國民黨軍隊到了鞍山，他又投奔國民黨。拉了一幫子人，霸佔一方。無奈好景不常，手下的人看他沒有多少能耐，慢慢地溜光了。萬曆孤家寡人一個，跑到瀋陽，扛起少將的牌子。不過，心裏是虛的，花了些錢在六十軍（雲南軍隊）里弄到一紙空白介紹信，刻了一顆假圖章，往上一蓋，他就成了六十軍某師少將副師長。遼瀋戰役國民黨戰敗後，萬曆重回鞍山，開了一家理髮店，把那張假證明藏在理髮鏡後，後來老婆檢舉了他……

　　萬曆説完後，又吞吞吐吐地説：「我想提個要求，可以嗎？」

　　在場的管教幹部同意了，他説：「我冒充少將有罪，請政府不要把我趕出管理所，留在這裏繼續改造。」

　　「我到外面去怎麼生活呢？」事後，萬曆這樣回答別人。

偽員警　巡長　少將師參謀長

　　「昔人已乘黃鶴去，此地空餘黃鶴樓。」「故人西辭黃鶴樓，煙花三月下揚州。」唐詩中有不少詠黃鶴的佳作。

　　撫順戰犯管理所，就有一人叫黃鶴。這人生得五大三粗，傖俗不堪，他自稱少將師參謀長。

　　黃鶴自報家門，黃埔第六期步兵科畢業，也是「天子門生」。自然，張三李四他説了一大串同學的名字。如果不是黃埔六期同期的人，也無從辨得清是否真有這些人。

　　説起來，黃鶴的社會關係同一般。國民黨陸軍副總令、上將湯恩伯和他沾親帶故。

究竟是什麼親呢？這可不同尋常。他說：「湯恩伯有個最喜歡的乾女兒，她叫我大伯，湯恩伯不就是我的乾親家嘛！」

他說：「我從黃埔畢業後，混了幾個部隊都不得意，還是湯將軍看中了我。當時湯恩伯在河南，他要我在他部下當少將高參。人前人後，我跟著他，言聽計從。」

「湯恩伯解放前夕當了京滬杭衛戌總司令，後來又去了台灣，你怎麼沒有一直跟著他呢？」有人提出疑問。

「『花無百日紅，人無千日好。』這是句古話。不過，湯將軍還是待我不錯的。他推薦我到一八一師當了師參謀長。」

「後來呢？」有人問。

「一九四九年國民黨失敗了，我也離開了國民黨部隊，我參加了共產黨的南下工作團，因我隱瞞歷史被逮捕，判了八年徒刑，送到這裏來改造。」

黃鶴這番話，他自己認為天衣無縫，可以矇騙別人，偏偏冤家路窄，他說擔任過一八一師參謀長，那知一八一師師長米文和就關在鄰近的另一個戰犯管理所裏。所方把米文和叫來，讓他倆見面，兩人互不相識。這就拆穿了黃鶴的謊言。

黃鶴被帶進了會場，這氣氛使他這個久歷江湖的人也害怕了，他要求坦白交代。

他根本不是黃埔生。踏入社會的第一個職業是偽滿洲國的員警。在瀋陽，因為和同所的員警打架，上面要處理他，一下子逃到河北保定，仍然是當員警。那時是日本人統治時期，黃鶴非常賣力討好那個日本員警署長，終於提升為巡長。著實搞到一筆昧心錢後，黃鶴不告而別離開保定來到天津，花天酒地把錢花光後，正好日本人投降。

這一下，黃鶴要另找出路了，可是連路費都沒有。正惶急時，他發現旅館裏與他同室的客人頗有錢，乘這人熟睡之際，他偷了別人的錢，溜到瀋陽。

也算是巧合了。同一戰犯所的萬曆，兩人當時就在瀋陽相識，黃鶴成為萬曆的部下。萬曆慷慨地給他一個大隊長的頭銜，要他把人馬趕快拉過來。他哪裡有人呢？再說他想想托庇別人不如自己闖天下，就一個人去了錦州，自封為國民黨戰地視察第六組少將組長，招搖過市，引起當地特務機關注意，懷疑他是共產黨的間諜，把他抓起來，送到北平西城草崗子監獄囚禁。

黃鶴被囚北平不久，北平就解放了。清理監獄，他自稱革命同志。在魚龍混雜的時候，他居然混進了南下工作團。仍然惡習不改，繼續招搖撞騙，被隔離審查，他供出了曾是一八一師少將師參謀長，最後送到戰犯管理所。

「你為什麼要冒充少將呢？」有人問。他期期艾艾最後說出了動機：「我怕官階太小了，不夠戰犯，在管理所待不住。」

這說了真話。

演員　團長　少將騎兵師長

優孟衣冠，舞台人生。然而假戲真做，以戲劇的角色來到人間，也不乏其人。

假戰犯魏季良原本是一個京劇演員。先是在大劇團裏跑跑龍套，後來他居然能自己搞起一個草台班，闖蕩江湖。

這還是抗戰前，魏季良的戲班在山東一個縣裏演出。一個雜牌部隊駐該縣。魏季良神通廣大，結識了這雜牌部隊的一個團長，居然稱兄道弟起來，他又把戲班裏原與他有私情的一個旦角介紹給團長，收為小妾，他與團長的關係就更親密。

投挑報李，一日，那團長對他說：「我看你不要演戲了，還是到部隊來混個功名。」

魏季良自然感謝萬分：「多謝大哥的栽培。」就這樣，他當上了團的軍需主任。於是他施展手段，搜刮錢財，除孝敬團長外，又走了師長的門路，憑他那三寸不爛之舌，加上金錢開路，又有團長小妾為他遊說，這個師的部隊擴大了，魏季良當上了補充團的團長。

正在魏季良得意之際，抗戰爆發了，雜牌部隊被收編。魏季良既非黃埔生，又不是行伍出身，扛槍打仗，一竅不通，他的團長被撤了，到編餘軍官隊去。

魏季良那耐得這份寂寞，又想重作馮婦，再來唱戲。自然這已今非昔比，他手頭有錢，請得起好角。於是組建了一個京劇團，具有一定的規模，掛起一個軍聲京劇團的牌子，專門到部隊裏演出。

魏季良又是團長了。不過這團非那團，沒有真槍真炮，只有紙刀木棍。他的劇團在九戰區的轄地（長沙）一帶為部隊演出。

正當魏季良春風得意時，國民黨部隊一敗塗地。不久，長沙和平解放，他的軍聲京劇團解散……

魏季良的真實面貌就是上面一段後來的自述。

進戰犯管理所時，魏季良自報是少將騎兵師師長。所裏也有幹過騎兵的，發現這個騎兵師長，根本不懂馭馬術，產生了懷疑。所方去查核，這個騎兵師從來沒有姓魏的師長。

假戲演不下去了，魏季良講了真話：「共產黨一向搞統戰，將來說不定還要按原來官階使用，我就報大些，冒充少將師長。」

國民黨中統鄂漢區情報站站長舒靖南，是第四批特赦釋放的戰犯之一，他說：「剛解放时，被俘蔣軍都怕官大罪大，總是避重就輕，設法隱瞞。很多將官偽報校官。校官偽報尉官，尉官則報士兵，總是以大報小。但到了管理所以後，卻又由一個極端轉向另一個極端，竟有人以小報大。」

　　他又說：「這些以小報大的人都有自己的打算，認為共產黨優待戰犯，當然大戰犯更好。可見戰犯不僅不敵視共產黨，且對共產黨抱有托身希望。」

　　這些假戰犯被揭露後，中共按實事求是的原則，都在刑期屆滿後按刑滿釋放戰犯處理，並沒有給他們特赦，以假亂真看來是不行的。

後記

收進本書的十多篇文章，都是近年所寫，有些曾在刊物發表過，大部分是新寫。

這些文章寫的都是舊情往事，又多是國民黨的軍政人員。在上世紀的國共大角逐中，失敗的一方是國民黨，最後從大陸退守海隅。然而祛除「成王敗寇」的舊觀念，探究敗因也有所來自。故名本書為《折戟沉沙》，有「自將磨洗認前朝」之意。

應該有所說明的是，我並非國民黨的遺老。當年先是學生，踏入社會又當了一名記者。幾年後大陸就解放了，與國民黨暨國民政府並無半點瓜葛。而受當時社會思潮的影響，卻也左得可愛。對國民黨是一概罵倒，雖然它還能給新聞從業人員以「罵」的自由。當時只盼望著漫漫長夜早日結束，光明的早日到來。也不知道光明到來後將是怎樣……

幾十年過去了，自己也從青年走向耄耋之年，不再像當年那麼幼稚、那樣輕信，加上國門開啟後，港台與海外的資信如潮湧入，幫助自己思考。奉獻給讀者的這些篇章自信就是思考之作。不過現在還並非「姜太公在此，百無禁忌」，但願這「百無禁忌」早日到來。

有一位友人對我說：「你寫的多是別人的事，什麼時候該寫自己了。」我的回答是：「『六朝舊事隨流水』，往事已矣。再說平庸如我，實乏善足述。然生當軍閥紛爭、日寇入侵、國共內戰之動

溷年代，身經目接，也並非無可寫之處。只要天假以年，當勉力從事。」然而茫茫蒼天，能否「假」我餘年，殊不可知？！只有待諸異日了。

最後，拙作得能問世，深深感謝大陸馮克力先生、台北蔡登山先生。他們的熱情鼓勵，是我的最大動力。

還要感謝荊宏歌先生給我寫序，使拙著生輝。

李偉

二〇〇九年九月十二日於南京

時年八十五歲

國家圖書館出版品預行編目

折戟沉沙：英雄無淚 / 李偉作. -- 一版. --
臺北市：秀威資訊科技, 2010.06
　　面；　公分. --（史地傳記類；PC0111）
BOD版
ISBN 978-986-221-428-2（平裝）

1. 國共內戰　2. 民國史　3. 傳記

628.62　　　　　　　　　　　99004439

史地傳記　PC0111

折戟沉沙——英雄無淚

作　　　者／李　偉
主　　　編／蔡登山
發　行　人／宋政坤
執 行 編 輯／林泰宏
圖 文 排 版／蘇書蓉
封 面 設 計／陳佩蓉
數 位 轉 譯／徐真玉、沈裕閔
圖 書 銷 售／林怡君
法 律 顧 問／毛國樑　律師
出 版 印 製／秀威資訊科技股份有限公司
　　　　　　台北市內湖區瑞光路583巷25號1樓
　　　　　　電話：02-2657-9211　傳真：02-2657-9106
　　　　　　E-mail：service@showwe.com.tw
經　銷　商／紅螞蟻圖書有限公司
　　　　　　台北市內湖區舊宗路二段121巷28、32號4樓
　　　　　　電話：02-2795-3656　傳真：02-2795-4100
　　　　　　http://www.e-redant.com

2010 年 6 月　BOD 一版
定價：360 元

讀　者　回　函　卡

感謝您購買本書，為提升服務品質，煩請填寫以下問卷，收到您的寶貴意見後，我們會仔細收藏記錄並回贈紀念品，謝謝！

1.您購買的書名：＿＿＿＿＿＿＿＿＿＿＿＿＿＿＿＿＿＿＿

2.您從何得知本書的消息？

　　□網路書店　　□部落格　　□資料庫搜尋　　□書訊　　□電子報　　□書店

　　□平面媒體　　□ 朋友推薦　　□網站推薦　□其他＿＿＿＿＿＿

3.您對本書的評價：(請填代號　1.非常滿意 2.滿意 3.尚可 4.再改進)

　　封面設計＿＿　版面編排＿＿＿　內容＿＿＿　文/譯筆＿＿＿　價格＿＿

4.讀完書後您覺得：

　　□很有收獲　　□有收獲　　□收獲不多　　□沒收獲

5.您會推薦本書給朋友嗎？

　　□會　□不會，為什麼？＿＿＿＿＿＿＿＿＿＿＿＿＿＿＿＿＿＿

6.其他寶貴的意見：＿＿＿＿＿＿＿＿＿＿＿＿＿＿＿＿＿＿＿＿

＿＿＿＿＿＿＿＿＿＿＿＿＿＿＿＿＿＿＿＿＿＿＿＿＿＿＿＿＿＿＿

＿＿＿＿＿＿＿＿＿＿＿＿＿＿＿＿＿＿＿＿＿＿＿＿＿＿＿＿＿＿＿

＿＿＿＿＿＿＿＿＿＿＿＿＿＿＿＿＿＿＿＿＿＿＿＿＿＿＿＿＿＿＿

讀者基本資料

姓名：＿＿＿＿＿＿＿＿＿＿　年齡：＿＿＿＿　性別：□女　□男

聯絡電話：＿＿＿＿＿＿＿＿　E-mail：＿＿＿＿＿＿＿＿＿＿＿

地址：＿＿＿＿＿＿＿＿＿＿＿＿＿＿＿＿＿＿＿＿＿＿＿＿＿＿＿

學歷：□高中(含)以下　　□高中　　□專科學校　　□大學

　　　□研究所(含)以上 □其他＿＿＿＿＿＿＿＿

職業：□製造業 □金融業 □資訊業 □軍警 □傳播業 □自由業

　　　□服務業 □公務員 □教職　□學生 □其他＿＿＿＿＿＿

To：114

台北市內湖區瑞光路 583 巷 25 號 1 樓

秀威資訊科技股份有限公司　　　收

寄件人姓名：

寄件人地址：□□□

（請沿線對摺寄回,謝謝!）

秀威與 BOD

BOD（Books On Demand）是數位出版的大趨勢，秀威資訊率先運用 POD 數位印刷設備來生產書籍，並提供作者全程數位出版服務，致使書籍產銷零庫存，知識傳承不絕版，目前已開闢以下書系：

一、BOD 學術著作—專業論述的閱讀延伸
二、BOD 個人著作—分享生命的心路歷程
三、BOD 旅遊著作—個人深度旅遊文學創作
四、BOD 大陸學者—大陸專業學者學術出版
五、POD 獨家經銷—數位產製的代發行書籍

BOD 秀威網路書店：www.showwe.com.tw
政府出版品網路書店：www.govbooks.com.tw

永不絕版的故事·自己寫·永不休止的音符·自己唱